博士生导师学术文库

A Library of Academics by
Ph.D.Supervisors

举重世界大赛概览和
创破世界纪录进程

———·———

杨世勇　主编

光明日报出版社

图书在版编目（CIP）数据

举重世界大赛概览和创破世界纪录进程 / 杨世勇主

编 .-- 北京：光明日报出版社，2019.4

（博士生导师学术文库）

ISBN 978-7-5194-5301-5

Ⅰ.①举… Ⅱ.①杨… Ⅲ.①举重—运动竞赛—研究

—世界②举重—世界纪录—研究 Ⅳ.① G884

中国版本图书馆 CIP 数据核字（2019）第 081479 号

举重世界大赛概览和创破世界纪录进程

JUZHONG SHIJIE DASAI GAILAN HE CHUANG PO SHIJIEJILU JINCHENG

主　　编：杨世勇

责任编辑：陆希宇　　　　　　　　责任校对：周春梅
封面设计：一站出版网　　　　　　责任印制：曹　净

出版发行：光明日报出版社
地　　址：北京市西城区永安路 106 号，100050
电　　话：010-63139890（咨询），63131930(邮购)
传　　真：010-63131930
网　　址：http://book.gmw.cn
E - mail：luxiyu@gmw.cn
法律顾问：北京德恒律师事务所龚柳方律师

印　　刷：三河市华东印刷有限公司
装　　订：三河市华东印刷有限公司
本书如有破损、缺页、装订错误，请与本社联系调换，电话：010-63131930

开　　本：170mm×240mm
字　　数：364 千字　　　　　　　印　　张：23
版　　次：2020 年 1 月第 1 版　　印　　次：2020 年 1 月第 1 次印刷
书　　号：ISBN 978-7-5194-5301-5

定　　价：98.00 元

编 委 会

主　编：杨世勇

副主编：杨棠勋　李靖文

编　委：奥列什科·瓦伦丁

　　　　穆玉红　薛元挺　周志琴

　　　　熊维志　李冬瑜　陈　颖

前　言

举重是一项古老的体育项目，历史悠久、源远流长。要完整揭示举重世界大赛和创破世界纪录的历史过程，无疑是一项重要而艰巨的系统工程。在编写本书过程中我们力求做到以下四点：

一、全面性。即尽量完整准确的揭示举重世界大赛的基本情况和创破世界纪录的历史进程。

二、科学性。既有充分的事实根据又有充分的理论（史实）依据，使本书内容符合科学性的原则。

三、实用性。通过本书的出版，使举重教练员、运动员、裁判员和体育工作者能够及时准确的掌握世界举重的发展动态和中国运动员为世界举重发展所创造的光辉业绩，弘扬为国争光的拼搏精神。

四、可操作性。通过本书有关内容的介绍，有助于教练员、运动员、裁判员、体育工作者、举重爱好者掌握有关情况和进行具体工作的参考。

为达到上述四点要求，我们先后在奥运会、世界举重锦标赛、世界大学生运动会、亚运会、亚洲举重锦标赛等重大国际比赛中走访国际举重联合会、亚洲举重联合会、中国举重协会官员，著名专家学者，并先后到达 40 余个国家和一些世界著名图书馆搜集有关史料，努力完善全书内容，提高本书质量。

1990 年 9 月，在北京举行的第 11 届亚洲运动会期间，时任国际举重联合会主席哥特弗雷德.肖德尔邀请杨世勇（当时任亚运会竞赛信息中心技术官员）参加了他主编，并于 1992 年由 IWF 英文出版，向国际举重联合会 192 个会员协会发行的著作——*The Lost Past—A Story of The International Weightlifting Federation*（《回顾过去——国际举重联合会传记》的撰写（杨世勇参加了该著作中国古代举重历史部分撰写）。该著作系统的研究了国际举重联合会的发展过程，对中国举重的悠久历史进行了高度评价，注册并收录了 1907~1991 年所有举重运动员创造，并由国际举重联合会承认的 3023 项次各层次举重世界纪录。

此外，肖德尔先生和国际举重联合会现任主席塔马什.阿让博士对本书有关内容撰写给予了多方面帮助，寄赠了国际举重联合会出版的有关研究著作。没有国际举重联合会的支持和前人的研究成果，要完成本书是不可想象的。

举重在中国有悠久的历史，特别是中华人民共和国成立后，我国举重水平不断提高，进入了世界先进行列。

截至2018年12月31日，中国举重健儿先后荣获奥运会金牌31枚，世界男子举重锦标赛金牌131枚，世界女子举重锦标赛金牌362枚，世界青年男子举重锦标赛金牌220枚，世界青年女子举重锦标赛金牌220枚，世界少年男子举重锦标赛金牌40枚，世界少年女子举重锦标赛金牌55枚。中国举重运动员还先后95次打破男子世界纪录，568次打破女子世界纪录，67次打破青年男子世界纪录，277次打破青年女子世界纪录，21次打破少年男子世界纪录，23次打破少年女子世界纪录，合计1051次创破各层次世界纪录，占世界各国或地区创造世界纪录总数（4752次）的22.11%。我国举重健儿为中国体育事业创造了光辉业绩，为世界举重运动的发展做出了杰出贡献。本书的出版对于了解和宣传中国举重运动的光辉业绩，了解世界举重运动的发展均具有重要的积极作用。

关于创破男子举重世界纪录的统计资料历来存在争议。特别是中国于1958年9月16日~1974年9月19日，因多方面原因退出国际举重联合会期间，中国男子举重运动员曾经先后25次打破世界纪录，但国际举重联合会未予承认，原因是"非会员国创造的世界纪录不予承认"。对此，我们在本书中按照历史事实进行了补充，以"★"进行了注明。

中国举重协会有关领导对本书编写提供了多方面的关心帮助和支持，对此我们深致敬意和感谢。国家体育总局举重摔跤柔道运动管理中心举重部部长何一群先生，中国举重协会李宁女士，国家体育总局体育科研所研究员曹文元、艾康伟为本书的撰写给予了积极的支持与鼓励，对此我们谨致谢忱。我们也要感谢成都体育学院有关领导和专家，全国举重界的有关专家学者，中国举重队和四川省举重摔跤柔道运动管理中心副主任、世界纪录创造者张勇，国家级教练员帅裕钦等相关人员对本书编写给予的关心支持和帮助。

本书的出版使我们感到欣慰。因为这是世界举重发展历史的结晶，也是揭示和反映100多年来现代世界举重发展历史的著作，是举重发展史上的一件大事。尽管我们为完成此书尽了极大努力，但书中一定还存在疏漏之处，对此我们深感遗憾，也诚请读者指正。

杨世勇

2019年3月18日于成都体育学院

目 录
CONTENTS

第一章
举重世界纪录及奥运会、世界举重锦标赛研究

第1届男子世界举重锦标于1891年在英国伦敦举行，第1届奥运会男子举重比赛于1896年在希腊雅典举行。1905年4月在柏林举行的第6届世界男子锦标赛上，参赛者第一次根据体重分为3个级别。

1905年6月10日，国际举重联合会于德国杜伊斯堡成立。但是由于竞赛方式和举重器械不统一，世界纪录的确认非常困难。直到1907年才开始逐渐正式确立并注册有关男子举重的世界纪录。这些世界纪录包括右手抓举、左手抓举、右手挺举、左手挺举、双手推举、双手抓举、双手挺举。

1910年6月在德国杜塞尔多夫举行了第13届世界锦标赛上，将体重分成4级。1920年在第7届奥运会上，比赛动作为单手抓举、单手挺举和双手挺举，并重新划分了体重级别，使举重级别达到了5级。即次轻量级体重不超过60公斤，轻量级体重60公斤以上至67.5公斤，中量级体重67.5公斤以上至75公斤，轻重量级体重75公斤至82.5公斤，重量级体重82.5公斤以上。从此，上述5个级别在世界比赛中稳定了20年。

1920年9月在维也纳举行了第20届世界举重锦标赛，并第一次产生了团体比赛。1922年4月在爱沙尼亚塔林举行的第21届世界举重锦标赛，竞赛动作又改为单手抓举、单手挺举、双手推举、双手抓举和双手挺举。1928年在荷兰阿姆斯特丹举行了第9届奥运会举重比赛，竞赛动作改为双手推举、双手抓举和双手挺举。这三种竞赛方式一直沿用到1972年。但是，单手抓举和单手挺举的世界纪录一直到20世纪40年代末仍被注册。

到1992年，国际举重联合会采用的男子体重级别是52、56、60、67.5、75、82.5、90、100、110、+110公斤级10个级别。1993~1997年体重级别改

为54、59、64、70、76、83、91、99、108、+108公斤级。1998~2018年6月，国际举重联合会采用的男子体重级别是56、62、69、77、85、94、105、+105公斤级共8个级别。2018年7月，国际举重联合会再次颁布实行了新的体重级别，即：55、61、67、73、81、89、96、102、109、+109公斤级共10个级别。

第1届青年男子世界举重锦标赛始于1975年，但国际举重联合会对青年男子世界纪录的注册始于1962年。第1届女子世界举重锦标赛始于1987年，国际举重联合会于同年开始注册女子世界纪录。第1届青年女子世界举重锦标赛始于1995年，同年开始注册青年女子世界纪录。

1987~1992年国际举重联合会采用的女子体重级别是46、48、52、56、60、67.5、75、82.5、+82.5公斤级9个级别，1993~1997年体重级别改为46、50、54、59、64、70、76、83、+83公斤级9个级别。1998~2016年12月31日，国际举重联合会再次更改女子体重级别，采用的女子体重级别是48、53、58、63、69、75、+75公斤级7个级别。2017年国际举重联合会将女子体重级别修改为48、53、58、63、69、75、90、+90公斤级8个级别。2018年7月，国际举重联合会再次实行了新的体重级别，即45、49、55、59、64、71、76、81、87、+87公斤级10个级别。2018年11月，国际举重联合会设立了上述男子、女子和不同年龄层次的各级别世界标准纪录。

随着世界举重运动的不断发展，举重器械也不断更新和日趋完善。例如，19世纪70年代以前，举重器械一般是小哑铃和大哑铃，后来发展到圆球杠铃，重量基本上都是固定不变的。也有的把两端的圆球做成空心，旁边有孔，可以装入铁砂或铜砂来调节重量。根据原国际举联历史委员会主席、南斯拉夫人弗拉丹·米哈伊洛维奇主持编写的《世界举重运动史》一书介绍：纽伦堡的卡斯佩尔·贝格1910年在德国法兰克福体育游戏展览会上首次展出了可以增减重量的片杠铃（又称贝格杠铃）。片杠铃的使用，成为世界举重历史上的一个里程碑。到20世纪20年代末期，所有国际举重比赛均使用了可用杠铃片加重的杠铃（注：当时的最大杠铃片直径为45~55厘米，杠铃杆长187厘米，直径为3厘米。1995年至今国际举重联合会采用的最大杠铃片直径为45厘米，男子杠铃杆长220厘米，直径2.8厘米；女子杠铃杆长201厘米，直径2.5厘米）。可以增加重量的杠铃的出现，促进了举重运动的发展和技术水平提高。

对举重世界纪录及奥运会、世界举重锦标赛的历史背景进行研究，对于我们认识现状和把握世界举重运动的未来发展有重要意义。

第一节　奥运会男子举重冠军成绩增长规律的年龄特征研究

《奥运会举重冠军成绩增长规律的年龄特征研究》原载于成都体育学院学报1999年第1期，中国人民大学书报资料中心《体育》1999年第5期全文转载。本文对原发表论文进行了补充完善，并于2016年12月完成。

（备注：本文为2016年国家社科基金项目《中国夏季冬季奥运会冠军群体成长特征研究》（批准号16BTY090）部分内容。课题责任人：杨世勇）

奥运会男子举重冠军成绩增长规律的年龄特征研究

杨世勇　　杨棠勋

【摘要】对1896~2016年现代奥运会历史上涌现的156位男子举重冠军的成绩增长规律进行研究，得出以下结论：获冠军时的平均年龄为24.8±3.1岁，其中最大年龄36岁，最小年龄17岁，奥运会冠军的平均训练年限为10.86±2.1年；掌握制胜规律是比赛致胜的关键要素，集中型的体育管理体制和人才梯队建设是构建精英的物质基础，科学选材与科学训练是比赛制胜的基本要求，提高比赛成功率是创造佳绩的助推剂，合理的奖励和退役安置是长盛不衰的必要保障，未来举重成绩还将进一步提高。

1896~2016年，在120年的奥运会历史上共颁发了531枚男子举重奖牌，其中金牌180枚（参见表1）银牌176枚、铜牌175枚，产生了156奥运会男子举重冠军。对这156位奥运会男子举重冠军的成绩增长规律进行系统研究，得出准确结论，对于我们掌握和揭示优秀举重运动员成绩增长的基本规律，预测未来发展，科学指导举重训练均有重要意义。

一、研究方法

查阅中英文文献资料150余篇，有关著作50余本。1993~2016年采用面谈调查、问卷调查IWF（国际举联）AWF（亚洲举联）CWA（中国举协）的有关官员、专家、学者100余人。发放问卷160份，回收问卷126份。采用了比较、分类、类比、归纳、演绎、分析、综合等逻辑方法，统计和整理了1896~2016年在历届奥运会男子举重比赛中，荣获冠军的156位选手的具体情况并得出有关定量结论。

二、研究结果

1. 金牌分布和奥运会冠军的平均年龄

1896~2016年共有37个国家的156名运动员荣获奥运会冠军。获金牌最多的前6个国家分别是苏联（独立国家联合体、俄罗斯）39枚、中国17枚、美国15枚、保加利亚12枚、法国9枚、德国8枚[1]。有4人连续获3届冠军（参见表1），15人获两届冠军（参见表2）[2]。这156名选手获冠军时的平均年龄为24.8±3.1岁。其中，1896年第1届奥运会冠军（2人）平均年龄最小，为22岁；1968年第19届奥运会冠军（7人）平均年龄最大，为28.4±3.39岁[3]；2016年第31届奥运会冠军（8人）平均年龄为23.8±3.1岁[4]。

表1 获3届奥运会冠军选手的年龄特征

姓名	国籍	始训年龄（岁）	首次获冠军年龄（岁）	第二次获冠军年龄（岁）	第三次获冠军年龄（岁）
苏莱马诺尔古	土耳其	10	21（1988）	25（1992）	29（1996）
迪马斯	希腊	12	21（1992）	25（1996）	29（2000）
卡基亚什维利斯	希腊①	13	23（1992）	27（1996）	31（2000）
穆特鲁	土耳其	10	22（1996）	26（2000）	30（2004）

注：①卡基亚什维利斯原为苏联格鲁吉亚人。1992年代表独立国家联合体获90公斤级冠军，1996、2000年代表希腊分别获99、94公斤级冠军[5]。

表2 获两届奥运会冠军选手的年龄特征

名次	姓名	国籍	始训年龄（岁）	首次获冠军年龄（岁）	第二次获冠军年龄（岁）
1	路易斯	法国	16	24（1932）	28（1936）
2	大卫	美国	17	27（1948）	31（1952）

名次	姓名	国籍	始训年龄（岁）	首次获冠军年龄（岁）	第二次获冠军年龄（岁）
3	温奇	美国	15	23（1956）	27（1960）
4	科诺	美国	15	22（1952）	26（1956）
5	巴扎诺夫斯基	波兰	18	29（1964）	33（1968）
6	三宅义信	日本	17	25（1964）	29（1968）
7	沃罗比耶夫	苏联	19	30（1956）	34（1960）
8	札鲍京斯基	苏联	16	26（1964）	30（1968）
9	努里基扬	保加利亚	15	24（1972）	28（1976）
10	阿列克谢耶夫	苏联	18	30（1972）	34（1976）
11	库尔洛维奇	苏联	14	27（1988）	31（1992）
12	占旭刚	中国	11	23（1996）	27（2000）
13	穆特鲁	土耳其	10	22（1996）	26（2000）
14	雷扎扎德	伊朗	10	22（2000）	26（2004）
15	龙清泉	中国	9	17（2008）	25（2016）

经统计，156名选手获奥运会冠军时的平均年龄为24.8±3.1。优秀运动员的成长是多年系统训练的结果。从选材到创造优异成绩一般要7~8年，夺得奥运会冠军需要的时间更长。根据郭廷栋等（1990年）的资料，在正常情况下男子在20岁以前力量不断提高，20岁以后力量提高的速度放慢，到25岁左右达到最高峰，以后力量下降。力量下降的速度受到每个人活动量的显著影响[6]。

举重不仅对最大力量有极高要求，而且对构成竞技能力的形态、机能、技术、战术、心理、智力、身体素质等7个方面都有很高要求，这7个方面涉及上百种因素。运动员只有在多年系统训练，力量素质达到最高水平的前提下，最大限度地提高了与竞技能力有关的多因素水平，才能在竞争激烈的奥运会比赛中创造佳绩[7]。

2. 奥运会冠军的平均训练年限

156名选手夺得奥运会冠军的平均训练年限约为10.86±2.1年。从表2和表3可以发现，在奥运会历史上有4人连续荣获3届奥运会冠军，16人荣获两届奥运会冠军。这20名选手首次夺得奥运会冠军的训练年限约为9.85±2.0年。从具体国家来看，我国15人获奥运会冠军时的平均训练年限约为11.2±1.6年。苏联35人获奥运会冠军时的训练年限约为11.2±2.1年。其他国家选手的具体情况也大致相似。如保加利亚（9人）约为9.2±1.22年，美国（13人）法国（8人）德国（8人）等约为11.2±1.6[8]。

　　训练年限与特定的历史时期有关。20世纪20年代以前，运动员依靠天赋的身体条件就能取得佳绩。因此，冠军的年龄和训练年限参差不齐。例如，1896年首届奥运会冠军英国选手埃利奥特和丹麦选手扬森都非常年轻，仅有22岁，并没有进行过专门训练。而夺得1920年奥运会75公斤级冠军的法国选手亨利尽管已经32岁，也没有经过长期多年训练，仍然获得了冠军[9]。20世纪五六十年代，举重进入系统训练阶段。在此期间，达到奥运会冠军水平的训练年限约为10年左右。冠军选手的平均年龄在25~28岁，其中既有20岁的年轻选手，也有年已36岁才夺得冠军的老将。20世纪70至90年代举重运动员进一步年轻化，训练年限进一步稳定下来，获奥运会冠军选手的平均年龄在24.5~27.2岁，达到冠军水平的训练年限约为10~12年。

　　3. 举重训练开始时间早，则出成绩也早；反之亦然

　　20世纪30年代举重训练开始年龄为17~18岁，五六十年代为14~15岁，70年代为12~13岁，90年代为9~11岁[10]。从实际情况中我们也可以得出有关结论。例如，20世纪60年代苏联有10位选手获奥运会冠军，平均年龄为27.8±3.6岁；90年代有4位选手（以独立国家联合体名义参赛）获奥运会冠军，平均年龄下降到25.7±3.1岁[11]。

　　保加利亚队是早期专门化训练的突出代表。从20世纪60年代中期开始保加利亚就从13~14岁少年中选材训练，70年代为10岁左右。1972~1992年，该队共有9人为奥运会冠军，夺冠时的平均年龄为21.5±1.65岁。

　　一些著名选手情况也可以说明始训年龄与出成绩早晚的关系。曾先后82次打破世界纪录，两获奥运会冠军的苏联选手阿列克谢耶夫曾是国家青年男排后补队员，18岁开始训练举重，30岁首获奥运会冠军。此外，也有许多早期专项训练出成绩的选手。3届奥运会冠军，土耳其选手苏莱曼诺尔古（原为保加利亚选手）9岁开始举重训练，不到16岁就打破了成年世界纪录。中国的曾国强、保加利亚的兹拉特夫等选手，都是10岁左右开始训练，年仅20岁

或21岁就夺得了奥运会冠军[12]。

4. 年龄最大的奥运会冠军

在奥运会举重历史上有11名选手获冠军时年龄超过33岁。年龄最大的是苏联鲁道夫·普留克费尔德尔。他生于1928年9月6日，1964年10月16日在东京举行的第18届奥运会上，以475（150+142.5+182.5）公斤的总成绩荣获轻重量级（82.5公斤级）冠军时，年龄为36岁零40天[13]。

5. 年龄最小的奥运会冠军

有15名选手获冠军时年龄不到21岁。其中年龄最小的是中国的龙清泉，生于1990年12月3日，2008年8月9日在北京举行的第29届奥运会上以292（132+160）公斤荣获56公斤级冠军时，年龄只有17岁246天[14]。

三、结论

1. 在120年的奥运会历史上，共有156位男子举重冠军（其中4人3连冠，16人2连冠）。他们荣获冠军时的平均年龄为24.8±3.1岁，其中最大年龄36岁，最小年龄17岁；获得奥运会冠军的平均训练年限为10.86±2.1年。

2. 举重训练开始时间早则出成绩也早，反之亦然。预计未来奥运会男子举重冠军的平均年龄将基本稳定在23~25岁。

参考文献

[1]SCHODL G.*The Lost Past-A Story of the International Weightlifting Federation*[M].Budapast：IWF，1992：301-320.

[2] 杨世勇，董生辉，钱光鉴，等.举重世界纪录和奥运会举重概览 [M]. 成都：四川科学技术出版社，2007：200-223.

[3]MIHAJLOVIL V. *80 years of the Weightlifting in the World and Europe*[M].Budapast：IWF，1987：230-236.

[4] *Weightlifting Results Book Rio 2016.6~15 August*[M].Budapast：IWF，2016：1-60.

[5] 杨世勇，董生辉，钱光鉴，等.举重世界纪录和奥运会举重概览 [M]. 成都：四川科学技术出版社，2007.

[6] 郭廷栋.竞技举重运动 [M].北京：人民体育出版社，1990.

[7]L.S. 德沃尔金 . 少年举重选手的训练 [J]. 奥运项目信息举重 . 北京：国家体育总局科研所 .1998（1）：2-3.

[8]WIDLUND T.*Weightlifting at the Olympic Games 1896-1988*[M].Budapast：IWF，1989.

[9]WEBSTER D.*The Iran Game-An illustrated of Weightlifting*[M].Budapast：Great Britain.1976.

[10] 谢勇 . 我国优秀举重运动员运动成绩增长规律的研究 [J]. 中国体育科技，1994（12）：46.

[11]SCHODL G.*102（1891~1993）Years Gold Medals in Weightlifting*[M].Budapast：IWF，1994.

[12] 钱光鉴，杨世勇 . 举重手册 [M]. 北京：人民体育出版社，1996.

[13] 钱光鉴，杨世勇 . 中国举重史 [M]. 武汉：武汉出版社，1996.

第二节 奥运会女子举重冠军成绩增长规律研究

奥运会女子举重比赛始于2000年，到2016年巴西里约奥运会，国际奥委会共颁发举重奖牌105枚，其中金银铜牌均为35枚。共有26个国家或地区获得奖牌。

《奥运会女子举重冠军成绩增长规律的年龄特征研究》，入选了2016年里约奥运会体育科学大会。本文对入选的奥运会科学大会论文进行了修改，并发表于《成都体育学院学报》2016年第6期。部分内容有删减。

（备注：本文为2016年国家社科基金项目《中国夏季冬季奥运会冠军群体成长特征研究》（批准号16BTY090）部分内容。课题责任人：杨世勇）

奥运会女子举重冠军成绩增长规律研究

杨世勇

【摘要】对第27~31届奥运会女子举重比赛涌现的32位冠军的成绩增长规律进行研究，得出以下结论：获冠军时的平均年龄为23.9±3.2岁，达到奥运会冠军水平的平均训练年限为11.3±2.3年；力量与技术的按比例协调发展是提高成绩的基本因素，良好的心理素质和突出的竞技能力是比赛制胜的关键要素；举国体制和扎实的人才梯队建设是构建举重精英的物质基础，科学选材与科学训练，按竞技状态消长规律提高竞技能力是比赛制胜的基本要求，把握机遇，准确的技术和战术应用，提高试举成功率是创造佳绩的助推剂；合理的奖励和退役安置是女子举重长盛不衰的必要保障。

女子举重自2000年成为奥运会项目以来，截止2016年，在第27~31届奥运会女子举重比赛中共颁发了35枚金牌、产生了32位冠军。对奥运会女子举重冠军成绩增长规律进行研究，对于掌握和揭示女子举重运动员成绩增长的基本规律，预测未来发展，科学指导女子举重训练均有重要意义。

一、研究方法

查阅中英文文献资料100余篇，有关著作60余本。2000~2016年调查并访问国际举重联合会、亚洲举重联合会、中国举重协会有关官员、专家、学者、教练员、裁判员以及奥运会冠军共50余人。通过现场调研、观摩或录像观察奥运会比赛，统计和整理了2000~2016年在奥运会女子举重比赛中荣获冠军的32名运动员的具体情况，并采用比较、分类、类比、归纳、演绎、分析、综合等逻辑方法，得出了有关结论。

二、研究结果

1. 金牌分布和2000~2016年奥运会冠军的平均年龄

2000~2016年共颁发了35枚奥运会女子举重金牌，这35枚金牌由来自11个国家或地区的32名运动员夺得。这11个队的金牌数分别为：中国17枚，泰国5枚，哈萨克斯坦3枚，朝鲜3枚，乌克兰、韩国、土耳其、哥伦比亚、美国、墨西哥、中华台北分别各1枚。

32位奥运会女子举重冠军夺冠时的平均年龄为23.9±3.2岁。中国选手陈艳青、中华台北选手许淑静、朝鲜选手李全心先后连续夺得两届奥运会冠军，她们首次获冠军时的平均年龄为21岁，获第2次冠军时的平均年龄为25岁。预计未来奥运会女子举重冠军的平均年龄将基本稳定在23岁左右。

2. 奥运会冠军的平均训练年限

32名选手夺得奥运会冠军的平均训练年限约为11.4±3.2年，连续荣获两届奥运会冠军的3名运动员首次夺得奥运会冠军的平均训练年限约为9.5年。从具体的国家来看，中国的奥运会冠军共15人，训练年限约为10.5±2年。泰国5人获奥运会冠军的训练年限约12.1±1年，哈萨克斯坦3人训练年限约13.1年，朝鲜2人平均训练年限约11年。美国、墨西哥、哥伦比亚、乌克兰、土耳其、韩国、中华台北分别各有1人获奥运会冠军，其训练年限在9~13.5年之间。说明女子举重运动员的训练年限与出成绩的年龄都已日趋稳定。

3. 举重训练开始时间早，则出成绩也早；反之亦然

一些著名运动员的情况可以说明开始训练年龄与出成绩的早晚关系。例如，首位奥运会女子举重冠军，美国运动员诺特原为体操运动员，曾获得体操全国冠军，后从事足球训练并入选美国国家足球队。1995年23岁的诺特开始从事举重训练，28岁获得奥运会冠军[1]。哥伦比亚运动员乌鲁蒂亚，身高1.70米，1980年15岁时开始练习铁饼，1988年参加了汉城奥运会铁饼比赛，1989年23岁开始从事举重训练，1999年参加世界举重锦标赛时体重为88.53公斤，2000年奥运会毅然将体重降至73.28公斤，35岁获得75公斤级奥运会冠军。

此外，也有许多早期专项训练，早出成绩的运动员。例如中国运动员丁美媛12岁练习举重，21岁获得奥运会冠军。乌克兰运动员娜塔莉亚11岁开始举重训练，23岁获得奥运会冠军。陈艳青13岁开始训练，25岁获雅典奥运会冠军，29岁获北京奥运会冠军。上述事例说明了始训年龄早则出成绩年龄早，始训年龄晚则出成绩年龄晚的基本特征。

4. 年龄最大的奥运会冠军

年龄最大的选手是哥伦比亚乌鲁蒂亚[2]，出生于1965年3月25日，1980年15岁时开始练习铁饼，1988年代表哥伦比亚参加了汉城奥运会铁饼比赛，并以54米的成绩获第17名。随后，23岁的乌鲁蒂亚在保加利亚教练指导下从事举重训练，她先后获9枚世界举重锦标赛金牌。2000年已有35岁的乌鲁蒂亚在赛前半年体重达88.53公斤的情况下毅然减体重13.53公斤，参加75公斤级比赛，以245公斤的成绩成为哥伦比亚历史上的首位奥运会冠军[3]。

5. 年龄最小的奥运会冠军

年龄最小的奥运会女子举重冠军是哈萨克斯坦的祖尔菲亚，她在2012年赢得奥运会冠军的年龄是19岁零4天[4]。

三、结论

1. 在2000~2016年奥运会上，共有32位女子举重冠军（其中3人蝉联冠军），她们获冠军时的平均年龄为23.9±3.2岁。其中年龄最大者为35岁，最小者19岁。达到奥运会冠军水平的训练年限约为11.3±2.3岁。

1. 力量与技术的协调发展是提高成绩的基本因素，良好的心理素质和突出的竞技能力是比赛制胜的关键要素；举国体制和扎实的人才梯队建设是构建举重精英的物质基础；科学选材与科学训练，按竞技状态消长规律提高竞技能力是比赛制胜的基本要求；把握机遇，准确的技术和战术应用，提高试举成功率是创造佳绩的助推剂；合理的奖励和退役安置是女子举重长盛不衰的必要保障，未来女子举重成绩还将继续提高。

参考文献

[1]BOSKOVICS J.*The Fairy Tale That Came True：Tara Nott*[J]. WORLD WEIGHTLIFTING, 2000，79（4）：26-28.

[2]BOSKOVICS J.*Urrutia：Colombia's Heroine* [J].*WORLD WEIGHTLIFTING*, 2000，79（4）：38-39.

[3]BOSKOVICS J. *Urrutia："I can thank it all to weightlifting"* [J].WORLD WEIGHTLIFTING, 2006，97（1）：16-17.

[4] ANIKO N M.*2012 London Olympic Games-Women's Categories* [J].WORLD WEIGHTLIFTING, 2012，123（3）：8-13.

第三节 举重创破世界纪录的历史探索

截至2018年12月31日，共有43个国家或地区创破2383次成年男子世界纪录，有40个国家或地区创破1037次青年男子世界纪录，有12个国家或地区创破81次少年男子世界纪录；有20个国家或地区创破753次成年女子世界纪录，有24个国家或地区创破444次青年女子世界纪录，有8个国家或地区创破43次少年女子世界纪录。

《举重创破世界纪录的历史探索》原载于成都体育学院学报1995年第4期，中国人民大学书报资料中心《体育》1996年第3期全文转载。虽然论文完成于20多年前，创破世界纪录的统计数据有了较大变化，但该论文的主要内容仍然有现实意义，以下就是这篇文章的主要内容（原文有删减）。

举重创破世界纪录的历史探索

杨世勇

【摘要】全面审视了1993年以前有关国家和地区创破世界纪录的历史情况，统计了相关数据，指出了国际举联承认世界纪录存在的局限（以是否是会员国作为承认纪录的先决条件，创破纪录的有关规定不够完善），分析了申报世界纪录过程中存在的失误（信息不灵，申报不及时或失误，不具备创破纪录条件），得出了有关定量结论并提出了建议。

一、选题依据

创破举重世界纪录的数量，是衡量一个国家和地区竞技举重运动发展水平的重要标志。因此，创破世界纪录历来受到国际举重联合会和各国各地区的高度重视。但是，自从国际举联成立以来，除了对创破世界纪录有严格的规定外，在承认世界纪录方面也存在着失误。而某些申报创破世界纪录的国家，地区，以及洲际性或地区性举重组织，或者信息不灵，或者未能严格执行有关规定，导致创破的世界纪录无效或者不能得到承认。这是极为遗憾的，也是运动员所在国家、地区和运动员个人荣誉的重大损失。鉴于上述原因，探讨创破世界纪录的有关历史问题，揭示创破世界纪录的有关规定和基本要求，纠正创破世界纪录过程中存在的失误，得出第4子（成年、青年）女子世界纪录的准确结论，对于有关国家地区和世界竞技举重运动的发展都世界女具有极为重要的现实意义和深远的历史意义。

二、研究方法

查阅了中英文文献资料200篇，成绩资料以及有关著作100余本。1988~1993年，调查并询问国际举重联合会、亚洲举重联合会、中国举重协会的有关官员、专家、学者20余人。采用比较、分类、类比、归纳、演绎、分析、综合等逻辑方法。统计和整理了国际举重联合会成立以来至1993年，在各种举重比赛中，创破世界纪录的具体情况。

三、研究结果

1. 成年男子世界纪录

1907~1993年，共有42个国家和地区的运动员先后2153次打破或创造世界纪录。其中苏联选手居首位，共创破1001次世界纪录；保加利亚居第2位，共创破22次世界纪录；美国居第3位，共创破121次世界纪录；居第4至第10位的国家分别是：德国105次，法国96次，奥地利81次，埃及57次，日本53次，中国49次，波兰45次（表略）。

中国虽然于1935年5月25日加入国际举重联合会，但中国的竞技举重实际上是从20世纪50年代开始迅速发展起来的，在40多年的时间内能创破49次世界纪录，发展速度是较快的。1956~1989年，世界各国运动员共打破1060次世界纪录，其中中国运动员打破46次，约占同期世界纪录总数的46%。而1956~1966年中国选手共打破30次世界纪录，其他国家选手打破380次世界纪录，中国约占7.9%。而1966年世界各国共打破30次世界纪录，其中中国就打破了8次占27%而1987、1988、1989年中国选手分别打破5次、4次、1次世界纪录，其他国家在同期分别打破16次、23次、2次世界纪录，中国选手分别占同期创世界纪录总数的31%、17.4%、3%，创世界纪录数已跃居世界领先水平。1992年仅有中国的何灼强创一项世界纪录。但1993年国际举联新建立10个级别的30项"世界标准"（worldstandard）纪录后，到同年12月31日止，就有8个国家的选手打破其中17项"世界标准"纪录，而中国选手未破1项。

2. 青年男子世界纪录

1962年1月1日，国际举重联合会设立青年男子举重世界纪录以来到1993年，共有23个国家的青年选手813次创破青年男子举重世界纪录。其中，中国运动员创31次青年世界纪录，创破纪录数居世界第7位。创破青年世界纪录居前6位的国家分别是：保加利亚275次，苏联194次，日本77次，匈牙利43次，美国39次；居8~12位的国家是：波兰26次，英国20次，德国13次，伊朗8次，罗马尼亚8次。

3. 女子世界纪录

1987年，国际举重联合会主办第1届世界女子举重锦标赛以来，到1993年，在第1~7届世界女子举重锦标赛和洲际女子举重锦标赛中，共有11个国家和地区的运动员先后298次创造或打破9个级别的27项世界纪录（注：1993年以前为44~82.5公斤以上级9个级别，1993年为46~83公斤以上级9个新级别）。其中，1987年创27项世界纪录，1988年破46次世界纪录，1989年破37次世界纪录，1990年破13次世界纪录，1991年破33次世界纪录，1992年破59次世界纪录，1993年破83次世界纪录。

1987~1993年，在历届世界女子举重锦标赛上创破的298次世界纪录中，中国运动员共创造或打破221次世界纪录，占创破世界纪录总数的74%。创破世界纪录居第2~5位的国家和地区分别是：保加利亚29次，美国15次，中华台北12次，韩国8次。

四、讨论与分析

1. 国际举重联合会承认世界纪录的条件

20世纪70年代以前规定：（1）创破世界纪录选手必须是国际举联会员国（或地区）的运动员；（2）有三位国际级举重裁判员执裁；（3）场地、器材设备和运动员的体重符合要求80年代中期补充规定，创破世界纪录必须进行兴奋剂检查。

20世纪80年代末至90年代初又补充了以下规定：（1）创破世界纪录必须在奥运会、世界锦标赛、世界杯总决赛洲际运动会、洲际锦标赛以及国际举联指定的地区性运动会，国际举联选定的传统国际比赛中创造；（2）国际举联指定代表参加上述比赛，并考察比赛水平及组织情况，检查对国际举联规则的执行情况；（3）在上述比赛中，由国际举联指定兴奋剂检查专家按照国际举联规定进行兴奋剂检查。破纪录的男女运动员必须接受兴奋剂检查；（4）尿样必须在国际奥委会批准的检验中心进行检查。只有当运动员通过了兴奋剂检查后，新的世界纪录才可被承认。

2. 国际举重联合会的统计结论

国际举联统计委员会及有关官员,就有关国家和地区创破世界纪录的数量曾进行专门统计,并有专门著述。在这些著作中,以国际举联主席肖德尔主持编撰的 *The Lost past* 一书的统计数据最全面、最权威,并集中代表了国际举联的官方结论。该书的统计结论如下。

(1)成年男子世界纪录

1917~1991年,共有38个国家和地区的运动员2102次打破右手抓举、左手抓举、右手挺举、左手挺举、双手推举、双手抓举、双手挺举、推抓挺3项总成绩,抓挺2项总成绩世界纪录。创破纪录居前三位的国家分别是:苏联1001次,保加利亚217次,美国121次。中国居第15位,创破纪录24次。

(2)青年男子世界纪录

1962~1991年,共有22个国家和地区的运动员先后792次打破推举、抓举、挺举3项总成绩,2项总成绩世界纪录。创破纪录居前三位的国家分别是保加利亚275次,苏联194次,日本77次。中国居第9位,创破纪录共17次。

(3)女子世界纪录

1987~1991年,在历届世界女子举重锦标赛上,共有8个国家和地区创破129次世界纪录。创破纪录居前三位的国家分别是中国98次,保加利亚15次,美国6次,中华台北居第6位,创破纪录共2次。

3. 有关国家和地区创破世界纪录的实际情况

(1)男子世界纪录

1917~1991年,共有38个国家和地区的选手2126次打破世界纪录。中国选手共48次打破世界纪录,创破纪录数居世界第9位。1992~1993年,有关国家选手先后27次打破世界纪录因此,1917~1991年共有38个国家和地区的选手2153次打破世界纪录。*The Lost Past* 一书的统计结论有误。因为该书统计的中国男子举重运动员打破世界录仅有24次(截至1991年年底),即只统计了1956~1958年陈镜开创造的5次世界纪录和1974年恢复中国在国际举联合法地位后,中国运动员打破的19次世界纪录,而没有统计1958~1966年的25次世界纪录。出现这种失误的原因是中国于1958年9月16日退出了国际举重联合会,直到1974年9月20日才再次恢复了在国际举联的合法地位。非会员国期间创造的世界纪录国际举联未予承认。

（2）青年男子世界纪录

1962~1991年，共有22国家的选手800次打破世界青年纪录。其中中国选手创破25次青年世界纪录。加上1993年中国选手创破的6次，德国选手创破的5次，韩国选手创破的2次世界青年纪录，到1993年，共有23个国家的选手813次创破世界纪录。其中，中国居第7位。保加利亚、苏联、日本居前3位，分别创破275次、194次、77次。按各大洲情况分析，欧洲选手创破595次，亚洲134次，南美洲43次，北美洲40次，大洋洲1次。

（3）女子世界纪录

1987~1993年，在历届女子世锦赛和洲际女子举重锦标赛，共有11个国家和地区的选手298次创破世界纪录。中国选手创破221次，占创破纪录总数的74%。

4.承认和申报世界纪录存在的局限与失误

（1）国际举重联合会承认世界纪录过程中存在的局限性

第一，以是否会员国作为承认创造世界纪录的先决条件，不利于世界举重运动的全面发展。例如，1958~1966年，中国有10名选手在国际国内比赛中创破25次世界纪录（1958~1973年，因"两个中国"等问题中国退出了国际举联），但国际举联不予承认。特别是1966年在金边举行的第1届亚洲新兴力量运动会上，中国60公斤级选手肖明祥以158公斤打破挺举世界纪录，而当时美国选手伯格保持的世界纪录仅152.5公斤。由于国际举联未承认中国选手创破的纪录，以至1969~1972年有3个国家的选手先后以153、153.5、154.5、155、155.5、156、157.5公斤打破"世界纪录"。此外，1963年3月15日，中国选手肖明祥在莫斯科国际举重个人冠军赛上，准备在第4次试举中冲击150.5公斤，以打破150公斤的世界纪录时，亲临赛会的国际举联主席克拉伦斯·约翰逊（美国籍）甚至说："由于你们不是国际举联的会员国，破了世界纪录我们国际举联也不承认。"此外，国际举联曾对会员国与非会员国同场比赛进行制裁。例如国际举联1963年曾对邀请非会员国参赛的苏联举协进行"警告"，1965年又因朝鲜、罗马尼亚、巴基斯坦、印度尼西亚选手参加了在雅加达举行的第一届新兴力量运动会，并与非会员国选手比赛，而取消上述4个国家选手两年参加世界举重比赛的资格。上述做法对世界水平的提高是极为不利的，也是非常错误和遗憾的。

第二，承认世界纪录的有关规定不够完善。目前中国女子举重运动员创造的国家纪录和亚洲纪录均远远高于世界纪录。此外，在历届亚洲女子举重锦标赛上几乎都有中国等国家和地区选手破世界纪录，但国际举联并未予以全部承认。例如，1993年12月举行的第6届亚洲女子举重锦标赛上中国、印度、泰国的六名选手共2次打破10项世界纪录，但国际举联公布的都无上述新成绩。出现这种情况与国际举重联合会严格控制创世界纪录的比赛等级和有关条件有关。但是，世界纪录大大低于亚洲纪录、国家纪录，有许多深层次问题值得研究，承认世界纪录的有关规定也亟需进一步完善。

（2）有关国家和举重组织申报世界纪录存在的失误

第一，信息不灵导致所创纪录无效。例如，1978年3月17日，苏联选手奥列格·卡拉耶尼迪在莫斯科以142.5公斤的成绩打破56公斤级挺举140.5公斤的世界青年纪录，但由于中国举协未及时获得这一信息，以至1978年4月14日，广东56公斤级选手陈伟强在广州举行的中德友谊赛上，以141公斤的成绩向"青年世界纪录"冲击。虽然举起了此重量，但国际举联不承认为世界纪录。此外，中国56公斤级选手刘航远1977年在国内比赛中曾两次分别抓举起109、110公斤，但由于古巴选手早在1976年10月27日已将该项青年世界纪录提高到110.5公斤，其结果是中国举协申报的纪录无效。

第二，申报不及时或申报工作有误，导致纪录未获得承认。创破世界纪录，必须在一周内或最迟在15天内向国际举联申报，这是申报纪录的基本要求。由于申报延误或有关举重组织其他工作方面的失误，导致纪录未得到及时承认则是极为遗憾的。例如，1993年12月16日，中国选手殷伟权在第7届亚洲男子青年举重锦标赛上分别以135.5、137.5公斤打破了64公斤级抓举135公斤的世界青年纪录，但由于亚洲举重联合会以及有关方面工作失误，以至于新纪录未得到国际举联承认。

第三，不具备创破纪录条件。被誉为举重"神童"的两届奥运会冠军苏莱马诺尔古，1987年在土耳其国内比赛或表演赛中，曾多次举起超过世界纪录的重量，均未被承认。1976年10月31日，中国选手蔡俊成在常州举行的为"常州市工农兵群众汇报表演"中，曾举起101公斤（超过他自己创造的100.5公斤的52公斤级世界青年纪录），申报后也未获国际举联承认。其原因是表演赛或未经国际举联进行兴奋剂检查的比赛，不符合创破纪录的条件。

五、结论与建议

1. 结论

（1）1907~1993年，共有42个国家和地区的选手2153次打破男子成年世界纪录。创破纪录居前三位的国家分别是苏联1001次，保加利亚225次，美国121次。中国选手居第9位，创破49次世界纪录。

（2）1962~1993年，共有23个国家和地区的选手813次打破世界男子青年举重纪录。保加利亚（275次）苏联（194次）日本（77次），创破纪录数居前3位，中国居第7位（31次）。

（3）1987~1993年，在历届女子世锦赛上，共有11个国家和地区的选手298次创破世界纪录其中，中国选手创破221次，保加利亚创破29次，英国创破15次，中华台北创破12次。

（4）国际举重联合会对创破世界纪录有严格规定，但也存在局限：即以是否为会员国作为创破世界纪录的先决条件，不利于世界举重运动的发展；承认世界纪录的有关规定也还需要进一步完善。

（5）有关国家或举重组织申报创破世界纪录的过程中存在着以下失误：信息不灵；申报不及时或申报工作失误；不具备创破世界纪录条件。上述失误导致所创纪录无效或申报后不予承认。

2. 建议

（1）国际举联和有关举重组织应对创破男（成年、青年）女世界纪录的数量进行重新统计和审定，进一步完善创破世界纪录的有关规定，纠正创破世界纪录过程中遗留的历史问题和同限性，以促进世界举重运动的不断发展。

（2）有关国家和举重组织应及时捕捉世界纪录的最新信息，严格按照有关规定创破世界纪录，并保证申报工作及时准确，使创造的世界纪录得到及时有效的承认，以促进举重水平不断提高。

参考文献

[1]SCHODL G. The Lost Past- A story of the International Weightlifting Federation[M]. Budapast：IWF，1992.

[2]WEBSTER D. The Iran Game-An Illustrated of Weightlifting[M]. Budapast：

Great Britain，1976.

[3]MIHAJLOVIC V. 80 Years of the Weightlifting in the world and Europe[M]. Budapast：IWF，1977.

第四节　世界举重大赛获奖牌国家的情况分析

世界举重大赛主要指奥运会男子（始于1896年）女子（始于2000年）举重比赛，世界男子（始于1891年）女子（始于1987年）举重锦标赛，世界青年男子（始于1975年）女子（始于1995年）举重锦标赛，世界少年男子女子举重锦标赛（始于2009年），青年奥运会举重比赛（始于2010年），世界杯举重比赛，世界大学生举重锦标赛，世界大学生运动会举重比赛等。

到2018年12月31日，世界男子举重锦标赛共颁发金牌1351枚，共有53个国家或地区获得金牌；世界女子举重锦标赛共颁发金牌615枚，共有40个国家或地区获得金牌；世界青年男子举重锦标赛共颁发金牌1189枚，共有42个国家或地区获得金牌；世界青年女子举重锦标赛共颁发金牌528枚，共有30个国家或地区获得金牌；世界少年男子举重锦标赛共颁发金牌168枚，共有24个国家或地区获得金牌；世界少年女子举重锦标赛共颁发150枚金牌，共有19个国家或地区获得金牌。

《世界举重大赛获奖牌国家的情况分析》原载于成都体育学院学报1995年第1期。该论文对世界举重大赛获奖牌国家的历史背景和奖牌情况进行了研究，以下就是这篇文章的主要内容（原文有删减）。

世界举重大赛获奖牌国家的情况分析

杨世勇

【摘要】从1891至1993年，在奥运会、男女世界举重锦标赛、世界青年举重锦标赛中，共有66个国家和地区获得5336枚奖牌。通过对世界举重大赛获奖牌国家和地区的历史背景探究，得出以下结论：世界举重发展水平具有历史阶段的不平衡性；举重发展水平受体育体制制约；举重发展水平与科研水平密切相关；举重发展水平还受政治、战争等因素间接影响。

一、研究方法

1. 文献资料法查阅了国内外与举重有关的中英文文献资料数百篇，成绩资料以及有关著作近100本。

2. 逻辑方法通过比较、分类类比、归纳、演绎、分析、综合等逻辑方法，对本选题涉及的所有问题进行研究。

3. 调查法采用专家调查、面谈调查等获取本选题的有关信息资料。

4. 数理统计统计和整理了有记载以来至1993年，在奥运会、男女世锦赛、男子世青赛上各国或地区获奖牌情况。

二、研究结果

1. 奥运会

1896~1992年奥运会举重赛中，有40个国家和地区的运动员获金牌130枚、银牌126枚、铜牌126枚。居前8位的国家是：苏联62枚（金牌39枚）、美国41枚（金牌15枚）、保加利亚28枚（金牌10枚）、波兰2枚（金牌4枚）、德国2枚）、中国15枚（4金5银6铜）、法国14枚（金牌9枚）、意大利14枚（金牌5枚）、日本12枚（金牌2枚）。

2. 世界男子举重锦标赛

1891~1993年，在第1~65届世界男子举重锦标赛上，有54个国家和地区荣获金牌901枚、银牌897枚、铜牌895枚。获奖牌数居前10位的国家有：苏联636枚（金牌331枚）保加利亚388枚（金牌170枚）波兰214枚（金牌46枚）匈牙利154枚、德国151枚、德国131枚、美国123枚、中国97枚（金牌24枚、总成绩金牌5枚）日本97枚（金牌22枚）奥地利93枚。

3. 世界青年男子举重锦标赛

1975~1993年，在共19届世界青年男子举重锦标赛中，共有38个国家或地区获得189美枚奖牌（金牌564枚、银牌567枚、铜牌563枚）。获奖牌数居前5位的国家和地区分别是：保加利亚442枚、苏联402枚、德国123枚、中国121枚、匈牙利92枚。

4. 世界女子举重举重锦标赛

1987~1993年，已举行的共7届世界女子举重锦标赛中，共有19个国家或地区的运动员获得567枚奖牌（金银铜牌均各为189枚）。获奖牌数居前5位的国家分别是：中国184枚（其中金牌156枚，占金牌总数的82.59%）保加利亚93枚、美国60枚、匈牙利40枚、中华台北35枚。

三、讨论与分析

1. 世界举重发展水平呈现出历史阶段的不平衡性

20世纪初至20年代，法国、意大利、奥地利、爱沙尼亚曾达到较高水平。特别是在1920年、1924年、1928年举行的第7~9届奥运会举重比赛中，法国、意大利分别获得8枚奖牌（法国获5枚金牌、意大利获4枚金牌），奥地利获6枚奖牌，爱沙尼亚获4枚奖牌。20世纪30年代至40年代美国、埃及居领先地位，并分别在第11届奥运会（1936年）第12届奥运会（1948年）上获得5枚、4枚金牌。20世纪50—60年代，苏联、美国居领先地位，并分别在第15~17届奥运会上获12枚、8枚金牌（注：20世纪50年代至60年代中国男子举重曾达到较高水平，但因"两个中国"问题未参加世界大赛）。20世纪60年代波兰、日本也曾取得较好成绩，20世纪70至90年代初，苏联、保加利亚在奥运会举重比赛中居领先地位，波兰、匈牙利、中国、韩国等也取得较好成绩。在世界男子举重锦标赛上，上述国家在不同的历史时期也曾取得突出成绩。

2. 举重发展水平受体育体制的制约

体育体制受社会制度和经济发展制约。从20世纪20年代至今，先后出现两种体育体制。第一种是以苏联、保加利亚、波兰、匈牙利等东欧国家和中国为代表的集中型体育体制。它的特点是竞技举重运动的发展由政府体育运动委员会统一领导或由体委和行业体协共同领导，并实行多年规划、系统训练。第二种是美国和大多数西方国家的分散型体育体制。其特点是举重运动的主力分散在大学、企业、俱乐部、协会等。没有全国性统一领导并实行多年规划、系统训练的机构与机制。从以上两种体制分析，集中型的体育体制便于充分集中全国的人力、物力和科技力量统一领导、统筹安排，实行集约化的系统科学训练，有利于在经济发展水平相对较低的情况下，使举重水平超前发展（即超越经济发展水平）并创造优异成绩。分散型体制独立性、自主性较大，但不易集中力量搞大规模的系统规划、系统训练。世界举重发展水平的不平衡性，是对上述体育体制的最好证明。在自然发展阶段（20世纪20年代以前）新技术阶段（20世纪30至50年代），由于苏联等社会主义国家成立不久，经济发展水平低，加上战争等因素，不可能大力发展竞技举重，因此集中型体制的优势尚未充分展示出来。而在此期间美国、法国、意大利、德国埃及等实行分散型体育体制的国家曾取得优异成绩。20世纪60至80年代，举重运动相继进入了大运动量阶段、多学科综合利用暨科学训练阶段，实行集中型体育体制的苏联、保加利亚等东欧国家以及中国的举重水平相继进入领先地位，而实行分散型体育体制的美国以及奥地利埃及、法国、意大利等国家在世界举坛的优势则逐渐丧失。

3. 举重发展水平与举重科研水平密切相关

科学研究是促进举重水平不断提高的根本动力。竞技举重的发展历史充分证明了这一点。独霸世界举坛40年的苏联，20世纪50至80年代对举重科研进行了大量投入，男子举重科研一直走在世界前列。先后培养了与举重专业有关的博士，副博士100余名，涌现了卢奇金、沃罗比耶夫、罗曼、梅德维杰夫、谢烈平等一批世界著名的举重专家和功勋教练员。苏联还先后出版了近100本与举重有关的著作发表举重论文2000余篇。保加利亚对举重训练领域的有关问题也进行了深层次研究，对选材、训练、恢复措施等进行了重大改革。阿巴杰耶夫、多勃雷夫等功勋教练员在举重领域的研究与实践，促进了保加利亚举重水平的飞跃发展，并对世界举重发展带来了深刻影响。我国在女子举重运动员的选材、技术训练、经期训练、举重负荷对女子的生理改变、内分泌、恢复措施等领域的研究均达到很高水平，走在了世界前列（这可由近年来发表的大量论文证明），使中国女子举重进入了多学科综合利用及科学训练阶段。这也是中国女子举重进入世界先进水平的重要原因。

4. 举重发展水平受政治、战争等因素间接影响

例如，由于战争等因素，第一、二次世界大战期间国际比赛全部停止。1980年的第22届奥运会举重比赛，由于美国、中国以及一些西方国家抗议苏联入侵阿富汗而未能参赛。而1984年的第23届奥运会，由于苏联保加利亚等部分东欧国家的报复性抵制，使这些国家丧失了在奥运会举重比赛中夺取奖牌的机会。此外，由于国际局势问题，中国1973年以前一直未参加世界重大比赛。20世纪初至30年代，在奥运会和世锦赛上曾取得突出成绩的爱沙尼亚，

在30年代末并入苏联后，则丧失了在世界大赛中崭露头角的机会。而苏联的解体，则导致了世界大赛奖牌向更多国家分流。

5. 中国举重总体水平居世界第三位的深层次探索

中国于1935年5月25日加入国际举联后，参加过1936年的第11届奥运会（但名落孙山），随后一直未参加世界大赛（但中国选手1956~1966年先后有10人30次打破男子世界纪录，进入了世界先进水平）。1974年，中国恢复国际举联会员国地位后，开始参加世界大赛。到1993年，共获世界大赛奖牌417枚（其中男子世锦赛奖牌97枚、奥运会奖牌15枚），总体水平进入了世界第三位。在20年内能取得如此成就，发展水平是很快的。特别是在集中型的社会主义体育体制领导下，中国女队荣获世锦赛"七连冠"，并获156枚金牌（占世锦赛金牌总数的82.59%）中国女子举重从一开始就直接进入了多学科综合利用（暨科学训练）阶段。到1993年，全国有30余支女子举重代表队，专业女子举重运动员达800余人，业余训练运动员数千人。而在此期间，美国、希腊、哥伦比亚等许多采用分散型体育体制的国家，女子举重训练仍停留在自然发展阶段，没有专门进行统筹规划的领导机构，许多运动员不能坚持长年系统训练，缺乏科研和良好的恢复措施，有些运动员甚至仍采用落后的箭步式抓举和挺举技术。同时，由于女子举重尚未成为奥运会项目，有些国家尚未对女子举重进行大量投入，在上述情况下，中国女子举重进入世界领先地位则是历史的必然。

但是，中国男子举重水平不容乐观。在奥运会、男子世锦赛奖牌榜排名上，中国男子仅居第7位、第8位。制约中国男子举重发展水平的因素有：举重科研力量薄弱；教练员知识结构待完善；举重训练的科学化水平不高（特别是许多省市队缺乏量化的科学监控手段）；恢复措施、降体重方法、管理水平等待提高。目前，由于苏联的解体，新的体重级别的实施，为中国男子举重水平上新台阶提供了机遇和发展契机。只要抓住机遇，弥补薄弱环节，中国男子举重的发展潜力是巨大的。

四、结论与建议

1. 结论

（1）世界举重发展水平具有历史阶段的不平衡性。在男子世界锦标赛和奥运会比赛中，奥地利法国、意大利埃及、美国、苏联、保加利亚、波兰匈牙利、中国都曾达到世界先进水平。中国女子举重一直居世界领先地位。

（2）举重发展水平受体育体制制约，集中型体育体制更有利于出成绩。此外，举重发展水平还受到政治、战争等因素间接影响。

（3）举重科研力量雄厚，实行多学科综合利用暨科学训练的国家，更有利于创造优异成绩。

（4）中国举重总体水平进入世界第三位的深层次原因是：集中型的社会主义体育体制的领导，女子举重居世界领先地位并进入了多学科综合利用暨科学训练阶段。

2. 建议

进一步完善我国的举重训练体制；不断提高举重科研水平特别是男子举重的科学化训练水平；努力培养一批知识结构合理，具有忘我奋斗精神，勇于探索创新，具有强烈科技意识的优秀教练员队伍，以促进中国男子举重水平跃上新台阶。

参考文献

[1]SCHODL G. The Lost Past-A Story of the International Weightlifting Federation[M]. Budapast：The International Weightlifting Federation，1992.

[2]WIDLUND T. Weightlifting at the Olympic Games 1896~1988[M].Budapast：The International Weightlifting Federation，1989.

[3]WEBSTER D. The Iran Game-An Illustrated of Weightlifting[M]. Budapast：Great Britain，1976.

[4] MIHAJLOVIC V. 80 Years of the Weightlifting in the World and Europe[M]. Budapast：The International WeightliftingFederation，1977.

第二章
奥运会举重奖牌分布

第一节 奥运会举重前三名成绩（1896~2016 年）

奥运会举重比赛是国际奥委会主办,国际举重联合会承办的最重要的世界举重大赛。

夏季奥运会自1896年起,迄今已举办31届。1916年、1940年、1944年年因第一、二次世界大战而未举行。1900年、1908年、1912年的3届奥运会中则没有设立举重项目。因此截止2016年,奥运会举重比赛实际共举办了25届,2000年悉尼奥运会增设了女子举重项目。

1896~1924年,奥运会举重比赛的项目曾设有单手抓举、单手挺举、双手推举、双手抓举、双手挺举等。1928~1972年采用双手推举、双手抓举、双手挺举3项比赛。1972年以后采用双手抓举、双手挺举两项比赛。每个级别设总成绩名次,设金、银、铜牌。

刚开始,奥运会举重比赛不分体重级别。1920~1936年分为5个级别,1952~1968年分为7个级别,1972~1976年分为9个级别,1980~1996年分为10个级别。2000年男子分为8个级别,女子分为7个级别。

1896~2016 年奥林匹克运动会举重比赛简况

届数	地址	日期	参赛人数	参赛国家和地区
1	雅典（希腊）	1896.4.7	6	5
2	巴黎（法国）	1900 不设举重	–	–

届数	地址	日期	参赛人数	参赛国家和地区
3	圣路易斯（美国）	1904.8.31~9.3	5	2
4	伦敦（英国）	1908 不设举重	–	–
5	斯德哥尔摩（瑞典）	1912 不设举重	–	–
6	柏林（德国）	1916 未举行奥运会	–	–
7	安特卫普（比利时）	1920.8.23~28	53	14
8	巴黎（法国）	1924.7.21~24	107	16
9	阿姆斯特丹（荷兰）	1928.7.28~29	95	20
10	洛杉布（美国）	1932.7.30~31	29	8
11	柏林（德国）	1936.8.2~5	80	15
12	赫尔辛基（芬兰）	1940 未举行奥运会	–	–
13	伦敦（英国）	1944 未举行奥运会	–	–
14	伦敦（英国）	1948.8.9~11	120	30
15	赫尔辛基（芬兰）	1952.7.25~27	142	41
16	墨尔本（澳大利亚）	1956.11.23~26	105	34
17	罗马（意大利）	1960.9.7~10	173	53
18	东京（日本）	1964.10.11~18	149	42
19	墨西哥城（墨西哥）	1968.10.13~19	160	55
20	慕尼黑（联邦德国）	1972.8.27~9.6	188	54
21	蒙特利尔（加拿大）	1976.7.18~27	173	46
22	莫斯科（苏联）	1980.7.20~30	173	40
23	洛杉矶（美国）	1984.7.29~8.8	187	48
24	汉城（韩国）	1988.9.18~29	228	62
25	巴塞罗那（西班牙）	1992.7.26~8.4	244	69
26	亚特兰大（美国）	1996.7.20~30	246	77
27	悉尼（澳大利亚）	2000.9.15~10.1	162	63
28	希腊（雅典）	2004.8.14~25	164	66
29	中国（北京）	2008.8.10~19	167	68
30	英国（伦敦）	2012.7.28~8.7	149	70
31	巴西（里约热内卢）	2016.8.7~16	152	78

一、第 1 届奥运会举重比赛

1896年4月7日在希腊的雅典举行。不分体重级别，只设单手举和双手举（成绩单位：公斤）。

单手举

名次	姓名	国籍	成绩
1	劳·埃利奥特	英国	71
2	维·琼森	丹麦	57.2
3	阿·尼科洛普洛斯	希腊	57.2

双手举

名次	姓名	国籍	成绩
1	维·琼森	丹麦	111.5
2	劳·埃利奥特	英国	111.5
3	索·韦西斯	希腊	100

奥运会上的首例裁判争议发生在双手挺举重比赛中。琼森和埃利奥特成绩相等，同为111.5公斤。但裁判决定丹麦人琼森获得金牌，因为他的技术好些，且埃利奥特在举重时脚有移动。英国代表团对此提出抗议。大会决定进行附加赛来决定最后的名次。但附加赛中两人的成绩都没有超过原先的成绩，裁判还是判定琼森获胜。琼森在附加赛肩部受伤，影响了单手抓举比赛成绩。

琼森除获得举重金牌外，还获得自由式手枪射击第3名，铅球第1名，铁饼第6名，爬绳比赛第4名，军用步枪射击第6名。

在前几届奥运会中，获得冠军的运动员并未授予金牌。当时授予冠军的是1枚银牌和1个橄榄花环，亚军得到1枚铜牌和1个月桂花环。第3名只得到1张奖状。奥运会授予金、银、铜牌从1912年才开始。

二、第 3 届奥运会举重比赛

1904年7月1日至11月23日在美国圣路易斯举行。单手举（用哑铃比赛，以积分计算成绩）。

单手举

名次	姓名	国籍	成绩	
1	奥·保·奥斯托夫	美国	86.75	48分
2	弗·温特	美国	–	46分
3	弗·孔勒	美国	–	–

双手举

名次	姓名	国籍	成绩
1	佩·卡库西斯	希腊	111.58
2	奥·保·奥斯托夫	美国	84.36
3	弗·孔勒	美国	79.83

三、第7届奥运会举重比赛

1920年8月23日至28月在比利时安特卫普举行。举重方式为单手抓举、单手挺举和双手挺举3种，分5个级别。总成绩（3项）如下：

60公斤级

名次	姓名	国籍	成绩
1	弗·德阿斯	比利时	220（60+65+95）
2	可·施密特	爱沙尼亚	212.5（55+65+92.5）
3	尤·里泽尔	瑞士	210（55+65+90）

比赛规则规定运动员完成单手挺举时要用与单手抓举时不同的另一手臂。比赛在有帆布帐篷和松散的矿渣地上行，场地里昏暗、湿冷。施密特与里泽尔的总成绩相同，于是又加赛了一次挺举。结果施密特以92.5公斤胜出，获得总成绩第2名。

67.5公斤级

名次	姓名	国籍	成绩
1	阿·纽兰德	爱沙尼亚	257.5（72.5+75+110）
2	路·维利克	比利时	240（60+75+105）
3	弗·罗默斯	比利时	230（55+70+105）
4	朱·蒙蒂	意大利	230（55+70+105）
5	马·奥洛夫松	瑞典	220（55+70+95）

75 公斤级

名次	姓名	国籍	成绩
1	亨·冈斯	法国	245（65+75+105）
2	普·比安基	意大利	237.5（60+70+107.5）
3	阿·彼特松	瑞典	237.5（55+75+107.5）

比安基和彼特松两人的双手挺举成绩都为105公斤，后经抓阄才决定前者获银牌。

82.5 公斤级

名次	姓名	国籍	成绩
1	埃·卡丹	法国	290（70+85+135）
2	弗·许宁伯格	瑞士	275（75+85+115）
3	埃·彼特松	瑞典	272.5（62.5+92.5+117.5）

82.5 公斤以上级

名次	姓名	国籍	成绩
1	菲·博蒂诺	意大利	270（70+85+115）
2	约·阿尔赞	卢森堡	255（65+80+110）
3	路·贝尔诺	法国	250（65+75+110）

四、第8届奥运会举重比赛

1924年7月21日~24日在巴黎举行。除单手抓举、单手挺举和双手挺举外，增加了双手抓举和双手推举共5个动作。分为5个体重级别。

60 公斤级

名次	姓名	国籍	成绩
1	皮·加贝蒂	意大利	402.5（65+77.5+72.5+82.5+105）
2	安·施塔德勒	奥地利	385（65+75+65+75+105）
3	阿·赖因曼	瑞士	382.5（57.6+70+80+75+100）

67.5 公斤级

名次	姓名	国籍	成绩
1	埃·德科蒂尼	法国	440（70+92.5+77.5+85+115）
2	安·茨韦林纳	奥地利	427.5（75+80+77.5+82.5+112.5）
3	博·杜尔迪斯	捷克斯洛伐克	425（70+82.5+72.5+90+110）

75 公斤级

名次	姓名	国籍	成绩
1	卡·加利姆贝蒂	意大利	492.5（77.5+95+97.5+95+127.5）
2	阿·纽兰德	爱沙尼亚	455（82.5+90+77.5+90+115）
3	贾·基卡斯	爱沙尼亚	450（70+87.5+80+85+127.5）

82.5 公斤级

名次	姓名	国籍	成绩
1	查·里古洛	法国	602.5（87.5+92.5+85+102.5+135）
2	弗·许宁伯格	瑞士	490（80+107.5+80+97.5+125）
3	莱·弗里德里希	奥地利	490（75+95+95+95+130）

82.5 公斤以上级

名次	姓名	国籍	成绩
1	朱·托纳尼	意大利	517.5（80+95+112.5+100+130）
2	弗·阿格纳尔	奥地利	515（80+97.5+112.5+95+130）
3	哈·坦默尔	爱沙尼亚	497.5（75+95+90+97.5+140）

第三至第五名的名次是根据双手挺举的成绩来确定的。

五、第 9 届奥运会举重比赛

1928 年 7 月 28 日 ~29 日在荷兰阿姆斯特丹举行。比赛取消了单手举的动作，改为双手推举、双手抓举和双手挺举。这种计分方法沿用了近半个世纪，直到 1972 年奥运会后取消推举。仍分 5 个级别。

60 公斤级

名次	姓名	国籍	成绩
1	弗·安德里塞克	奥地利	287.5（77.5+90+120）
2	皮·加贝蒂	意大利	282.5（80+90+112.5）
3	汉·沃伊佩特	德国	282.5（92.5+82.5+107.5）

67.5 公斤级

名次	姓名	国籍	成绩
1	库·黑比格	德国	322.5（90+97.5+135）
1	汉·哈斯	奥地利	322.5（85+102.5+135）
3	费·阿尔努	法国	302.5（85+97.5+120）

（备注：德国的库·黑比格和奥地利选手汉·哈斯成绩均为322.5公斤，并列冠军，第2名空缺）

75 公斤级

名次	姓名	国籍	成绩
1	罗·弗朗索瓦	法国	335（102.5+102.5+130）
2	卡·加利姆贝蒂	意大利	332.5（105+97.5+130）
3	奥·舍费尔	荷兰	327.5（97.5+105+125）

82.5 公斤级

名次	姓名	国籍	成绩
1	赛·努赛尔	埃及	355（100+112.5+142.5）
2	路·奥斯丁	法国	352.5（100+110+142.5）
3	约·维尔黑伊延	荷兰	337.5（95+105+137.5）

努赛尔在每次试举前的仪式引起轰动。他张开双臂，仰首长空，以祈求安拉的帮助。

82.5 公斤以上级

名次	姓名	国籍	成绩
1	约·施特拉斯伯格	德国	372.5（122.5+107.5+142.5）
2	阿·卢霍尔	爱沙尼亚	360（100+110+150）
3	亚·斯科布拉	捷克斯洛伐克	357.5（100+107.5+150）

六、第10届奥运会举重比赛

1932年7月30–31日在美国洛杉矶举行。由于经济大萧条，本届奥运会参赛人数减少。本届奥运会上首次出现奥运村，但女运动员的住宿仍在酒店。

60公斤级

名次	姓名	国籍	成绩
1	勒·努维尼	法国	287.5（82.5+87.5+117.5）
2	汉·汉伊佩特	德国	282.5（85+87.5+110）
3	安·特拉佐	美国	280（82.5+85+112.5）

67.5公斤级

名次	姓名	国籍	成绩
1	雷·迪韦尔热	法国	325（97.5+102.5+125）
2	汉·哈斯	奥地利	307.5（82.5+100+125）
3	加·皮里尼	意大利	302.5（92.5+90+120）

75公斤级

名次	姓名	国籍	成绩
1	鲁·伊斯迈尔	德国	345（102.5+110+132.5）
2	卡·加利姆贝蒂	意大利	340（102.5+105+132.5）
3	卡·希普芬格	奥地利	337.5（90+107.5+140）

82.5公斤级

名次	姓名	国籍	成绩
1	路·奥斯丁	法国	365（102.5+112.5+150）
2	斯·奥尔森	丹麦	360（102.5+107.5+150）
3	亨·杜伊	美国	330（92.5+105+132.5）

82.5公斤以上级

名次	姓名	国籍	成绩
1	亚·斯科布拉	捷克斯洛伐克	380（112.5+115+152.5）
2	瓦·普谢尼奇卡	捷克斯洛伐克	377.5（112.5+117.5+147.5）
3	约·施特拉斯伯格	德国	377.5（125+110+142.5）

七、第11届奥运会举重比赛

1936年8月1日~16日在柏林举行。本届奥运会首次进行电视直播，首次进行奥运会火炬接力，火炬接力出发点是希腊的奥林匹亚。本届奥运会有3名中国运动员亮相，这是中国举重运动员首次参加奥运会。

60公斤级

名次	姓名	国籍	成绩
1	安·特拉佐	美国	312.5（92.5+97.5+122.5）
2	萨·穆·索利曼	埃及	305（85+95+125）
3	伊·哈·夏姆斯	埃及	300（80+95+125）
16	黄社基	中国	225（70+80+105）
20	沈良	中国	242.5（72.5+75+95）

67.5公斤级

名次	姓名	国籍	成绩
1	安·梅斯巴赫	埃及	342.5（92.5+105+145）
1	罗·法因	奥地利	342.5（105+100+137.5）
3	卡·杨森	德国	327.5（95+100+132.5）

中国选手翁康廷排名第16位，成绩为：推举77.5公斤，抓举75公斤，挺举失败，无总成绩。

起初，裁判宣布梅斯巴赫为冠军，因为他的体重比法因轻0.1公斤，后来奥地利队提出申诉被认可，于是变成并列冠军。

75公斤级

名次	姓名	国籍	成绩
1	哈·赛·艾·图尼	埃及	387.5（117.5+120+150）
2	鲁·伊斯迈尔	德国	352.5（107.5+102.5+142.5）
3	阿·瓦格纳	德国	352.5（97.5+112.5+142.5）

82.5 公斤级

名次	姓名	国籍	成绩
1	路·奥斯丁	法国	372.5（110+117.5+145）
2	奥·多伊奇	德国	365（105+110+150）
3	伊·瓦西夫	埃及	360（100+110+150）

82.5+ 公斤级

名次	姓名	国籍	成绩
1	约·曼格尔	德国	410（132.5+122.5+155）
2	瓦·普谢尼奇卡	捷克斯洛伐克	402.5（122.5+125+155）
3	阿·卢哈埃尔	爱沙尼亚	400（115+120+165）

八、第 14 届奥运会举重比赛

1948 年 8 月 9 日 ~11 日在伦敦举行。因第二次世界大战，第 12、13 届奥运会未举行。比赛增设了 56 公斤级，分 6 个级别进行比赛。成绩如下：

56 公斤级

名次	姓名	国籍	成绩
1	约·德皮特罗	美国	307.5（105+90+112.5）
2	朱·克罗伊斯	英国	297.5（82.5+95+120）
3	里·托姆	美国	295（87.5+90+117.5）

60 公斤级

名次	姓名	国籍	成绩
1	穆·法亚德	埃及	332.5（92.5+105+135）
2	罗·威尔克斯	特立尼达	317.5（97.5+97.5+122.5）
3	贾·萨尔马西	伊朗	312.5（100+97.5+115）

67.5 公斤级

名次	姓名	国籍	成绩
1	伊·汉·沙姆斯	埃及	360（97.5+115+147.5）
2	阿·哈穆达	埃及	360（105+110+145）
3	詹·哈利戴	英国	340（90+110+140）

75 公斤级

名次	姓名	国籍	成绩
1	弗·斯佩尔曼	美国	390（117.5+120+152.5）
2	彼·乔治	美国	382.5（105+122.5+155）
3	金成集	韩国	380（122.5+112.5+145）

82.5 公斤级

名次	姓名	国籍	成绩
1	斯·斯坦奇科	美国	417.5（130+130+157.5）
2	哈·萨卡塔	瑞典	380（110+117.5+152.5）
3	戈·马格鲁逊	瑞典	375（110+120+145）

斯坦奇科在抓举第三次试举中举起132.5公斤，裁判判决成功，斯坦奇科摇头、拍腿，向裁判示意自己的膝盖擦着了地。于是他这一次试举改判为失败。尽管这样，他最后还是超出对手37.5公斤获胜。

银牌获得者萨卡塔是日本裔的美国人，早年参加举重训练，后来成为职业摔跤手，同时也作为特技演员涉足影坛。他后来在詹姆斯邦德的"00系列"电影中扮演角色，在《金手指》中因饰演奥焦伯的角色而成名国际影坛。

82.5 公斤以上级

名次	姓名	国籍	成绩
1	约·戴维斯	美国	452.5（137.5+137.5+177.5）
2	诺·谢曼斯基	美国	425（122.5+132.5+170）
3	阿·哈里特	荷兰	412.5（127.5+125+160）

九、第 15 届奥运会举重比赛

1952年7月25日~27日在赫尔辛基进行。7个级别，取消了+82.5公斤级，增设了90公斤和90公斤以上级。这7个级别延续到第19届奥运会。

56 公斤级

名次	姓名	国籍	成绩
1	伊·乌多多夫	苏联	315（90+97.5+127.5）

续表

名次	姓名	国籍	成绩
2	马·纳姆朱	伊朗	307.5（90+95+122.5）
3	阿·米扎伊	伊朗	300（95+92.5+112.5）

60 公斤级

名次	姓名	国籍	成绩
1	拉·奇米什扬	苏联	337.5（97.5+105+135）
2	尼·萨克索诺夫	苏联	332.5（95+105+132.5）
3	罗·威尔克斯	特立尼达	322.5（100+100+122.5）

67.5 公斤级

名次	姓名	国籍	成绩
1	托·科诺	美国	362.5（105+117.5+140）
2	叶·洛巴丁	苏联	350（100+107.5+142.5）
3	维·巴比里斯	澳大利亚	350（105+105+140）

科诺孩提时期患有哮喘病，他说："我曾竭尽全力祈求有个健康的身体"。"二战"期间，他和他的家庭被迫迁到位于图利湖的日裔美国人的拍留营地。在那里，14岁的科诺开始了举重经历：两度成为奥运会冠军，一次亚军和在4个不同级别中创适21次世界纪录。

75 公斤级

名次	姓名	国籍	成绩
1	彼·乔治	美国	400（115+127.5+157.5）
2	盖·格拉顿	加拿大	390（122.5+112.5+155）
3	金成集	韩国	382.5（122.5+112.5+147.5）

82.5 公斤级

名次	姓名	国籍	成绩
1	特·洛马金	苏联	417.5（125+127.5+165）
2	斯·斯坦奇科	美国	415（127.5+127.5+160）
3	阿·沃罗比耶夫	苏联	407.5（120+127.5+160）

　　美国运动员埃姆里奇推举120公斤被判为失败，美队抗议，经过长时间争论，抗议仍未成功，埃姆里奇在下一次试举中举起了这个重量。然后斯坦奇科推举127.5公斤成功，苏联队则提出抗议，认为他在推举时过分后仰，裁判员经过表决，以2票对1票判定试举有效。当苏联运动员沃罗比耶夫在最后一次推举中发生暂时休克时，美国队则提出质疑，认为苏联运动员服用了药物。在推举比赛结束时，斯坦奇科领先2.5公斤。

　　洛马金和沃罗比耶夫都在第一次抓举成功举起127.5公斤，而斯坦奇科只在最后一次试举时举起这个重量。此后两名苏联运动员在举132.5公斤时两次都未成功。这样在挺举比赛前斯坦奇科仍领先2.5公斤。

　　这三位运动员都挺举160公斤成功。斯坦奇科和洛马金在挺165公斤时失败，而此时洛马金还有一次试举。洛马金在最后一次试举时成功，跃居第一位。

　　接着轮到了沃罗比耶夫，要了破世界纪录的重量170公斤。沃罗比耶夫抓住杠铃，提离地面后又放下。接着就沃罗比耶夫刚才的动作算不算一次试举又发生了争议。沃罗比耶夫准备做新的一次试举。他翻起了杠铃，又上挺到了必须的高度。沃罗比耶夫踉跄了一下，然后在裁判给出"放下"信号的同时放落了杠铃。1名裁判示意成功，而另外2名判为失败。紧接着又是长时间的争论，40分钟后宣布比赛结果：洛马金获得冠军，斯坦奇科亚军，沃罗比耶夫季军。

　　沃罗比耶夫懊丧地回到休息室更衣。这时，他的教练突然冲进更衣室，告诉他可以再做一次试举。但是，沃罗比耶夫此时并未做此准备，而计时员已经开始计时。仓促上阵的沃罗比耶夫未能把杠铃在头上稳定住，在杠铃后掉时也把他碰倒在地。

90公斤级

名次	姓名	国籍	成绩
1	诺·谢曼斯基	美国	445（127.5+140+177.5）
2	格·诺瓦克	苏联	410（140+125+145）
3	列·基尔戈	特立尼达	402.5（125+120+157.5）

　　谢曼斯基成为获得四届奥运会奖牌的举重运动员，他在1964年奥运会上获得的1枚铜牌时已40岁。

90 公斤以上级

名次	姓名	国籍	成绩
1	约·戴维斯	美国	460（150+145+165）
2	贾·布雷福德	美国	437（140+132.5+165）
3	温·塞尔维蒂	阿根廷	432.5（150+120+162.5）

十、第 16 届奥运会举重比赛

1956 年 11 月 23 日 ~26 日在墨尔本举行。

56 公斤级

名次	姓名	国籍	成绩
1	查·温奇	美国	342.5（105+105+132.5）
2	弗·斯托戈夫	苏联	337.5（105+105+127.5）
3	马·纳姆朱	伊朗	332.5（100+102.5+130）

60 公斤级

名次	姓名	国籍	成绩
1	伊·伯格	美国	352.5（107.5+107.5+137.5）
2	叶·米纳耶夫	苏联	342.5（115+100+127.5）
3	马·泽林斯基	波兰	335（105+102.5+127.5）

67.5 公斤级

名次	姓名	国籍	成绩
1	伊·雷巴克	苏联	380（110+120+150）
2	拉·哈布特迪诺夫	苏联	372.5（125+110+137.5）
3	金章喜	韩国	370（107.5+112.5+150）

75 公斤级

名次	姓名	国籍	成绩
1	鲍格丹诺夫斯基	苏联	420（132.5+122.5+165）
2	彼·乔治	美国	412.5（122.5+127.5+162.5）
3	埃·皮尼亚蒂	意大利	382.5（117.5+117.5+147.5）

82.5 公斤级

名次	姓名	国籍	成绩
1	托·科诺	美国	447.5（140+132.5+175）
2	瓦·斯捷潘诺夫	苏联	427.5（135+130+162.5）
3	詹·乔治	美国	417.5（120+130+167.5）

90 公斤级

名次	姓名	国籍	成绩
1	阿·沃罗比耶夫	苏联	462.5（147.5+137.5+177.5）
2	达·谢泼德	美国	442.5（140+137.5+165）
3	让·德比夫	法国	425（130+127.5+167.5）

90 公斤以上级

名次	姓名	国籍	成绩
1	保·安德森	美国	500（167.5+145+187.5）
2	温·塞尔维蒂	阿根廷	500（175+145+180）
3	阿·皮加亚尼	意大利	452.5（150+130+172.5）

塞尔维蒂体重143.5公斤，安德森体重137.9公斤从而获得金牌。1957年6月17日，安德森在他的家乡托科阿举行的一次展览会上，把一块2844公斤的重物扛在肩上。安德森是个虔诚的基督教徒。他为少年犯和孤儿创建了一个家，直至1994年8月15日去世。

十一、第 17 届奥运会举重比赛

1960年9月7日～10日在罗马举行。

56 公斤级

名次	姓名	国籍	成绩
1	查·温奇	美国	345（105+107.5+132.5）
2	三宅义信	日本	337.5（97.5+105+135）
3	埃·埃尔姆·汗	伊朗	330（97.5+100+132.5）

60 公斤级

名次	姓名	国籍	成绩
1	叶·米纳耶夫	苏联	372.5（120+110+142.5）
2	伊·伯格	美国	362.5（117.5+105+140）
3	塞·曼尼罗尼	曼尼罗尼	352.5（107.5+110+135）

比赛共进行了10个小时，直到凌晨4点。最后，以伯格两次挺举152.5公斤失败而告结束。

67.5 公斤级

名次	姓名	国籍	成绩
1	维·布舒耶夫	苏联	397.5（125+122.5+150）
2	陈浩亮	新加坡	380（115+110+155）
3	阿·瓦·阿齐兹	伊拉克	380（117.5+115+147.5）

75 公斤级

名次	姓名	国籍	成绩
1	阿·库里诺夫	苏联	437.5（135+132.5+170）
2	托·科诺	美国	427.5（140+127.5+160）
3	哲·维雷斯	匈牙利	405（130+120+155）

82.5 公斤级

名次	姓名	国籍	成绩
1	伊·帕林斯基	波兰	442.5（130+132.5+180）
2	詹·乔治	美国	430（132.5+132.5+165）
3	杨·博海内克	波兰	420（130+120+170）

90 公斤级

名次	姓名	国籍	成绩
1	阿·沃罗比耶夫	苏联	472.5（152.5+142.5+177.5）
2	特·洛马金	苏联	457.5（157.5+130+170）
3	路·马丁	英国	445（137.5+137.5+170）

90公斤级以上级

名次	姓名	国籍	成绩
1	尤·弗拉索夫	苏联	537.5（180+155+202.5）
2	贾·布雷福德	美国	512.5（180+150+182.5）
3	诺·谢曼斯基	美国	500（170+150+180）

十二、第18届奥运会举重比赛

1964年10月11日~18日在东京举行，这是奥运会第一次在亚洲举行。

56公斤级

名次	姓名	国籍	成绩
1	瓦霍宁	苏联	357.5（110+105+142.5）
2	福尔迪	匈牙利	355（115+102.5+137.5）
3	一关史朗	日本	347.5（100+110+137.5）

29岁的矿工瓦霍宁在挺举中创造了世界纪录，但后来未予承认，因为发现他的体重超重。日本选手一关史郎的抓举纪录也被按同样的方法处理。

60公斤级

名次	姓名	国籍	成绩
1	三宅义信	日本	397.5（122.5+122.5+152.5）
2	柏格	美国	382.5（122.5+107.5+152.5）
3	诺瓦克	波兰	377.5（112.5+115+150）

三宅义信身高只有1.52米，出身于日本北方宫城的一个贫寒的家庭。为了让儿子能参加奥运会比赛，他的父母不得不卖猪攒钱。

三宅义信曾在1960年奥运会上获得最轻量级银牌。

67.5公斤级

名次	姓名	国籍	成绩
1	巴札诺夫斯基	波兰	432.5（132.5+135+165）
2	卡普卢诺夫	苏联	432.5（140+127.5+165）
3	泽林斯基	波兰	420（140+120+160）

75 公斤级

名次	姓名	国籍	成绩
1	兹德拉日拉	捷克斯洛伐克	445（130+137.5+177.5）
2	库连佐夫	苏联	440（135+130+175）
3	大内仁	日本	437.5（140+135+162.5）

82.5 公斤级

名次	姓名	国籍	成绩
1	普留克费尔德尔	苏联	475（150+142.5+182.5）
2	托特	匈牙利	467.5（145+137.5+185）
3	维雷斯	匈牙利	467.5（155+135+177.5）

36 岁的普留克费尔德尔是获得奥运金牌的最年长的举重运动员。

90 公斤级

名次	姓名	国籍	成绩
1	戈洛瓦诺夫	苏联	487.5（165+142.5+180）
2	马丁	英国	475（155+140+180）
3	帕林斯基	波兰	467.5（150+135+182.5）

90 公斤级以上级

名次	姓名	国籍	成绩
1	札鲍金斯基	苏联	572.5（187.5+167.5+217.5）
2	弗拉索夫	苏联	570（197.5+162.5+210）
3	谢曼斯基	美国	537.5（180+165+192.5）

十三、第 19 届奥运会举重比赛

1968 年 10 月 13~19 日在墨西哥城举行。

56 公斤级

名次	姓名	国籍	成绩
1	穆·纳西里	伊朗	367.5（112.5+105+150）
2	伊·福尔迪	匈牙利	367.5（122.5+105+140）
3	郭·特雷比茨基	波兰	357.5（115+107.5+135）

　　抓举比赛后，纳西里落后福尔迪10公斤，由于他的体重轻0.3公斤，只要总成绩能与福尔迪打平就能获得冠军。但他必须挺举起150公斤。当他把杠铃翻上肩之后，又叫了一声。接着，他成功地把杠铃挺起过头。

60 公斤级

名次	姓名	国籍	成绩
1	三宅义信	日本	392.5（122.5+117.5+152.5）
2	迪·沙尼泽	苏联	387.5（120+117.5+150）
3	三宅义行	日本	385（122.5+115+147.5）

67.5 公斤级

名次	姓名	国籍	成绩
1	瓦·巴扎诺夫斯基	波兰	437.5（135+135+167.5）
2	帕·扎拉尔	伊朗	422.5（125+132.5+165）
3	马·泽林斯基	波兰	420（135+125+160）

75 公斤级

名次	姓名	国籍	成绩
1	维·库连佐夫	苏联	475（152.5+135+187.5）
2	大内仁	日本	455（140+140+175）
3	卡·巴戈什	匈牙利	440（137.5+132.5+170）

82.5 公斤级

名次	姓名	国籍	成绩
1	鲍·谢里茨基	苏联	485（150+147.5+187.5）
2	维·别利亚耶夫	苏联	485（152.5+147.5+185）
3	诺·奥季梅克	波兰	472.5（150+140+182.5）

90 公斤级

名次	姓名	国籍	成绩
1	卡·坎加斯涅米	芬兰	517.5（172.5+157.5+187.5）
2	扬·塔利茨	苏联	507.5（160+150+197.5）
3	马·戈拉布	波兰	495（165+145+185）

据有关报道，坎加斯涅米是滥用类固醇的受害者之一。1975年在芬兰举行的一次比赛中，他试举160公斤时，左肩的肌肉突然绷裂，杠铃砸到他的头和颈后部，造成终身瘫痪。

90公斤以上级

名次	姓名	国籍	成绩
1	列·扎鲍金斯基	苏联	572.5（200+170+202.5）
2	塞·雷丁	比利时	555（195+147.5+212.5）
3	乔·杜贝	美国	585（200+145+210）

扎鲍金斯基的体重162.83公斤，显露出"世界大力士"的本色。在墨西哥城奥运会开幕式上他单手举着巨大的苏联国旗入场，使在场的观众吃惊。在比赛中他挺举只举了一把。观众还期待着他破世界纪录，而他却就此收兵了。

十四、第20届奥运会举重比赛

1972年8月27日至9月6日在慕尼黑举行。9个级别，取消了90公斤以上级，增设了52公斤级、110公斤级和110公斤以上级。

52公斤级

名次	姓名	国籍	成绩
1	齐·斯马尔泽	波兰	337.5（112.5+100+125）
2	拉·苏奇	匈牙利	330（107.5+95+127.5）
3	桑·霍尔茨雷特	匈牙利	327.5（112.5+92.5+122.5）

56公斤级

名次	姓名	国籍	成绩
1	伊·福尔迪	匈牙利	377.5（127.5+107.5+142.5）
2	穆·纳西里	伊朗	370（127.5+100+142.5）
3	根·切亭	苏联	367.5（120+107.5+140）

60 公斤级

名次	姓名	国籍	成绩
1	诺·努利金	保加利亚	402.5（127.5+117.5+157.5）
2	迪·沙尼泽	苏联	400（127.5+120+152.5）
3	亚·贝内戴克	匈牙利	390（125+120+145）

67.5 公斤级

名次	姓名	国籍	成绩
1	穆·基尔日诺夫	苏联	460（147.5+135+177.5）
2	姆·库切夫	保加利亚	450（157.5+125+167.5）
3	兹·贝内戴克	波兰	437.5（145+125+167.5）

75 公斤级

名次	姓名	国籍	成绩
1	约·比科夫	保加利亚	485（160+140+185）
2	穆·特拉布西	黎巴嫩	472.5（160+140+172.5）
3	安·西东维诺	意大利	470（155+140+175）

82.5 公斤级

名次	姓名	国籍	成绩
1	莱·延森	挪威	507.5（172.5+150+125）
2	诺·奥季梅克	波兰	497.5（165+145+187.5）
3	焦·霍瓦特	匈牙利	495（160+142.5+192.5）

90 公斤级

名次	姓名	国籍	成绩
1	安·尼科洛夫	保加利亚	525（180+155+190）
2	阿·绍波夫	保加利亚	517.5（180+145+192.5）
3	汉·贝登堡	瑞典	512.5（182.5+145+185）

　　来自哈萨克斯坦的苏联选手里格尔特是世界纪录保持者，也是本届奥运会这个级别的夺冠热门。在推举中他创造了187.5公斤的新世界纪录。虽然他

保持着167.5公斤的世界纪录，但是他三次抓举160公斤都没有成功。里格尔特的失败使他受到极大打击，他使劲揪断自己的头发，并用头撞墙。他的队友好不容易使他平静下来，但第三天他又发作了一次，这样，他就被遣送回国。

金牌获得者尼科洛夫原来是惹麻烦的人，他是在劳教学校开始学习举重的。

110公斤级

名次	姓名	国籍	成绩
1	简·塔尔茨	苏联	580（210+165+205）
2	阿·克赖切夫	保加利亚	562.5（197.5+162.5+202.5）
3	斯·格吕茨勒	民主德国	555（185+162.5+207.5）

110公斤以上级

名次	姓名	国籍	成绩
1	瓦·阿列克谢耶夫	苏联	640（235+175+230）
2	鲁·曼格	联邦德国	610（225+170+215）
3	格·邦克	民主德国	572.5（200+155+217.5）

十五、第21届奥运会举重比赛

1976年7月18日~27日在蒙特利尔举行。从这届奥运会起取消了推举，改为抓举和挺举两项。

52公斤级

名次	姓名	国籍	成绩
1	阿·沃罗宁	苏联	242.5（105+137.5）
2	焦·克塞吉	匈牙利	237.5（107.5+130）
3	穆·纳西里	伊朗	235（100+135）

56公斤级

名次	姓名	国籍	成绩
1	诺·努利金	保加利亚	262.5（117.5+145）
2	格·丘拉	波兰	252.5（115+137.5）
3	安藤谦吉	日本	250（107.5+142.5）

60公斤级

名次	姓名	国籍	成绩
1	尼·科列斯尼科夫	苏联	285（125+160）
2	格·托多罗夫	保加利亚	280（122.5+157.5）
3	平井一正	日本	275（125+150）

67.5公斤级

名次	姓名	国籍	成绩
1	皮·科罗尔	苏联	305（135+170）
2	丹·塞内	法国	300（135+165）
3	卡·恰尔涅茨基	波兰	295（130+165）

（备注：卡奇马雷克总成绩307.5公斤，因药检中发现类固醇，被取消成绩。）

75公斤级

名次	姓名	国籍	成绩
1	约·米特科夫	保加利亚	335（145+190）
2	瓦·米利托扬	苏联	330（145+185）
3	彼·文策尔	民主德国	327.5（145+182.5）

82.5公斤级

名次	姓名	国籍	成绩
1	瓦·沙里	苏联	365（162.5+202.5）
2	特·斯托伊切夫	保加利亚	360（162.5+197.5）
3	彼·巴茨扎科	匈牙利	345（157.5+187.5）

90公斤级

名次	姓名	国籍	成绩
1	达·里格尔特	苏联	382.5（170+212.5）
2	李·詹姆斯	美国	362.5（165+197.5）
3	阿·绍波夫	保加利亚	360（155+205）

110公斤级

名次	姓名	国籍	成绩
1	尤·扎伊采夫	苏联	385（165+220）
2	克·谢麦尔吉耶夫	保加利亚	385（170+215）
3	塔·鲁特科夫斯基	波兰	377.5（167.5+210）

（备注：保加利亚的赫里斯托夫总成绩400公斤，因兴奋剂被取消成绩。）

110公斤以上级

名次	姓名	国籍	成绩
1	瓦·阿列克谢耶夫	苏联	440（185+255）
2	格·邦克	民主德国	405（170+235）
3	黑·洛施	民主德国	387.5（165+222.5）

（备注：捷克的帕夫拉塞克总成绩387.5公斤，因兴奋剂被取消成绩。）

两届奥运会冠军，体重达156.49公斤的阿列克谢耶夫共刷新了79次世界纪录。每破一次世界纪录，苏联政府奖励他700~1500美元。从1970年至1978年他从未输过一场比赛。

十六、第22届奥运会举重比赛

1980年7月20日~30日在莫斯科举行，分为10个级别，增设的一个级别是100公斤级。

52公斤级

名次	姓名	国籍	成绩
1	奥斯莫纳利耶夫	苏联	245（107.5+137.5）
2	胡奉哲	朝鲜	245（110+135）
3	韩京时	朝鲜	245（110+135）

前4名总成绩均为245公斤，奥斯莫纳利耶夫因体重最轻获金牌。韩京时和匈牙利的欧拉赫成绩相同，体重也相同，但韩京时获得第3名，欧拉赫为第4名。因为在赛后称体重时韩京时比匈牙利运动员轻。在创纪录的第4次试举

中，韩京时创造了113公斤的抓举世界纪录。

56 公斤级

名次	姓名	国籍	成绩
1	丹·努内斯	古巴	275（125+150）
2	尤·萨尔基扬	苏联	270（112.5+157.5）
3	塔·登邦丘克	波兰	265（120+145）

1983年由于兴奋剂检测结果呈阳性，睾酮超标，古巴运动员努内斯被禁赛两年。

60 公斤级

名次	姓名	国籍	成绩
1	维·马津	苏联	290（130+160）
2	斯·季米特罗夫	保加利亚	287.5（127.5+160）
3	马·塞韦伦	波兰	282.5（127.5+155）

67.5 公斤级

名次	姓名	国籍	成绩
1	杨·鲁谢夫	保加利亚	342.5（147.5+195）
2	约·孔茨	民主德国	335（145+190）
3	明·帕乔夫	保加利亚	325（142.5+182.5）

75 公斤级

名次	姓名	国籍	成绩
1	阿·兹拉特夫	保加利亚	360（160+200）
2	亚·佩尔维	苏联	357.5（157.5+200）
3	内·科列夫	保加利亚	345（157.5+187.5）

82.5 公斤级

名次	姓名	国籍	成绩
1	尤·瓦尔达尼扬	苏联	400（177.5+222.5）
2	勃·勃拉戈耶夫	保加利亚	372.5（175+197.5）
3	杜·波利亚齐克	捷克斯洛伐克	367.5（160+207.5）

瓦尔达尼扬创造的400公斤总成绩,使他成了奥运会举重赛场的超级明星。

90公斤级

名次	姓名	国籍	成绩
1	佩·巴查科	匈牙利	377.5(170+207.5)
2	鲁·亚历山德罗夫	保加利亚	375(170+205)
3	弗·曼特克	民主德国	370(165+205)

先后60多次打破世界纪录的苏联选手里格尔特重演了8年前的一幕,抓举时以170公斤开把,3次试举失败,只得退出比赛。

100公斤级

名次	姓名	国籍	成绩
1	奥·扎伦巴	捷克斯洛伐克	395(180+215)
2	伊·尼基京	苏联	392.5(177.5+215)
3	阿·布兰科	古巴	385(172.5+212.5)

110公斤级

名次	姓名	国籍	成绩
1	列·塔拉宁科	苏联	422.5(182.5+240)
2	瓦·克里斯托夫	保加利亚	405(185+220)
3	焦·萨拉伊	匈牙利	390(172.5+217.5)

110公斤以上级

名次	姓名	国籍	成绩
1	苏·拉赫曼诺夫	苏联	440(195+245)
2	伊·霍伊泽尔	民主德国	410(182.5+227.5)
3	塔·鲁特科夫斯基	波兰	407.5(180+227.5)

苏联选手阿列克谢耶夫先后3次抓举180公斤都未成功,从而退出了比赛。

十七、第23届奥运会举重比赛

1984年7月29日~8月8日在洛杉矶举行。由于苏联和东欧国家对本届奥运会的抵制,举重成绩受到一定影响。

52 公斤级

名次	姓名	国籍	成绩
1	曾国强	中国	235（105+130）
2	周培顺	中国	235（107.5+127.5）
3	真锅和人	日本	232.5（102.5+130）

曾国强的体重比周培顺轻0.1公斤获得冠军。

56 公斤级

名次	姓名	国籍	成绩
1	吴数德	中国	267.5（120+147.5）
2	赖润明	中国	265（125+140）
3	小高正宏	日本	252.5（112.5+140）

60 公斤级

名次	姓名	国籍	成绩
1	陈伟强	中国	282.5（125+157.5）
2	杰·拉杜	罗马尼亚	280（125+155）
3	蔡温义	中华台北	272.5（125+147.5）

67.5 公斤级

名次	姓名	国籍	成绩
1	姚景远	中国	320（142.5+177.5）
2	安·索卡奇	罗马尼亚	312.5（142.5+170）
3	约·格龙曼	芬兰	312.5（140+172.5）

175 公斤级

名次	姓名	国籍	成绩
1	卡·拉德申斯基	联邦德国	340（150+190）
2	杰·德默斯	加拿大	335（147.5+187.5）
3	德·乔罗斯兰	罗马尼亚	332.5（147.5+185）

82.5 公斤级

名次	姓名	国籍	成绩
1	佩·贝克鲁	罗马尼亚	355（155+200）
2	罗·卡巴斯	澳大利亚	342.5（150+192.5）
3	砂冈良治	日本	340（150+190）

1984年9月15日，在友好运动会上苏联选手瓦尔达尼扬打破了他保持了4年的82.5公斤级总成绩世界纪录，新纪录为405公斤。

90 公斤级

名次	姓名	国籍	成绩
1	尼·弗拉德	罗马尼亚	392.5（172.5+220）
2	杜·彼得	罗马尼亚	360（165+195）
3	戴·默塞尔	英国	352.5（157.5+195）

100 公斤级

名次	姓名	国籍	成绩
1	罗·米尔泽	联邦德国	385（167.5+217.5）
2	瓦·格罗帕	罗马尼亚	382.5（165+217.5）
3	佩·涅米	芬兰	367.5（160+207.5）

110 公斤级

名次	姓名	国籍	成绩
1	诺·奥贝尔格尔	意大利	390（175+215）
2	斯·塔斯纳迪	罗马尼亚	380（167.5+212.5）
3	盖·卡尔顿	美国	377.5（167.5+210）

110 公斤以上级

名次	姓名	国籍	成绩
1	丁·卢金	澳大利亚	412.5（172.5+240）
2	马·马丁内斯	美国	410（185+225）
3	曼·内林格尔	联邦德国	397.5（177.5+220）

体重138.35公斤的卢金是来自南澳大利亚林肯港的一名渔夫。

十八、第24届奥运会举重比赛

1988年9月18日~29日在汉城举行。

52公斤级

名次	姓名	国籍	成绩
1	谢·马林诺夫	保加利亚	270（120+150）
2	金炳宽	韩国	260（112.5+147.5）
3	何灼强	中国	257.5（112.5+145）

56公斤级

名次	姓名	国籍	成绩
1	奥·米尔佐扬	苏联	292.5（127.5+165）
2	何英强	中国	287.5（125+162.5）
3	刘寿斌	中国	267.5（127.5+140）

（备注：保加利亚米·格拉布列夫以297.5（130+167.5）公斤获金牌，因兴奋剂被取消成绩。）

60公斤级

名次	姓名	国籍	成绩
1	奈·苏莱曼诺尔古	土耳其	342.5（152.5+190）
2	斯·托普罗夫	保加利亚	312.5（137.5+175）
3	叶焕明	中国	287.5（127.5+160）

苏莱曼诺尔古出生在保加利亚的一个小山镇普蒂察，是土耳其族人聚居的地区。他的父亲是个锌矿矿工，身高1.52米。母亲是暖房工人，身高1.41米。苏莱曼诺尔古自己也仅1.52米，身材短小，但力气很大。

15岁时，他第一次打破世界纪录，16岁时成为第二位在挺举中举起自身体重3倍重量的运动员。1986年12月，已是两届世界冠军的他又到了墨尔本，准备参加世界杯的比赛。世界杯结束后，他与其他保队的队员一起到墨尔本郊区的一家饭店参加酒会。席间，他称要去一趟洗手间就这样一去不复返。4

天之后，他在土耳其驻墨尔本领事馆露面，并要求政治避难。此后他被送往伦敦，从那里又被土耳其总理奥扎尔的私人飞机接走。

奥林匹克宪章规定，如果运动员改变国籍，必须等三年之后才能参加国际比赛，除非他（她）有原来国家的弃权声明书，1988年在保加利亚政府获得土耳其政府支付的一百万美金和得到苏莱曼诺夫的承诺，保证暂停对保加利亚政策的公开指责之后，他们签发了弃权声明书。

在汉城奥运会上，苏莱曼诺尔古不负众望。先后7次打破抓举、挺举和总成绩世界纪录。

67.5 公斤级

名次	姓名	国籍	成绩
1	约·孔茨	民主德国	340（150+190）
2	伊·米利托相	苏联	337.5（155+182.5）
3	李金河	中国	325（147.5+177.5）

（备注：保加利亚的孔切夫以362.5（160+202.5）公斤破世界纪录获金牌，因兴奋剂被取消成绩。）

75 公斤级

名次	姓名	国籍	成绩
1	博·吉迪科夫	保加利亚	375（167.5+207.5）
2	因·施泰因霍费尔	民主德国	360（165+195）
3	亚·瓦尔巴诺夫	保加利亚	357.5（157.5+200）

82.5 公斤级

名次	姓名	国籍	成绩
1	伊·阿尔萨马科夫	苏联	377.5（167.5+210）
2	伊·梅西	匈牙利	370（170+200）
3	李亨根	韩国	367.5（160+207.5）

90 公斤级

名次	姓名	国籍	成绩
1	阿·赫拉帕蒂	苏联	412.5（187.5+225）

续表

名次	姓名	国籍	成绩
2	奈·穆罕默佳亚罗夫	苏联	400（177.5+222.5）
3	斯·扎瓦达	波兰	400（180+220）

100 公斤级

名次	姓名	国籍	成绩
1	帕·库兹涅佐夫	苏联	425（190+235）
2	尼·弗拉德	罗马尼亚	402.5（185+217.5）
3	彼·伊梅斯伯格	联邦德国	395（175+220）

（备注：匈牙利选手斯扎尼以407.5公斤获银牌，因兴奋剂被取消成绩。）

110 公斤级

名次	姓名	国籍	成绩
1	尤·扎哈列维奇	苏联	455（210+245）
2	约·亚克素	匈牙利	427.5（190+237.5）
3	罗尼·韦勒	民主德国	425（190+235）

110 公斤以上级

名次	姓名	国籍	成绩
1	亚·库尔洛维奇	苏联	462.5（212.5+250）
2	曼·内林格尔	联邦德国	430（190+240）
3	马·察维亚	联邦德国	415（182.5+232.5）

1984年库尔洛维奇因进口类固醇试图贩卖罪被蒙特利尔海关速捕。他被判有罪，并处以罚款450美金。苏联举重协会也给他禁赛两年的处分。1987年他复出，获得世界冠军。

十九、第25届奥运会举重比赛

1992年7月26日至8月4日在巴塞罗那举行。

52 公斤级

名次	姓名	国籍	成绩
1	伊·伊万诺夫	保加利亚	265（115+150）
2	林启升	中国	262.5（115+147.5）
3	奇哈伦	罗马尼亚	252.5（112.5+140）

56 公斤级

名次	姓名	国籍	成绩
1	全炳宽	韩国	287.5（132.5+155）
2	刘寿斌	中国	277.5（130+147.5）
3	罗建明	中国	277.5（125+152.5）

60 公斤级

名次	姓名	国籍	成绩
1	奈·苏莱曼诺尔古	土耳其	320（142.5+177.5）
2	佩沙洛夫	保加利亚	305（137.5+167.5）
3	何英强	中国	295（130+165）

苏莱曼诺尔古已经先后30余次打破世界纪录。当他还是十几岁的毛头小伙时，姑娘们总是因他的五短身材而取笑他，而如今有成队的女子追逐他。他已经有了一个私生子。

67.5 公斤级

名次	姓名	国籍	成绩
1	伊斯·米里托希扬	独立国家联合体	337.5（155+182.5）
2	瓦·约托夫	保加利亚	321.5（150+177.5）
3	安·贝姆	德国	320（145+175）

75 公斤级

名次	姓名	国籍	成绩
1	弗·加莎布	独立国家联合体	357.5（155+202.5）
2	巴·拉腊	古巴	357.5（155+202.5）
3	金明南	朝鲜	352.5（162.5+190）

82.5 公斤级

名次	姓名	国籍	成绩
1	皮尔罗斯·迪马斯	希腊	370（167.5+202.5）
2	居里·西蒙	波兰	370（165+205）
3	伊·萨马托夫	独立国家联合体	370（167.5+202.5）

前三名成绩相同因体重不同而决定名次。迪马斯和西蒙体重相同，因迪马斯的成绩首先达到370公斤获金牌，西蒙为亚军。萨马托夫比其他二人体重重0.05公斤仅获铜牌。

90 公斤级

名次	姓名	国籍	成绩
1	加·卡基亚什维利斯	独立国家联合体	412.5（177.5+235）
2	舍尔·瑟尔佐夫	独立国家联合体	412.5（190+222.5）
3	舍尔·窝萨尼斯基	波兰	392.5（172.5+220）

100 公斤级

名次	姓名	国籍	成绩
1	威·特雷古波夫	独立国家联合体	410（190+220）
2	蒂·泰马佐夫	独立国家联合体	402.5（185+217.5）
3	瓦尔·马拉格	波兰	400（185+215）

铜牌获得者马拉格在奥运会三个月后（11月14日）的一次车祸中丧生，时年22岁。

110 公斤级

名次	姓名	国籍	成绩
1	罗尼·韦勒	德国	432.5（192.5+240）
2	阿尔·阿古夫	独立国家联合体	430（195+235）
3	斯·博特夫	保加利亚	417.5（190+227）

罗尼·韦勒1988年代表民主德国参加奥运会，1992年代表德国。他先后参加5次奥运会，获得4枚奖牌。

110 公斤级

名次	姓名	国籍	成绩
1	阿·库尔罗维奇	独立国家联合体	450（205+245）
2	劳·塔拉年科	独立国家联合体	425（187.5+237.5）
3	马·内林格尔	德国	412.5（180+232.5）

二十、第 26 届奥运会举重比赛

1996年7月21日~31日在亚特兰大佐治亚世界会议中心举行。按国际举联重新划分的新的10个体重级别进行比赛。

54 公斤级

名次	姓名	国籍	成绩
1	哈里尔·穆特鲁	土耳其	287.5（132.5+155）
2	张祥森	中国	280（130+150）
3	塞夫达林·明切夫	保加利亚	277.5（125+152.5）

身高1.47米的穆特鲁在保加利亚出生，后移民到土耳其。

59 公斤级

名次	姓名	国籍	成绩
1	唐灵生	中国	307.5（137.5+170）
2	萨巴尼斯·列奥尼迪斯	希腊	305（137.5+167.5）
3	尼科莱·佩沙罗夫	保加利亚	302.5（137.5+165）

比赛中在唐灵生身上发生了一件小小的插曲，他的出场服突然被撕破，只好从刚刚比完 B 组比赛的匈牙利运动员法勒高什那里临时借了来用。唐灵生在比赛中发挥出色，6次试举全部成功。

64 公斤级

名次	姓名	国籍	成绩
1	奈姆·苏莱曼诺尔古	土耳其	335（147.5+187.5）
2	瓦·列奥尼迪斯	希腊	332.5（145+187.5）
3	肖建刚	中国	322.5（145+177.5）

苏莱曼诺尔古和列奥尼迪斯的冠亚军争夺之激烈超出人们预料。苏莱曼诺尔古已经是土耳其的头号英雄。用电视台体育节目负责人 B 塔斯的话来说："在他驾车时，如果遇到路障，就会为他搬走。如果他在饭馆就餐，没有一个老板会让他付账。如果他驾车时超速，警察会在他前面指挥车辆，为他开道。"希腊和土耳其之间存在着长期的纠纷。在他们客自的家乡，已经到了午夜时分，而人们还都守侯在电视机前。据说，这场比赛的收视率位居希腊电视史上第二位。

在抓举比赛结束时苏莱曼诺尔古领先2.5公斤。挺举比赛中两人都以180公斤的重量开把，且都成功。苏莱曼诺尔古的第二次试举先要了182.5公斤，后来改为185公斤。此时的挺举世界纪录为183公斤。他成功地举起了这个重量，创造了新的世界纪录。列奥尼迪斯以成功挺举起187.5公斤作为回答。他同时也刷新了世界纪录。他们两人都只剩下最后一次试举。此时，列奥尼迪斯由于体重较轻，名次暂列首位。苏莱曼诺尔古向187.5公斤发起冲击，取得成功。列奥尼迪斯别无选择，只有一条路，冲击190公斤。这个重量超过他本人的最好成绩10公斤之多。他的翻站很成功，只是在上挺时功亏一篑。苏莱曼诺尔古终于创造了历史，成为奥运史上第一个夺得三届冠军的举重运动员。在赛场上相互讥讽了两个多小时的土耳其和希腊的支持者们，此时忘记了他们之间的分歧，一致地为两名运动员鼓掌致敬。

70 公斤级

名次	姓名	国籍	成绩
1	占旭刚	中国	357.5（162.5+195）
2	金明南	朝鲜	345（160+185）
3	阿蒂拉·费里	匈牙利	340（152.5+187.5）

76 公斤级

名次	姓名	国籍	成绩
1	帕勃罗·拉腊	古巴	367.5（162.5+205）
2	约托·约托夫	保加利亚	360（160+200）
3	全哲浩	朝鲜	357.5（162.5+195）

83 公斤级

名次	姓名	国籍	成绩
1	皮尔罗斯·迪马斯	希腊	392.5（180+213）
2	马克·胡斯特	德国	382.5（170+213.5）
3	安·科法利克	波兰	372.5（170+202.5）

91 公斤级

名次	姓名	国籍	成绩
1	阿·佩特罗夫	俄罗斯	402.5（187.5+215）
2	列·科卡斯	希腊	390（175+215）
3	奥·卡鲁索	德国	390（175+215）

99 公斤级

名次	姓名	国籍	成绩
1	阿·卡基亚什维利斯	希腊	420（185+235）
2	阿那托里·赫拉帕蒂	哈萨克斯坦	410（187.5+222.5）
3	德·哥特弗里德	乌克兰	402.5（187.5+215）

108 公斤级

名次	姓名	国籍	成绩
1	蒂穆尔·泰马佐夫	乌克兰	430（195+236）
2	谢尔盖·瑟尔佐夫	俄罗斯	420（195+225）
3	尼库·夫拉德	罗马尼亚	420（197.5+222.5）

108 公斤以上级

名次	姓名	国籍	成绩
1	安德烈·切梅尔金	俄罗斯	457.5（197.5+260）
2	罗尼·韦勒	德国	455（200+255）
3	斯特凡·博特夫	澳大利亚	450（200+250）

　　这场激动人心的破纪录大战从称体重时就开始了。美国运动员亨利的体重达到了184.42公斤，从而成为世界上体重最重的举重运动员。

　　当时的世界纪录为253.5公斤，在最后一次试举时，三名运动员都想破世

界纪录。博特夫试举255公斤失败，从而不得不退出金牌的角逐。韦勒也要了
255公斤，但他成功了。他兴奋得蹦了起来。由于在空中失去平衡，仰天摔了
一跤。然后他脱下他的举重鞋，扔到台上。切梅尔金根本没去注意别人的表
演。他要了260公斤，尽了最大力气将它举过头，并稳住了它。

二十一、第27届奥运会举重比赛

2000年9月16日~26日在悉尼举行。女子举重首次成为奥运会项目，设7
个级别，男子设8个级别。

（一）女子比赛成绩

48公斤级

名次	姓名	国籍	成绩
1	塔·诺特	美国	185（82.5+102.5）
2	雷·伦贝副瓦斯	印度尼西亚	185（80+105）
3	英迪雅尼	印度尼西亚	182.5（82.5+100）

（备注：保加利亚选手德拉诺娃以190公斤获金牌，后因药检呈阳性，金
牌被取消）。

诺特在美国奥委会科罗拉多训练中心集训，除了举重之外，她也是体操
和足球队的集训队员。

53公斤级

名次	姓名	国籍	成绩
1	杨霞	中国	225（100+125）
2	黎锋英	中华台北	212.5（97.5+115）
3	宾·斯塔梅特	印度尼西亚	202.5（90+112.5）

58公斤级

名次	姓名	国籍	成绩
1	索·门丁维尔	墨西哥	222.5（95+127.5）
2	李善姬	朝鲜	220（97.5+122.5）
3	卡·素达	泰国	210（92.5+117.5）

63 公斤级

名次	姓名	国籍	成绩
1	陈晓敏	中国	242.5（112.5+130）
2	瓦·波波娃	俄罗斯	235（107.5+127.5）
3	哈齐奥安努	希腊	222.5（97.5+125）

69 公斤级

名次	姓名	国籍	成绩
1	林伟宁	中国	242.5（110+132.5）
2	伊·马库斯	匈牙利	242.5（112.5+130）
3	马勒斯瓦里	印度	240（110+130）

75 公斤级

名次	姓名	国籍	成绩
1	乌鲁蒂亚	哥伦比亚	245（110+135）
2	奥格贝福	尼日利亚	245（105+140）
3	郭羿含	中华台北	245（107.5+137.5）

75 公斤以上级

名次	姓名	国籍	成绩
1	丁美媛	中国	300（135+165）
2	维罗贝尔	波兰	295（132.5+162.5）
3	谢里尔·霍沃恩	美国	270（125+145）

（二）男子比赛成绩

56 公斤级

名次	姓名	国籍	成绩
1	哈里尔·穆特鲁	土耳其	305（138+167.5）
2	吴文雄	中国	287.5（125+162.5）
3	张湘祥	中国	287.5（125+162.5）

（备注：保加利亚选手伊万诺夫以292.5（130+162.5）公斤获银牌，后因药检呈阳性，被取消成绩。）

62公斤级

名次	姓名	国籍	成绩
1	尼·佩沙洛夫	克罗地亚	325（150+175）
2	莱·萨巴尼斯	希腊	317.5（147.5+170）
3	奥赖史查克	白俄罗斯	317.5（142.5+175）

（备注：保加利亚选手明切夫以317.5公斤获铜牌，后因药检呈阳性，被取消成绩。）

土耳其的三届奥运会冠军苏莱曼诺尔古因抓举三次试举失败而退出比赛。

瑙鲁运动员斯蒂芬获第11名，总成绩为285（125+160）公斤。2007年12月他当选为瑙鲁共和国总统，时年38岁。2011年11月辞去总统职位。

69公斤级

名次	姓名	国籍	成绩
1	加·博维斯基	保加利亚	357.5（162.5+196.5）
2	马尔科夫	保加利亚	352.5（165+187.5）
3	拉夫列诺夫	白俄罗斯	340（157.5+182.5）

2004年雅典奥运会之前，博维斯基（保加利亚）被查出服用兴奋剂，因此受到禁赛8年的处分（第2次被查阳性）。2011年10月27日，他在巴西圣保罗机场登机回欧洲时，因携带9公斤可卡因被巴西警方拘留后在巴西监狱服刑。

77公斤级

名次	姓名	国籍	成绩
1	占旭刚	中国	367.5（160+207.5）
2	维·米特鲁	希腊	367.5（165+202.5）
3	梅利基扬	亚美尼亚	365（167.5+197.5）

占旭刚成为中国首位两届奥运会举重金牌得主。

85公斤级

名次	姓名	国籍	成绩
1	皮尔罗斯·迪马斯	希腊	390（175+215）

续表

名次	姓名	国籍	成绩
2	胡斯特	德国	390（177.5+212.5）
3	乔治·阿萨尼泽	格鲁吉亚	390（180+210）

迪马斯在本届奥运会上收获了第3枚金牌。迪马斯出生在阿尔巴尼亚的一个希腊裔的家庭。他11岁开始举重训练，14岁开始比赛，18岁获抓、挺和总成绩阿尔巴尼亚全国冠军。1990年阿尔巴尼亚政府授予他"功勋运动员"称号。1991年移民到希腊，1992年开始代表希腊参加奥运会。

94 公斤级

名次	姓名	国籍	成绩
1	阿·卡基亚斯维利斯	希腊	405（185+220）
2	科莱茨基	波兰	405（182.5+222.5）
3	阿·佩特罗夫	俄罗斯	402.5（180+222.5）

继迪马斯之后，卡基亚斯维里斯也成为连续3届获得3枚金牌的运动员。卡基亚斯维里斯出生于苏联的南奥塞梯地区，属格鲁吉亚加盟共和国。代表独立国家联合体获得1992年奥运会冠军之后，他移民到希腊，为希腊赢得1996和2000年两枚金牌。卡基亚斯维里斯有两种非凡的能力，一是为获得比赛胜利需要他举多少重量时，他就能举起它。1992年奥运会比赛在只剩最后一次试举时，他落后第一名10公斤。他从第二次试举的225公斤，直接增加了10公斤，要了235公斤破世界纪录的重量，并成功地举起了它。另一种能力是他一旦进入比赛状态，他能排除一切与比赛无关的干扰。

105 公斤级

名次	姓名	国籍	成绩
1	侯赛因·塔瓦科利	伊朗	425（190+235）
2	阿兰·察加耶夫	保加利亚	422.5（187.5+235）
3	赛德·阿萨德	卡塔尔	420（190+230）

105 公斤以上级

名次	姓名	国籍	成绩
1	侯赛因·雷扎扎德	伊朗	472.5（212.5+260）
2	罗尼·韦勒	德国	467.5（210+257.5）
3	切梅尔金	俄罗斯	462.5（202.5+260）

（备注：亚美尼亚选手阿绍特·丹涅良以465公斤获铜牌，后因兴奋剂被取消成绩。）

二十二、第 28 届奥运会举重比赛

2004年8月14~25日在雅典尼凯雅体育馆举行。

（一）女子比赛成绩

48 公斤级

名次	姓名	国籍	成绩
1	努·塔伊兰	土耳其	210（97.5+112.5）
2	李卓	中国	205（92.5+112.5）
3	维·阿里	泰国	200（85+115）

53 公斤级

名次	姓名	国籍	成绩
1	乌·波塞	泰国	222.5（97.5+125）
2	卢比瓦斯	印度尼西亚	210（95+115）
3	马斯可拉	哥伦比亚	197.5（87.5+110）

58 公斤级

名次	姓名	国籍	成绩
1	陈艳青	中国	237.5（107.5+130）
2	李成姬	朝鲜	232.5（102.5+130）
3	卡米埃姆	泰国	230（102.5+127.5）

63 公斤级

名次	姓名	国籍	成绩
1	斯卡昆	乌克兰	242.5（102.5+135）
2	巴秋沙卡	白俄罗斯	242.5（115+127.5）
3	斯特卡拉娃	白俄罗斯	222.5（100+122.5）

69 公斤级

名次	姓名	国籍	成绩
1	刘春红	中国	275（122.5+152.5）
2	克鲁茨勒	匈牙利	262.5（117.5+145）
3	卡莎娃	俄罗斯	262.5（117.5+145）

75 公斤级

名次	姓名	国籍	成绩
1	帕温娜·通戌	泰国	272.5（122.5+150）
2	纳·扎博洛纳亚	俄罗斯	272.5（125+147.5）
3	瓦·波波娃	俄罗斯	265（120+145）

75 公斤级

名次	姓名	国籍	成绩
1	唐功红	中国	305（122.5+182.5）
2	张美兰	韩国	302.5（130+172.5）
3	弗罗贝尔	波兰	290（130+160）

（二）男子比赛成绩

56 公斤级

名次	姓名	国籍	成绩
1	穆特鲁	土耳其	295（135+160）
2	吴美锦	中国	287.5（130+157.5）
3	阿尔图齐	土耳其	280（125+155）

穆特鲁成为第四位获得3枚奥运会举重金牌的运动员。

62 公斤级

名次	姓名	国籍	成绩
1	石智勇	中国	325（152.5+172.5）
2	乐茂盛	中国	312.5（140+172.5）
3	鲁比奥	委内瑞拉	295（135+160）

石智勇在获得奥运冠军之后成为美国《时代周刊》上的封面人物，是继傅明霞和邓亚萍之后登上该杂志封面的第3位中国运动员。

（备注：前两届奥运会银牌得主希腊的萨巴尼斯，因药检呈阳性，被取消铜牌和比赛成绩。）

69 公斤级

名次	姓名	国籍	成绩
1	张国政	中国	347.5（160+187.5）
2	李培永	韩国	342.5（152.5+190）
3	佩沙洛夫	克罗地亚	337.5（150+187.5）

77 公斤级

名次	姓名	国籍	成绩
1	塔·萨吉尔	土耳其	375（172.5+202.5）
2	谢·费利莫诺夫	哈萨克斯坦	372.5（172.5+200）
3	奥·佩雷佩切诺夫	俄罗斯	365（170+195）

85 公斤级

名次	姓名	国籍	成绩
1	阿萨尼泽	格鲁吉亚	382.5（177.5+205）
2	里巴库	白俄罗斯	380（180+200）
3	皮尔罗斯·迪马斯	希腊	377.5（175+202.5）

皮尔罗斯·迪马斯在膝伤和腕伤没有彻底恢复的情况下，第4次参加了奥运会比赛，取得了一枚铜牌。他成为奥运会举重历史上第一位获得3枚金牌1枚铜牌的著名选手。在结束最后一次试举之后，他把举重鞋留在举重台上，以此向世人暗示，他将从此退出举坛。

94公斤级

名次	姓名	国籍	成绩
1	米·多布雷夫	保加利亚	407.5（187.5+220）
2	卡·阿卡耶夫	俄罗斯	405（185+220）

105公斤级

名次	姓名	国籍	成绩
1	德雷斯托夫	俄罗斯	425（195+230）
2	雷泽洛诺夫	乌克兰	420（190+230）
3	皮萨诺夫斯基	俄罗斯	415（190+225）

（备注：匈牙利的欠尔科维奇获银牌，因药检呈阳性，被取消成绩。）

105公斤以上级

名次	姓名	国籍	成绩
1	侯赛因·雷扎扎德	伊朗	472.5（210+263.5）
2	维·斯尔巴蒂斯	拉脱维亚	455（205+250）
3	韦·乔拉科夫	保加利亚	447.5（207.5+240）

　　雷扎扎德成为伊朗历史上第一个获得两届奥运会冠军的运动员，成为伊朗的公众人物。2003年他在沙特的麦加圣城举办婚礼时，伊朗国家电视台还进行了现场直播。2006年，他的家乡建造了一座以他的名字命名的体育馆。这也是当今伊朗最现代的体育设施之一。

　　德国运动员韦勒在抓举比赛后因伤退出比赛，结束了他的第5次奥运会比赛，韦勒参赛5次，获4枚奖牌（1金2银1铜）。

二十三、第29届奥运会举重比赛

　　2008年8月9~19日在北京举行。奥运会举重比赛首次使用中国制造的比赛器材。中国的2家举重器材生产商，张孔和红双喜分别成为男子和女子举重比赛器材。在此前相当长的一段时间里，日本的大阪（UESAKA）杠铃一直占据了奥运会举重器材供应商的地位。除了1964年东京奥运会之外，大阪的器材还从1980到2004年连续5届出现在奥运会举重台上，苏联的举重器材VISTI和美国的YORK杠铃等器械分别在1980年莫斯科和1984年洛杉矶奥运会上使用过。

（一）女子比赛成绩

48公斤级

名次	姓名	国籍	成绩
1	陈苇绫	中华台北	196（84+112）
2	任琼花	韩国	196（86+110）
3	劳西里坤	泰国	195（85+110）

（备注：中国选手陈燮霞以212公斤获金牌，后因兴奋剂被取消成绩。土耳其选手西贝尔·厄兹坎以199公斤获银牌，后因兴奋剂被取消成绩。）

53公斤级

名次	姓名	国籍	成绩
1	纳塔拉卡	泰国	221（95+126）
2	伊真熙	韩国	213（94+119）
3	伦贝瓦斯	印尼	206（91+115）

（备注：白俄罗斯选手阿纳斯塔西娅·诺维科娃以213公斤获铜牌，后因兴奋剂被取消成绩。）

58公斤级

名次	姓名	国籍	成绩
1	陈艳青	中国	244（106+138）
2	吴正爱	朝鲜	226（95+131）
3	万迪	泰国	226（98+128）

（备注：白俄罗斯选手沙伊诺娃以227公斤获银牌，后因兴奋剂被取消成绩。）

63公斤级

名次	姓名	国籍	成绩
1	朴贤淑	朝鲜	241（106+135）

名次	姓名	国籍	成绩
2	卢映锜	中华台北	231（104+127）
3	杰拉德	加拿大	228（102+126）

（备注：哈萨克斯坦选手伊琳娜·涅克拉索娃以240公斤获银牌，后因兴奋剂被取消成绩。）

69公斤级

名次	姓名	国籍	成绩
1	斯利文科	俄罗斯	255（115+140）
2	索利斯	哥伦比亚	240（105+135）
3	哈利勒	埃及	238（105+133）

（备注：中国选手刘春红以286公斤获金牌，后因兴奋剂被取消成绩。乌克兰选手达维多娃以250公斤获铜牌，后因兴奋剂被取消成绩。）

75公斤级

名次	姓名	国籍	成绩
1	瓦热妮娜	哈萨克斯坦	266（119+147）
2	瓦伦廷	西班牙	250（115+135）
3	阿吉雷	墨西哥	245（109+136）

（备注：中国选手曹磊以282公斤获金牌，后因兴奋剂被取消成绩。俄罗斯选手娜杰日达·埃夫斯楚金娜以264公斤获铜牌，后因兴奋剂问题成绩被取消。）

75公斤以上级

名次	姓名	国籍	成绩
1	张美兰	韩国	326（140+186）
2	奥佩洛格	萨摩亚	269（119+150）
3	奥斯曼	尼日利亚	265（115+150）

（备注：乌克兰选手科罗布卡以277公斤获银牌，后因兴奋剂被取消成

绩。哈萨克斯坦选手格拉波维·茨卡娅以270公斤获铜牌，后因兴奋剂被取消成绩。）

张美兰打破三项世界纪录获得金牌。北京奥运会后，韩国京畿道和高阳市宣布，将在高阳湖水公园中竖起"举重传说"运动员张美兰的铜像。这是继2006年全罗南道完州郡竖起崔京周选手（高尔夫）的铜像后，第二次出现为现役运动选手塑铜像的事情。

男子比赛成绩

56 公斤级

名次	姓名	国籍	成绩
1	龙清泉	中国	292（132+160）
2	黄英俊	越南	290（130+160）
3	伊拉万	印度尼西亚	288（130+158）

年仅17岁的龙清泉成为奥运会历史上年龄最小的举重冠军。

62 公斤级

名次	姓名	国籍	成绩
1	张湘祥	中国	319（143+176）
2	萨拉萨尔	哥伦比亚	305（138+167）
3	特里亚特诺	印度尼西亚	298（135+163）

69 公斤级

名次	姓名	国籍	成绩
1	廖辉	中国	348（158+190）
2	达巴亚蒂安切	法国	338（151+187）
3	博雷罗	古巴	328（148+180）

（备注：亚美尼亚选手蒂格兰·马蒂洛斯扬以338公斤获铜牌，后因兴奋剂被取消成绩。）

77 公斤级

名次	姓名	国籍	成绩
1	史载赫	韩国	366（163+203）

续表

名次	姓名	国籍	成绩
2	李宏利	中国	366（168+198）
3	达夫强	亚美尼亚	360（165+195）

85公斤级

名次	姓名	国籍	成绩
1	陆永	中国	394（180+214）
2	马尔迪罗扬	亚美尼亚	380（177+203）
3	巴亚达雷斯	古巴	372（169+203）

（备注：白俄罗斯选手雷巴科夫以394公斤获银牌，后因兴奋剂被取消成绩。）

陆永在第2次试举中成功挺举了214公斤，三位裁判员判成功，被仲裁改判为失败。陆永在第3次试举中再次成功挺举了214公斤。

94公斤级

名次	姓名	国籍	成绩
1	科莱茨基	波兰	403（179+224）
2	卡萨比耶夫	格鲁吉亚	399（176+223）
3	埃尔南德斯	古巴	393（178+215）

（备注：哈萨克斯坦选手伊利亚·伊林以406公斤获金牌，后因兴奋剂问题成绩被取消。俄罗斯选手阿卡耶夫以402公斤获铜牌，后因兴奋剂被取消成绩。）

105公斤级

名次	姓名	国籍	成绩
1	阿拉姆诺夫	白俄罗斯	436（200+236）
2	克洛科夫	俄罗斯	423（193+230）
3	拉比科夫	波兰	420（195+225）

（备注：俄罗斯选手拉皮科夫以420公斤获铜牌，后因兴奋剂被取消成绩。）

105公斤以上级

名次	姓名	国籍	成绩
1	施泰纳	德国	461（203+258）
2	奇吉舍夫	俄罗斯	460（210+250）
3	谢尔巴蒂斯	拉脱维亚	448（206+242）

　　施泰纳出生于奥地利，他的父亲也是一位著名的举重运动员。施泰纳从13岁就开始举重。18岁时虽得了糖尿病，3个月内体重掉了5公斤，但这并没有改变他的举重梦。在2004年雅典奥运会上，他代表奥地利获得了105公斤级的第七名。同年，施泰纳与一位德国女孩苏娜相爱并结婚，从2007年欧洲锦标赛开始施泰纳代表德国参加比赛。但是，2007年7月16日，施泰纳的妻子苏珊娜在一起交通事故中失去生命。在2008年北京奥运会上，获得金牌的施泰纳亲吻妻子的照片，成为一段感人的故事。

　　拉脱维亚的谢尔巴蒂斯3次参加奥运会，获得1银（2004年）1铜（2008年）。2006年，他作为在拉脱维亚有影响力的右翼政党，拉脱维亚农民联盟党的代表被选为拉脱维亚国会议员。

二十四、第30届奥运会举重比赛

2012年7月28日~8月7日在伦敦举行。

女子比赛成绩

48公斤级

名次	姓名	国籍	成绩
1	王明娟	中国	205（91+114）
2	三宅宏美	日本	197（87+110）
3	杨春华	朝鲜	192（80+112）

53公斤级

名次	姓名	国籍	成绩
1	许淑淨	中华台北	219（96+123）
2	希特拉布里安	印尼	206（91+115）
3	尤利娅帕拉托	乌克兰	199（91+108）

（备注：哈萨克斯坦选手祖尔菲亚以226公斤获金牌，后因兴奋剂被取消成绩。摩尔瓦多选手克瑞斯塔纳·露薇以219公斤获铜牌，后因兴奋剂被取消成绩。）

58公斤级

名次	姓名	国籍	成绩
1	李雪英	中国	246（108+138）
2	斯瑞科娃	泰国	236（100+136）
3	瑞提坎古诺	泰国	234（100+134）

（备注：乌克兰选手尤利娅·卡利纳以235公斤获铜牌，后因兴奋剂被取消成绩。）

63公斤级

名次	姓名	国籍	成绩
1	克里斯提娜吉拉德	加拿大	236（103+133）
2	米尔卡·曼内娃	保加利亚	233（102+131）
3	瓦尔德兹·阿科斯塔	墨西哥	224（99+125）

（备注：哈萨克斯坦选手迈雅 卡洛滋以245公斤获金牌，后因兴奋剂被取消成绩。俄罗斯选手斯维特拉娜·查鲁卡耶娃以237公斤获银牌，后因兴奋剂被取消成绩。）

69公斤级

名次	姓名	国籍	成绩
1	瑞米·西米	朝鲜	261（115+146）
2	罗莎·娜可可	罗马尼亚	256（113+143）
3	安娜	哈萨克斯坦	251（115+136）

（备注：白俄罗斯选手科曼科娃以256公斤获铜牌，后因兴奋剂被取消成绩。）

75公斤级

名次	姓名	国籍	成绩
1	莉迪亚·瓦伦丁	西班牙	265（120+145）
2	奥德拉曼	埃及	258（118+140）
3	马蒂亚斯	喀麦隆	246（115+131）

（备注：哈萨克斯坦选手斯特兰娜·波多贝多娃以291公斤获金牌，后因兴奋剂被取消成绩；俄罗斯选手 扎博洛特纳亚以291公斤获银牌，后因兴奋剂被取消成绩；白俄罗斯选手库勒沙以269公斤获铜牌，后因兴奋剂被取消成绩。）

75公斤以上级

名次	姓名	国籍	成绩
1	周璐璐	中国	333（146+187）
2	塔蒂亚娜·卡什林	俄罗斯	332（151+181）
3	张美兰	韩国	289（125+164）

（备注：亚美尼亚选手胡尔舒扬以294公斤获铜牌，后因兴奋剂被取消成绩。）

男子比赛成绩

56公斤级

名次	姓名	国籍	成绩
1	严润哲	朝鲜	293（125+168）
2	吴景彪	中国	289（133+156）
3	特兰乐曲特	越南	286（127+159）

（备注：阿塞拜疆选手瓦伦丁·斯尼耶夫·伊利斯托福以286公斤获得铜牌，因兴奋剂被取消成绩。）

62公斤级

名次	姓名	国籍	成绩
1	金恩国	朝鲜	327（153+174）
2	奥斯卡·菲古尔洛	哥伦比亚	317（140+177）
3	伊拉尤科	印度尼西亚	317（145+172）

69公斤级

名次	姓名	国籍	成绩
1	林清峰	中国	344（157+187）
2	特拉托	印度尼西亚	333（145+188）
3	拉斯万马汀	罗马尼亚	332（152+180）

77 公斤级

名次	姓名	国籍	成绩
1	吕小军	中国	379（175+204）
2	陆浩杰	中国	360（170+190）
3	罗德利洛斯·伊凡·坎巴尔	古巴	349（155+194）

85 公斤级

名次	姓名	国籍	成绩
1	阿德里恩齐林斯基	波兰	385（174+211）
2	基诺什·罗斯塔	伊朗	380（171+209）
3	塔雷克阿布德拉齐姆	埃及	375（165+210）

（备注：俄罗斯选手阿普蒂·奥哈多夫以385公斤获银牌，后因兴奋剂被取消成绩。）

94 公斤级

名次	姓名	国籍	成绩
1	赛德·穆罕默德·普鲁卡拉格	伊朗	402（183+219）
2	金民载	韩国	395（185+210）
3	兹林斯基	波兰	385（175+210）

（备注：哈萨克斯坦选手伊利亚·伊林以418公斤获金牌，后因兴奋剂被取消成绩；俄罗斯选手伊万诺夫以409公斤获银牌，后因兴奋剂成绩被取消；摩尔多瓦选手安纳托里·希里苏以407公斤获铜牌，后因兴奋剂被取消成绩。）

105 公斤级

名次	姓名	国籍	成绩
1	纳瓦布·纳斯尔沙尔	伊朗	411(184+227)
2	巴特罗米耶博克	波兰	410(190+220)
3	弗雷德维夫拉文	乌兹别克斯坦	401(183+218)

（备注：乌克兰的奥勒西·托罗奇帝以412公斤获金牌，因兴奋剂被取消成绩。）

105 公斤以上级

名次	姓名	国籍	成绩
1	萨丽米·科达西比亚	伊朗	455（208+247）
2	萨吉德	伊朗	449（204+245）
3	鲁斯兰·阿尔贝戈夫	俄罗斯	448（208+240）

二十五、第 31 届奥运会举重比赛

2016 年 8 月 7 日 ~16 日在里约热内卢举行。

女子比赛成绩

48 公斤级

名次	姓名	国籍	成绩
1	索皮塔·塔纳森	泰国	200（92+108）
2	斯·阿古斯丁	印尼	192（85+107）
3	三宅宏美	日本	188（81+107）

53 公斤级

名次	姓名	国籍	成绩
1	许淑静	中华台北	212（100+112）
2	伊迪凌	菲律宾	200（88+112）
3	伊金熙	韩国	199（88+111）

中国黎雅君抓举成功 101 公斤，超过许淑静 1 公斤。挺举开把重量许淑静要 123 公斤，因状态不佳改为 112 公斤，成功。黎雅君挺举第 1 次试举 123 公斤，失败；随后继续加重量为 126 公斤，又连续 2 次挺举 126 公斤失败。而许淑静只挺举了 112 公斤就已金牌在握。

许淑静成为第二位蝉联奥运会女子举重冠军的运动员。

58 公斤级

名次	姓名	国籍	成绩
1	苏卡尼亚·斯瑞拉特	泰国	240（110+130）
2	西里卡乌	泰国	232（102+130）

续表

名次	姓名	国籍	成绩
3	郭婞淳	中华台北	231（102+129）

63 公斤级

名次	姓名	国籍	成绩
1	邓薇	中国	262（115+147）
2	乔赫辛	朝鲜	248（105+143）
3	卡琳娜·高丽切夫	哈萨克斯坦	243（111+132）

69 公斤级

名次	姓名	国籍	成绩
1	向艳梅	中国	261（116+145）
2	扎拉齐哈库尔	哈萨克斯坦	259（115+144）
3	莎·穆·艾哈迈德	埃及	255（112+143）

75 公斤级

名次	姓名	国籍	成绩
1	李全心	朝鲜	274（121+153）
2	达利亚·努马瓦	白俄罗斯	258（116+142）
3	伊迪瓦伦丁	西班牙	257（116+141）

李全心连续夺得两届奥运会举重金牌。

75 公斤以上级

名次	姓名	国籍	成绩
1	孟苏平	中国	307（130+177）
2	金光华	朝鲜	306（131+175）
3	莎拉罗布	美国	286（126+160）

男子比赛成绩

56 公斤级

名次	姓名	国籍	成绩
1	龙清泉	中国	307（137+170）
2	严润哲	朝鲜	303（134+169）
3	辛菲特	泰国	289（132+157）

龙清泉成为中国第2位两届奥运会男子举重金牌得主。

62 公斤级

名次	姓名	国籍	成绩
1	莫斯克拉·奥斯卡	哥伦比亚	318（142+176）
2	伊拉万	印度尼西亚	312（142+170）
3	法克哈特·哈尔基	哈萨克斯坦	305（135+170）

总成绩世界纪录保持者中国谌利军在抓举比赛中因肌肉抽筋退出比赛。

69 公斤级

名次	姓名	国籍	成绩
1	石智勇	中国	352（162+190）
2	丹尼尔·伊斯梅洛夫	土耳其	351（163+188）
3	路易斯·莫斯科拉	哥伦比亚	338（155+183）

77 公斤级

名次	姓名	国籍	成绩
1	尼·拉希莫夫	哈萨克斯坦	379（165+214）
2	吕小军	中国	379（177+202）
3	穆罕默德·塔布·尤塞弗	埃及	361（165+196）

吕小军体重比拉希莫夫重0.64公斤获银牌。

85 公斤级

名次	姓名	国籍	成绩
1	卡诺施罗斯坦	伊朗	396（179+217）
2	田涛	中国	395（178+217）
3	丹尼斯乌拉诺夫	哈萨克斯坦	390（175+215）

94 公斤级

名次	姓名	国籍	成绩
1	索.莫拉迪	伊朗	403（182+221）
2	史特拉索	白俄罗斯	395（175+220）
3	奥里玛斯蒂茨白	立陶宛	392（177+215）

105 公斤级

名次	姓名	国籍	成绩
1	乌斯兰·努鲁德	乌兹别克斯坦	431（194+237）
2	马迪洛斯扬	亚美尼亚	417（190+227）
3	亚历山大.齐亚科夫	哈萨克斯坦	416（193+223

105 公斤以上级

名次	姓名	国籍	成绩
1	拉沙.塔拉哈德泽	格鲁吉亚	473（215+258）
2	米纳斯扬	亚美尼亚	451（210+241）
3	伊拉吐曼	格鲁吉亚	448（207+241）

第二节　奥运会举重奖牌分布（1896~2016 年）

排名	国家或地区	男子 1896–2016			女子 2000–2016			男女合计			总计
		金	银	铜	金	银	铜	金	银	铜	
1	苏联	39	21	2	0	0	0	39	21	2	62
2	中国	17	14	8	14	1	0	31	15	8	54

续表

排名	国家或地区	男子1896–2016			女子2000–2016			男女合计			总计
		金	银	铜	金	银	铜	金	银	铜	
3	美国	15	16	10	1	0	2	16	16	12	44
4	保加利亚	12	16	8	0	1	0	12	17	8	37
5	波兰	6	5	21	0	1	1	6	6	22	34
6	德国	8	9	10	0	0	0	8	9	10	27
7	匈牙利	2	7	9	0	2	0	2	9	9	20
8	伊朗	9	5	5	0	0	0	9	5	5	19
9	俄罗斯	3	4	6	1	2	2	4	6	8	18
10	朝鲜	2	3	3	3	6	1	5	9	4	18
11	法国	9	3	3	0	0	0	9	3	3	15
12	韩国	2	3	4	1	3	2	3	6	6	15
13	意大利	5	4	5	0	0	0	5	4	5	14
14	日本	2	2	8	0	1	1	2	3	9	14
15	埃及	5	2	4	0	1	2	5	3	6	14
16	泰国	0	0	1	5	2	6	5	2	7	14
17	希腊	6	5	1	0	0	1	6	5	2	13
18	罗马尼亚	2	6	4	0	1	0	2	7	4	13
19	印度尼西亚	0	2	3	0	4	3	0	6	6	12
20	民主德国	1	4	6	0	0	0	1	4	6	11
21	土耳其	7	1	1	1	0	0	8	1	1	10
22	哈萨克斯坦	1	2	3	1	1	2	2	3	5	10
23	独立国家联合体	5	4	0	0	0	0	5	4	0	9
24	奥地利	3	4	2	0	0	0	3	4	2	9
25	捷克斯洛伐克	3	2	3	0	0	0	3	2	3	8
26	白俄罗斯	1	2	2	0	2	1	1	4	3	8
27	古巴	2	1	5	0	0	0	2	1	5	8
28	中华台北	0	0	1	3	2	2	3	2	3	8
29	英国	1	3	3	0	0	0	1	3	3	7
30	爱沙尼亚	1	3	3	0	0	0	1	3	3	7

续表

排名	国家或地区	男子 1896-2016			女子 2000-2016			男女合计			总计
		金	银	铜	金	银	铜	金	银	铜	
31	哥伦比亚	1	2	1	1	1	1	2	3	2	7
32	乌克兰	1	1	1	1	0	1	2	1	2	5
33	格鲁吉亚	2	1	2	0	0	0	2	1	2	5
34	亚美尼亚	0	3	2	0	0	0	0	3	2	5
35	比利时	1	2	1	0	0	0	1	2	1	4
36	澳大利亚	1	1	2	0	0	0	1	1	2	4
37	瑞士	0	2	2	0	0	0	0	2	2	4
38	瑞典	0	0	4	0	0	0	0	0	4	4
39	加拿大	0	2	0	1	0	1	1	2	1	4
40	丹麦	1	2	0	0	0	0	1	2	0	3
41	芬兰	1	0	2	0	0	0	1	0	2	3
42	多立尼达和多巴哥	0	1	2	0	0	0	0	1	2	3
43	荷兰	0	0	3	0	0	0	0	0	3	3
44	墨西哥	0	0	0	1	0	2	1	0	2	3
45	西班牙	0	0	0	1	1	1	1	1	1	3
46	克罗地亚	1	0	1	0	0	0	1	0	1	2
47	阿根廷	0	1	1	0	0	0	0	1	1	2
48	拉脱维亚	0	1	1	0	0	0	0	1	1	2
49	尼日利亚	0	0	0	0	1	1	0	1	1	2
50	挪威	1	0	0	0	0	0	1	0	0	1
51	黎巴嫩	0	1	0	0	0	0	0	1	0	1
52	新加坡	0	1	0	0	0	0	0	1	0	1
53	印度	0	0	0	0	0	1	0	0	1	1
54	委内瑞拉	0	0	1	0	0	0	0	0	1	1
55	伊拉克	0	0	1	0	0	0	0	0	1	1
56	卡塔尔	0	0	1	0	0	0	0	0	1	1
57	乌兹别克斯坦	1	0	1	0	0	0	1	0	0	2
58	越南	0	1	1	0	0	0	0	1	1	2

续表

排名	国家或地区	男子 1896-2016			女子 2000-2016			男女合计			总计
		金	银	铜	金	银	铜	金	银	铜	
59	阿塞拜疆	0	0	1	0	0	0	0	0	1	1
60	立陶宛	0	0	1	0	0	0	0	0	1	1
61	萨摩亚	0	0	0	0	1	0	0	1	0	1
62	菲律宾	0	0	0	0	1	0	0	1	0	1
63	喀麦隆	0	0	0	0	0	1	0	0	1	1
总计		180	175	175	35	35	35	215	210	210	635

第三节 青年奥运会举重奖牌分布（2010~2018年）

第1届青年奥运会举重比赛于2010年8月在新加坡举行，第2届青年奥运会举重比赛于2014年在中国南京举行，第3届青年奥运会举重比赛于2018年在巴西里约举行。以下是青年奥运会男子举重奖牌分布。

排名	国家或地区	男子 2010-2018			合计
		金牌	银牌	铜牌	
1	亚美尼亚	3	1	1	5
2	俄罗斯	2	2	0	4
3	保加利亚	2	1	0	3
4	中国	1	2	0	3
5	哥伦比亚	0	1	2	3
6	埃及	0	0	3	3
7	泰国	0	3	0	3
8	土耳其	1	1	1	3
9	乌兹别克斯坦	0	2	1	3
10	越南	2	1	0	3
11	阿塞拜疆	1	1	0	2
12	印度	1	1	0	2

排名	国家或地区	男子 2010-2018			合计
		金牌	银牌	铜牌	
13	伊朗	2	0	0	2
14	意大利	1	0	1	2
15	哈萨克斯坦	0	0	2	2
16	朝鲜	2	0	0	2
17	古巴	0	0	1	1
18	捷克	0	0	1	1
19	法国	0	0	1	1
20	格鲁吉亚	0	1	0	1
21	沙特	0	0	1	1
22	墨西哥	0	0	1	1
23	荷兰	0	0	1	1
24	塞尔维亚	0	1	0	1
25	乌克兰	0	0	1	1
	总计	18	18	18	54

第三章

世界举重锦标赛奖牌分布

世界举重锦标赛奖牌分布主要是指世界男子女子举重锦标赛、世界青年男子女子举重锦标赛、世界少年男子女子举重锦标赛奖牌分布。

第一节　1891~2018 年世界男子举重锦标赛奖牌分布

1891~2018 年世界男子举重锦标赛比赛时间地点参赛队数人数

届次	地点	国家	比赛日期	参赛人数	参赛国家或地区
1	伦敦	英国	1891.3.28.	7	6
2	维也纳	奥地利	1898.7.31. ~ 8.1.	11	3
3	米兰	意大利	1899.4.4. ~ 5.	5	3
4	巴黎	法国	1903.10.1. ~ 3.	18	5
5	维也纳	奥地利	1904.4.18.	13	4
6	柏林	德国	1905.4.08. ~ 10	41	4
7	杜伊斯堡	德国	1905.6.11. ~ 13.	7	2
8	巴黎	法国	1905.12.16. ~ 30.	16	1
9	里尔	法国	1906.3.18.	33	4
10	法兰克福	德国	1907.5.19.	23	3
11	维也纳	奥地利	1908.12.8. ~ 9.	23	2
12	维也纳	奥地利	1909.2.12. ~ 3.10.	23	3

续表

届次	地点	国家	比赛日期	参赛人数	参赛国家或地区
13	杜塞尔多夫	德国	1910.6.4. ~ 6.	57	5
14	维也纳	奥地利	1910.10.10. ~ 9.	15	2
15	斯图加特	德国	1911.4.29. ~ 30.	36	3
16	柏林	德国	1911.5.13. ~ 14.	27	2
17	德累斯顿	德国	1911.6.26.	21	3
18	维也纳	奥地利	1911.6.29. ~ 7.2	32	3
19	布雷斯劳	波兰	1913.7.28. ~ 29.	40	4
20	维也纳	奥地利	1920.9.04. ~ 8.	74	4
21	塔林	爱沙尼亚	1922.4.29. ~ 30.	33	4
22	维也纳	奥地利	1923.9.08. ~ 9.	76	7
23	巴黎	法国	1937.9.10. ~ 12.	50	10
24	维也纳	奥地利	1938.10.21. ~ 23.	38	11
25	巴黎	法国	1946.10.18. ~ 19.	79	13
26	费城	美国	1947.9.26. ~ 27.	39	12
27	斯赫弗宁恩	荷兰	1949.9.04. ~ 6.	38	13
28	巴黎	法国	1950.10.13. ~ 15.	56	17
29	米兰	意大利	1951.10.26. ~ 28.	62	14
30	斯德哥尔摩	瑞典	1953.8.26. ~ 30	70	19
31	维也纳	奥地利	1954.10.07. ~ 10.	100	23
32	慕尼黑	联邦德国	1955.10.12. ~ 16.	108	25
33	德黑兰	伊朗	1957.11.08. ~ 12.	76	21
34	斯德哥尔摩	瑞典	1958.9.16. ~ 21.	96	27
35	华沙	波兰	1959.9.29. ~ 10.04.	85	19
36	维也纳	奥地利	1961.9.20. ~ 25.	120	33
37	布达佩斯	匈牙利	1962.9.16. ~ 22.	113	27
38	斯德哥尔摩	瑞典	1963.9.07. ~ 13.	134	32
39	东京	日本	1964.10.11. ~ 18.	149	42
40	德黑兰	伊朗	1965.10.27. ~ 11.03.	85	24
41	东柏林	民主德国	1966.10.15. ~ 21.	117	28

届次	地点	国家	比赛日期	参赛人数	参赛国家或地区
			1967年没有举行世界举重锦标赛		
42	墨西哥城市	墨西哥	1968.10.13. ~ 19.	160	55
43	华沙	波兰	1969.9.20. ~ 28.	166	37
44	哥伦布	美国	1970.9.12. ~ 20.	129	28
45	利马	秘鲁	1971.9.18. ~ 26.	144	30
46	慕尼黑	联邦德国	1972.8.27. ~ 9.06.	188	54
47	哈瓦那	古巴	1973.9.15. ~ 23.	189	39
48	马尼拉	菲律宾	1974.9.21. ~ 29.	143	32
49	莫斯科	俄罗斯	1975.9.15. ~ 23.	169	33
50	蒙特利尔	加拿大	1976.7.18. ~ 27.	173	46
51	斯图加特	联邦德国	1977.9.17. ~ 25.	186	44
52	葛底斯堡	美国	1978.10.4. ~ 8.	185	35
53	塞萨洛尼基	希腊	1979.11.03. ~ 11.	189	39
54	莫斯科	俄罗斯	1980.7.20. ~ 30.	173	40
55	里尔	法国	1981.9.13. ~ 20.	194	35
56	卢布尔雅那	斯洛文尼亚	1982.9.18 ~ 26.	205	38
57	莫斯科	俄罗斯	1983.10.22. ~ 31.	187	32
58	洛杉矶	美国	1984.7.29. ~ 8.8.	187	48
59	南泰利耶	瑞典	1985.8.23. ~ 9.1.	195	38
60	索菲亚	保加利亚	1986.11.8. ~ 15.	193	41
61	俄斯特拉发	捷克	1987.9.6. ~ 13	168	29
62	雅典	希腊	1989.09.16. ~ 23	220	37
63	布达佩斯	匈牙利	1990.11.10. ~ 18	182	38
64	多瑙艾辛根	德国	1991.9.27. ~ 10.6.	200	40
65	墨尔本	澳大利亚	1993.11.11. ~ 21.	195	57
66	伊斯坦布尔	土耳其	199411.17. ~ 27.	242	52
67	广州	中国	1995.11.7. ~ 26	345	63
68	清迈	泰国	1997.12.06. ~ 14.	189	51
69	拉赫蒂	芬兰	1998.11.10. ~ 15.	210	53

届次	地点	国家	比赛日期	参赛人数	参赛国家或地区
70	雅典	希腊	1999.11.21. ~ 28.	395	79
71	安塔利亚	土耳其	.2001.11.04. ~ 11.	153	47
72	华沙	波兰	2002.11.18. ~ 26.	170	47
73	温哥华	加拿大	2003.11.14. ~ 22.	297	59
74	多哈	卡塔尔	2005.11.09. ~ 17.	169	58
75	圣多明各	多米尼加	2006.9.30. ~ 10.7.	298	58
76	清迈	泰国	2007.9.16. ~ 26.	355	70
77	高阳	韩国	2009.11.20. ~ 28.	196	57
78	安塔利亚	土耳其	2010.9.17. ~ 2l.	312	63
79	巴黎	法国	2011.11.05. ~ 13.	307	75
80	弗洛兹瓦夫	波兰	2013.10.20. ~ 27.	168	49
81	阿尔马塔	哈萨克斯坦	2014.11.04. ~ 16.	300	62
82	休斯顿	美国	2015.11.20 ~ 28.	322	76
83	阿纳海姆	美国	2017.11.27. ~ 12.05.	176	54
84	阿什喀巴德	土库曼斯坦	2018.11.1 ~ 10	310	65

（备注："（＊）"为与奥运会举重比赛同时计算成绩。）

1891~2018年世界男子举重锦标赛奖牌分布

排名	国家或地区	推举			抓举			挺举			总成绩			合计			总计
		金	银	铜	金	银	铜	金	银	铜	金	银	铜	金	银	铜	
1	苏联	13	6	5	71	63	31	96	49	24	151	90	33	331	208	93	632
2	保加利亚	3	3	3	59	49	38	68	50	42	74	62	41	204	164	124	492
3	中国	0	0	0	54	36	26	38	27	31	39	37	25	131	100	82	313
4	波兰	2	5	8	22	25	22	11	25	31	23	35	55	58	90	116	264
5	罗马尼亚	0	0	0	23	24	13	20	24	11	21	25	19	64	73	43	180
6	匈牙利	6	3	2	9	9	25	9	13	17	9	27	30	33	52	74	159
7	德国	0	1	1	10	10	4	12	7	16	27	39	29	49	57	50	156
8	民主德国	0	1	1	4	13	20	12	28	20	4	19	29	20	61	70	151

续表

排名	国家或地区	推举			抓举			挺举			总成绩			合计			总计
		金	银	铜	金	银	铜	金	银	铜	金	银	铜	金	银	铜	
9	美国	3	1	4	2	4	3	1	6	9	37	38	19	43	49	35	127
10	伊朗	2	4	1	6	10	9	15	8	8	21	11	26	44	33	44	121
11	日本	1	2	2	6	13	10	5	7	15	10	6	21	22	28	48	98
12	土耳其	0	0	0	18	12	7	11	9	6	12	11	9	41	32	22	95
13	奥地利	0	0	1	0	0	2	0	0	0	32	27	31	32	27	34	93
14	朝鲜	0	0	0	9	10	10	9	10	9	8	9	10	26	29	29	84
15	罗马尼亚	0	0	0	8	7	15	6	5	13	5	14	10	19	26	38	83
16	古巴	0	0	0	10	7	9	8	9	15	8	4	11	26	20	35	81
17	希腊	1	1	0	5	9	7	5	11	8	8	9	6	19	30	21	70
18	韩国	0	0	0	1	4	9	5	10	15	3	6	10	9	20	34	63
19	捷克	0	0	0	2	4	12	0	7	13	3	3	15	5	14	40	59
20	乌克兰	0	0	0	5	11	6	3	6	7	6	5	10	14	22	23	59
21	法国	0	0	0	3	4	6	1	4	3	7	11	18	11	19	27	57
22	哈萨克斯坦	0	0	0	2	8	9	5	5	4	8	3	6	15	16	19	50
23	白俄罗斯	0	0	0	7	2	9	7	2	5	6	2	4	20	6	18	44
24	埃及	0	0	0	1	0	1	1	1	5	9	10	12	11	11	18	40
25	亚美尼亚	0	0	0	5	5	10	0	3	4	1	6	3	6	14	17	37
26	芬兰	1	2	1	3	5	3	0	1	5	2	1	0	6	9	9	33
27	意大利	0	0	3	1	2	2	1	2	2	1	5	8	3	9	15	27
28	澳大利亚	0	0	0	1	1	6	3	3	2	1	3	4	5	7	12	24
29	阿塞拜疆	0	0	0	1	2	2	1	5	4	2	2	5	4	9	11	24
30	卡塔尔	0	0	0	3	2	3	3	2	3	4	1	3	10	5	9	24
31	越南	0	0	0	3	3	3	1	1	3	1	2	4	5	6	10	21
32	中华台北	0	0	0	1	1	3	1	6	2	1	2	3	3	9	8	20

续表

排名	国家或地区	推举			抓举			挺举			总成绩			合计			总计
		金	银	铜	金	银	铜	金	银	铜	金	银	铜	金	银	铜	
33	英国	0	0	0	0	1	3	0	0	2	5	3	5	5	4	10	19
34	格鲁吉亚	0	0	0	4	2	3	3	0	1	2	3	1	9	5	5	19
35	拉脱维亚	0	0	0	1	0	4	0	2	2	1	3	5	2	5	11	18
36	瑞典	0	3	1	2	0	1	0	0	2	1	1	6	3	4	10	17
37	乌兹别克斯坦	0	0	0	3	2	1	2	3	2	1	1	2	6	6	5	17
38	比利时	2	2	0	0	0	1	1	2	0	0	4	3	3	8	4	15
39	爱沙尼亚	0	0	0	0	0	0	0	2	0	3	3	7	3	5	7	15
40	印度尼西亚	0	0	0	0	0	1	1	3	4	0	2	3	1	5	8	14
41	挪威	1	0	2	3	1	1	0	1	1	1	3	0	5	5	4	14
42	瑞士	0	0	0	1	1	1	0	0	0	4	4	2	5	5	3	13
43	哥伦比亚	0	0	0	0	1	2	2	1	2	1	1	2	3	3	6	12
44	摩尔多瓦	0	0	0	0	2	1	1	0	2	0	1	2	1	3	5	9
45	斯洛伐克	0	0	0	1	0	2	1	1	1	1	0	1	3	1	4	8
46	加拿大	0	0	0	0	0	1	0	1	0	1	2	1	1	3	2	6
47	立陶宛	0	0	0	0	2	1	0	1	0	0	1	1	0	4	2	6
48	土库曼斯坦	0	0	0	0	1	1	1	1	0	1	1	0	2	3	1	6
49	阿尔巴尼亚	1	0	0	1	1	0	0	1	0	1	0	0	3	2	0	5
50	泰国	0	0	0	0	1	1	0	1	0	0	1	1	0	3	2	5
51	克罗地亚	0	0	0	0	2	0	0	0	0	0	0	0	0	4	0	4
52	黎巴嫩	0	1	0	0	0	2	0	0	0	0	1	0	0	2	2	4
53	智利	0	0	0	1	0	0	1	0	0	1	0	0	3	0	0	3

续表

排名	国家或地区	推举			抓举			挺举			总成绩			合计			总计
		金	银	铜	金	银	铜	金	银	铜	金	银	铜	金	银	铜	
54	丹麦	0	0	0	0	0	0	0	0	0	0	3	0	0	3	0	3
55	缅甸	0	0	0	1	0	0	0	0	0	0	0	2	1	0	2	3
56	菲律宾	0	0	0	0	0	1	1	0	1	0	2	0	1	0	2	3
57	突尼斯	0	0	0	0	0	2	0	0	0	0	0	1	0	0	3	3
58	委内瑞拉	0	0	0	0	0	1	1	0	0	0	0	1	1	0	2	3
59	阿根廷	0	0	0	0	0	0	0	0	0	0	0	1	0	1	1	2
60	西班牙	0	0	0	0	0	2	0	0	0	0	0	0	0	0	2	2
61	墨西哥	0	0	0	0	0	0	0	1	1	0	0	0	0	1	1	2
62	荷兰	0	0	0	0	0	0	0	0	0	0	0	0	0	2	0	2
63	瑙鲁	0	0	0	0	0	0	0	2	0	0	1	0	0	2	0	2
64	波多黎各	0	1	1	0	0	0	0	0	0	0	0	0	0	1	1	2
65	厄瓜多尔	0	0	0	0	0	1	0	0	0	0	0	0	0	0	1	1
66	密克罗尼西亚联邦	0	0	0	0	0	0	0	1	0	0	1	0	0	1	0	1
67	圭亚那	0	0	0	0	0	0	0	0	0	0	0	0	0	1	0	1
68	伊拉克	0	0	0	0	0	0	0	0	0	0	0	1	0	0	1	1
69	尼日利亚	0	0	0	1	0	0	0	0	0	0	0	0	1	0	0	1
70		0	0	0	0	0	1	0	0	0	0	0	0	0	0	1	1
	总计	36	36	36	374	372	370	373	371	373	568	568	566	1351	1347	1345	4043

第二节 1987~2018 年世界女子举重锦标赛奖牌分布

1987~2018 年世界女子举重锦标赛比赛日期地点参赛人数队数

届次	地点	国家或地区	比赛日期	参赛人数	参赛国家或地区
1	代托纳比	美国	1987.10.30. ~ 11.1.	100	22
2	雅加达	印度尼西亚	1988.12.2. ~ 4.	103	23
3	曼彻斯特	英国	1989.11.24. ~ 26.	133	25
4	萨拉热窝	南斯拉夫	1990.5.26. ~ 6.3.	109	25
5	多瑙艾辛根	德国	1991.9.27. ~ 10.5.	108	24
6	瓦尔那	保加利亚	1992.5.16. ~ 24.	110	25
7	墨尔本	澳大利亚	1993.11.11. ~ 21.	94	25
8	伊斯坦布尔	土耳其	1994.11.17. ~ 27.	105	30
9	广州	中国	1995.11.16. ~ 26.	93	26
10	华沙	波兰	1996.5.03. ~ 11.	102	24
11	清迈	泰国	1997.12.6. ~ 14.	143	39
12	拉赫蒂	芬兰	1998.11.10. ~ 15	122	35
13	雅典	希腊	1999.11.21. ~ 28.	231	51
14	安塔利亚	土耳其	2001.11.04. ~ 11.	114	34
15	华沙	波兰	2002.11.18. ~ 26.	115	37
16	温哥华	加拿大	2003.11.14. ~ 22.	208	47
17	多哈	卡塔尔	2005.11.9. ~ 17.	112	42
18	圣多明各	多米尼加	2006.9.30. ~ 10.7.	186	39
19	清迈	泰国	2007.9.16. ~ 26.	225	53
20	高阳	韩国	2009.11.20. ~ 28.	133	38
21	安塔利亚	土耳其	2010.9.17. ~ 26.	203	50
22	巴黎	法国	2011.11.5. ~ 13.	212	61
23	弗洛兹瓦夫	波兰	2013.10.20. ~ 27.	124	37
24	阿尔马塔	哈萨克斯坦	2014.11.4. ~ 11.16.	219	50
25	休斯顿	美国	2015.11.20. ~ 11.28.	261	73
26	阿纳海姆	美国	2017.11.27. ~ 12.5.	126	44
27	阿什喀巴德	土库曼斯坦	2018.11.1 ~ 10.		

1987~2018 年世界女子举重锦标赛奖牌分布

排名	国家或地区	抓举			挺举			总成绩			合计			总计
		金	银	铜	金	银	铜	金	银	铜	金	银	铜	
1	中国	116	45	16	120	39	18	126	36	14	362	120	48	530
2	罗马尼亚	23	16	13	15	17	21	16	23	15	54	56	49	159
3	中华台北	9	17	21	11	22	20	12	18	21	32	57	62	151
4	保加利亚	8	17	19	5	18	19	5	20	22	18	55	60	133
5	泰国	7	8	12	5	14	12	4	11	15	16	33	39	88
6	匈牙利	3	13	12	1	13	9	2	11	12	6	37	33	76
7	美国	6	9	12	2	9	12	3	11	12	11	29	36	76
8	韩国	1	13	9	5	7	12	4	9	10	10	29	31	70
9	朝鲜	3	7	5	6	10	7	3	8	9	12	25	21	58
10	印度	1	8	6	3	10	4	3	8	5	7	26	15	48
11	土耳其	1	7	8	2	5	3	1	9	7	4	21	18	43
12	日本	0	4	6	1	9	10	0	6	6	1	19	22	42
13	希腊	1	6	3	4	1	12	2	6	6	7	13	21	41
14	哥伦比亚	4	3	5	3	6	2	3	5	4	10	14	11	35
15	印度尼西亚	2	3	6	1	3	8	2	4	5	5	10	19	34
16	哈萨克斯坦	4	2	5	8	3	0	7	4	0	19	9	5	33
17	乌克兰	0	2	6	1	0	4	1	0	6	2	2	16	20
18	白俄罗斯	1	5	1	1	3	2	1	3	2	3	11	5	19
19	波兰	2	3	2	2	1	2	2	2	1	6	6	5	17
20	西班牙	1	1	6	1	1	1	1	1	2	3	3	9	15
21	亚美尼亚	1	0	4	1	0	3	1	0	2	3	0	9	13
22	英国	0	1	2	0	2	4	0	0	4	0	3	10	13
23	尼日利亚	0	2	4	0	1	2	0	1	3	0	4	9	13
24	厄瓜多尔	0	1	4	1	1	2	0	2	1	1	4	7	12
25	芬兰	3	0	1	1	1	2	2	1	1	6	2	4	12
26	加拿大	0	2	0	0	3	0	0	1	0	0	6	0	11
27	多米尼加	0	3	2	0	0	1	0	1	0	0	4	3	7	10
28	缅甸	2	1	1	0	1	2	0	0	3	2	2	6	10
29	埃及	1	0	2	1	1	0	2	0	2	4	1	4	9

排名	国家或地区	抓举			挺举			总成绩			合计			总计
		金	银	铜	金	银	铜	金	银	铜	金	银	铜	
30	法国	0	1	4	0	1	1	0	0	2	0	2	7	9
31	阿塞拜疆	1	1	0	1	1	0	1	1	0	3	3	0	6
32	菲律宾	0	0	1	0	1	1	0	0	2	0	1	4	5
33	阿尔巴尼亚	2	0	0	0	0	0	0	1	0	2	1	1	4
34	墨西哥	0	0	2	0	0	1	0	0	1	0	0	4	4
35	罗马尼亚	1	0	0	1	0	0	1	0	0	3	0	0	4
36	格鲁吉亚	1	0	0	0	0	1	0	0	1	2	1	0	3
37	澳门	0	0	1	0	0	1	0	0	1	0	0	3	3
38	土库曼斯坦	0	0	1	0	0	1	0	1	0	0	1	2	3
39	越南	0	1	0	0	0	1	0	1	0	0	2	1	3
40	智利	0	0	0	1	0	0	0	1	0	1	1	0	2
41	拉脱维亚	0	1	0	0	0	0	0	1	0	0	2	0	2
42	新西兰	0	1	0	0	0	0	0	1	0	0	2	0	2
43	独立国家联合体	0	0	0	0	0	0	0	0	0	0	0	1	1
44	意大利	0	1	0	0	0	0	0	0	0	0	1	0	1
45	蒙古	0	0	1	0	0	0	0	0	0	0	0	1	1
46	委内瑞拉	0	1	0	0	0	0	0	0	0	0	1	0	1
	总计	205	205	205	205	205	205	205	205	205	615	615	615	1845

第三节　1975~2018 年世界青年男子举重锦标赛奖牌分布

排名	国家或地区	抓举			挺举			总成绩			合计			总计
		金牌	银牌	铜牌	金牌	银牌	铜牌	金牌	银牌	铜牌	金牌	银牌	铜牌	
1	保加利亚	75	56	39	91	52	39	91	49	49	257	157	127	541
2	中国	75	44	23	70	37	33	75	46	21	220	127	77	424
3	苏联	64	47	26	48	53	30	53	65	16	165	165	72	402

续表

排名	国家或地区	抓举			挺举			总成绩			合计			总计
		金牌	银牌	铜牌	金牌	银牌	铜牌	金牌	银牌	铜牌	金牌	银牌	铜牌	
4	罗马尼亚	36	35	27	41	25	32	40	36	28	117	96	87	300
5	波兰	11	18	25	12	17	18	9	18	14	32	53	57	142
6	民主德国	4	13	12	8	20	22	7	14	23	19	47	57	123
7	匈牙利	8	13	21	5	9	20	6	12	22	19	34	63	116
8	古巴	6	12	19	7	16	16	6	12	18	19	40	53	112
9	韩国	2	6	16	8	16	22	3	11	17	13	33	55	101
10	白俄罗斯	13	14	7	5	15	11	10	14	11	28	43	29	100
11	亚美尼亚	12	7	9	7	12	13	9	12	14	28	31	36	95
12	土耳其	11	17	13	6	7	11	5	9	16	22	33	40	95
13	伊朗	6	16	10	8	7	16	10	8	13	24	31	39	94
14	罗马尼亚	12	8	12	10	9	15	8	9	11	30	26	38	94
15	乌克兰	13	9	13	8	10	6	9	9	9	30	28	28	86
16	哥伦比亚	8	2	11	6	7	11	5	7	8	19	16	30	65
17	埃及	3	3	8	7	5	12	4	5	7	14	13	27	54
18	日本	2	6	6	0	9	3	0	3	12	2	18	21	41
19	德国	0	4	9	3	6	6	1	6	5	4	16	20	40
20	哈萨克斯坦	2	7	7	2	5	2	3	2	9	7	14	18	39
21	捷克	0	6	9	2	4	4	2	1	6	4	11	19	34
22	印度尼西亚	0	7	4	2	3	4	2	4	5	4	14	13	31
23	希腊	1	5	6	2	4	3	1	4	4	4	13	13	30
24	朝鲜	1	3	3	2	4	6	1	3	7	4	10	16	30
25	乌兹别克斯坦	2	3	4	3	5	1	4	3	2	9	11	7	27
26	格鲁吉亚	6	1	2	3	1	2	5	2	1	14	4	5	23
27	独立国家联合体	6	1	1	3	3	1	6	1	0	15	5	2	22
28	意大利	0	4	3	1	1	4	0	2	5	1	7	12	20
29	拉脱维亚	1	2	4	3	3	0	2	3	1	6	8	5	19
30	美国	1	1	1	5	0	2	5	0	5	11	1	6	18

续表

排名	国家或地区	抓举			挺举			总成绩			合计			总计
		金牌	银牌	铜牌	金牌	银牌	铜牌	金牌	银牌	铜牌	金牌	银牌	铜牌	
31	越南	3	1	3	3	2	0	2	2	2	8	5	5	18
32	阿尔巴尼亚	0	3	3	2	2	2	1	3	1	3	8	6	17
33	阿塞拜疆	3	1	0	3	4	1	3	1	1	9	6	2	17
34	摩尔多瓦	0	5	3	0	2	2	0	3	2	0	10	7	17
35	厄瓜多尔	2	2	1	2	1	2	1	2	2	5	5	5	15
36	泰国	2	0	2	2	3	1	1	3	1	5	6	4	15
37	英国	1	3	2	0	1	4	0	2	1	1	6	7	14
38	突尼斯	1	2	1	2	1	1	2	1	2	5	4	4	13
39	委内瑞拉	1	0	1	1	2	2	1	2	0	3	4	3	10
40	西班牙	0	1	3	0	1	1	0	1	2	0	3	6	9
41	伊拉克	2	0	3	0	0	1	0	1	2	2	1	6	9
42	卡塔尔		2		2		1	2		1	4	2	2	8
43	奥地利	0	1	2	0	1	1	0	1	1	0	3	4	7
44	中华台北	0	0	2	0	1	1	0	0	3	0	1	6	7
45	加拿大	0	1	1	0	0	2	0	0	2	0	1	5	6
46	芬兰	0	2	1	0	0	1	0	0	2	0	2	4	6
47	澳大利亚	0	0	2	0	1	1	0	0	1	0	1	4	5
48	CWIR	0	1	0	0	2	0	0	1	1	0	4	1	5
49	塞尔维亚		1			1	1			2	0	1	4	5
50	瑞典	0	0	3	0	1	0	0	0	1	0	1	4	5
51	土库曼斯坦	0	1	1	0	0	0	0	0	3	0	1	4	5
52	危地马拉	0	1	0	0	0	2	0	1	0	0	2	2	4
53	尼日利亚	0	1	1	0	1	0	0	1	0	0	3	1	4
54	立陶宛	1	0	0	0	1	0	1	0	0	2	1	0	3
55	阿尔及利亚	0	0	1	0	0	1	0	0	1	0	0	3	3
56	捷克	0	0	1	0	0	1	0	0	1	0	0	3	3
57	法国	0	0	1	0	1	0	0	0	1	0	1	2	3
58	沙特	0	0	1	0	1	0	0	0	1	0	1	2	3

排名	国家或地区	抓举			挺举			总成绩			合计			总计
		金牌	银牌	铜牌	金牌	银牌	铜牌	金牌	银牌	铜牌	金牌	银牌	铜牌	
59	巴基斯坦	0	0	1	1	0	0	0	0	1	1	0	2	3
60	葡萄牙	0	0	0	0	0	1	0	0	1	0	0	2	2
61	叙利亚	0	0	0	0	1	0	0	1	0	0	2	0	2
62	巴西	0	0	1	0	0	0	0	0	0	0	0	1	1
63	克罗地亚	0	0	0	0	1	0	0	0	0	0	1	0	1
64	印度	0	0	1	0	0	0	0	0	0	0	0	1	1
65	以色列	0	1	0	0	0	0	0	0	0	0	1	0	1
66	利比亚	0	0	0	0	0	0	0	0	0	0	0	1	1
67	蒙古	0	0	0	0	0	0	0	0	0	0	0	1	1
68	挪威	0	0	0	0	0	0	0	0	0	0	0	1	1
69	瑙鲁	0	0	0	0	0	1	0	0	0	0	0	1	1
	总计	397	399	396	396	397	396	396	396	396	1189	1192	1188	3569

第四节　1995~2018 年世界青年女子举重锦标赛奖牌分布

排名	国家或地区	抓举			挺举			总成绩			合计			总计
		金	银	铜	金	银	铜	金	银	铜	金	银	铜	
1	中国	70	20	9	73	22	10	77	19	8	220	61	27	308
2	罗马尼亚	25	20	15	24	20	11	25	18	13	74	58	39	171
3	泰国	14	15	13	16	20	14	12	23	11	42	58	38	138
4	中华台北	4	18	6	4	12	13	6	13	8	14	43	27	84
5	土耳其	7	10	11	8	8	9	7	11	6	22	29	26	77
6	哥伦比亚	6	9	10	5	7	8	4	10	8	15	26	26	67
7	美国	5	7	10	2	6	11	2	10	11	9	23	32	64
8	韩国	5	7	7	7	6	9	6	6	6	18	19	22	59
9	埃及	4	7	6	4	8	5	4	8	11	12	23	22	57

排名	国家或地区	抓举			挺举			总成绩			合计			总计
		金	银	铜	金	银	铜	金	银	铜	金	银	铜	
10	西班牙	4	3	13	3	4	10	5	3	10	12	10	33	55
11	乌克兰	2	7	12	3	3	3	3	5	10	8	15	25	48
12	白俄罗斯	2	4	6	2	3	8	2	3	9	6	10	23	39
13	哈萨克斯坦	5	5	3	5	4	3	4	5	2	14	14	8	36
14	波兰	4	4	5	2	7	1	2	7	2	8	18	8	34
15	日本	0	1	6	0	3	8	1	2	6	1	6	20	27
16	墨西哥	1	4	3	2	3	4	1	5	1	4	12	8	24
17	朝鲜	2	2	3	2	4	1	2	3	4	6	9	8	23
18	匈牙利	2	2	3	1	2	4	1	2	5	4	6	12	22
19	厄瓜多尔	3	5	1	3	0	4	3	1	1	9	6	6	21
20	加拿大	0	3	2	0	4	6	0	1	4	0	8	12	20
21	罗马尼亚	1	3	2	0	4	4	1	3	2	2	10	8	20
22	印度尼西亚	2	1	2	3	1	2	3	1	1	8	3	5	16
23	印度	0	1	3	0	2	3	0	2	5	0	5	11	16
24	多米尼加共和国	2	1	2	0	3	1	0	3	1	2	7	4	13
25	突尼斯	0	1	2	0	2	3	0	1	4	0	4	9	13
26	希腊	0	3	1	0	2	2	0	1	3	0	6	6	12
27	斯洛伐克	0	2	2	0	3	1	0	1	3	0	6	6	12
28	委内瑞拉	0	0	4	1	1	4	0	1	1	1	2	9	12
29	意大利	2	2	0	0	1	2	0	2	2	2	5	4	11
30	拉脱维亚	2	1	2	1	1	2	2	0	0	5	2	4	11
31	乌兹别克斯坦	0	0	0	2	1	0	2	0	3	4	1	3	8
32	亚美尼亚	1	1	1	1	1	0	1	0	1	3	2	2	7
33	巴西	0	2	0	0	1	0	0	1	1	0	4	1	5
34	保加利亚	0	0	3	0	0	1	0	0	1	0	0	5	5
35	法国	0	0	2	0	1	0	0	0	2	0	1	4	5

排名	国家或地区	抓举			挺举			总成绩			合计			总计
		金	银	铜	金	银	铜	金	银	铜	金	银	铜	
36	英国	0	0	2	0	0	1	0	1	1	0	1	4	5
37	澳大利亚	0	2	0	0	1	0	0	1	0	0	4	0	4
38	斐济	0	0	1	0	1	1	0	1	0	0	2	2	4
39	越南	0	1	0	1	0	1	0	0	1	1	1	2	4
40	阿根廷	0	0	0	0	0	0	0	0	2	0	0	3	3
41	奥地利	0	1	0	0	1	0	0	0	1	0	2	1	3
42	格鲁吉亚	0	0	0	0	1	1	0	1	0	0	2	1	3
43	蒙古	0	1	0	1	0	0	0	1	0	1	2	0	3
44	瑙鲁	0	0	0	0	1	1	0	0	1	0	1	2	3
45		0	0	3	0	0	0	0	0	0	0	0	3	3
46	阿尔巴尼亚	0	0	1	0	1	0	0	0	0	0	1	2	2
47	智利	0	0	0	0	0	1	0	0	1	0	0	2	2
48	新西兰	0	0	0	0	0	1	0	0	1	0	0	2	2
49	格鲁吉亚	1	0	0	0	0	0	0	0	0	1	0	0	1
50	德国	0	0	0	0	0	1	0	0	0	0	0	1	1
51	菲律宾	0	0	1	0	0	0	0	0	0	0	0	1	1
	总计	176	176	176	176	176	176	176	176	176	528	528	528	1584

第五节 2009~2016 年世界少年男子举重锦标赛奖牌分布

排名	国家或地区	抓举			挺举			总成绩			合计			总计
		金	银	铜	金	银	铜	金	银	铜	金	银	铜	
1	罗马尼亚	8	6	14	8	6	7	8	8	6	24	20	27	71
2	中国	15	4	3	13	3	6	12	5	5	40	12	14	66
3	哈萨克斯坦	5	5	7	4	5	5	5	4	9	14	14	21	49
4	伊朗	5	6	4	4	8	4	4	6	5	13	20	13	46
5	哥伦比亚	5	2	3	5	4	2	5	3	2	15	9	7	31

续表

排名	国家或地区	抓举			挺举			总成绩			合计			总计
		金	银	铜	金	银	铜	金	银	铜	金	银	铜	
6	亚美尼亚	3	2	0	3	2	2	3	2	1	9	6	3	18
7	美国	1	3	0	3	3	1	3	2	2	7	8	3	18
8	泰国	1	3	2	2	1	2	2	2	2	5	6	6	17
9	土耳其	0	3	5	0	0	4	0	0	5	0	3	14	17
10	乌兹别克斯坦	1	2	2	1	2	3	1	1	3	3	5	8	16
11	越南	1	4	2	0	3	1	1	4	0	2	11	3	16
12	印度	0	3	0	0	3	3	0	2	2	0	8	5	13
13	埃及	0	2	1	1	1	1	0	2	1	1	5	3	9
14	波兰	2	0	1	0	2	0	0	1	3	2	3	4	9
15	墨西哥	1	0	2	1	2	0	1	0	1	3	2	3	8
16	朝鲜	2	0	1	2	0	0	1	2	0	5	2	1	8
17	乌克兰	1	1	1	2	0	0	2	0	1	5	1	2	8
18	格鲁吉亚	0	2	0	1	1	0	1	1	0	2	4	0	6
19	伊拉克	1	1	0	1	1	0	2	0	0	4	2	0	6
20	韩国	0	0	2	0	0	3	0	0	1	0	0	6	6
21	摩尔多瓦	0	2	0	1	1	0	1	1	0	2	4	0	6
22	罗马尼亚	0	0	0	0	1	3	0	1	1	0	2	4	6
23	委内瑞拉	0	0	0	1	2	0	1	2	0	2	4	0	6
24	阿塞拜疆	0	0	1	0	1	0	0	1	1	0	2	2	4
25	保加利亚	1	0	0	1	0	0	1	0	0	3	0	0	4
26	印度尼西亚	0	0	1	0	0	1	0	0	2	0	0	4	4
27	意大利	0	1	0	0	2	0	0	1	0	0	4	0	4
28	拉脱维亚	1	1	0	0	0	1	0	1	0	1	2	1	4
29	秘鲁	0	0	0	0	1	1	0	0	2	0	1	3	4
30	阿尔及利亚	1	0	0	1	0	0	1	0	0	3	0	0	3
31	白俄罗斯	1	0	0	0	0	1	1	0	0	2	0	1	3
32	厄瓜多尔	0	1	0	0	0	1	0	1	0	0	2	1	3
33	土库曼斯坦	0	0	1	0	1	0	0	1	0	0	2	1	3

续表

排名	国家或地区	抓举			挺举			总成绩			合计			总计
		金	银	铜	金	银	铜	金	银	铜	金	银	铜	
34	亚美尼亚	0	0	1	0	0	0	0	0	1	0	0	2	2
35	希腊	0	1	0	0	0	0	0	1	0	0	2	0	2
36	阿曼	0	0	0	1	0	0	0	1	0	1	0	1	2
37	中华台北	0	0	0	0	0	1	0	1	0	0	1	1	2
38	奥地利	0	0	1	0	0	0	0	0	0	0	0	1	1
39	智利	0	0	0	0	0	1	0	0	0	0	0	1	1
40	斯里兰卡	0	1	0	0	0	0	0	0	0	0	1	0	1
41	突尼斯	0	0	0	0	0	1	0	0	0	0	0	1	1
	总计	56	56	56	56	56	56	56	56	56	168	168	168	504

第六节 2009~2016 年世界少年女子举重锦标赛奖牌分布

排名	国家或地区	抓举			挺举			总成绩			合计			总计
		金	银	铜	金	银	铜	金	银	铜	金	银	铜	
1	中国	14	11	9	20	10	3	21	6	9	55	27	21	103
2	哈萨克斯坦	4	3	5	4	4	3	5	4	2	13	11	10	34
3	泰国	3	1	3	2	5	7	2	2	5	7	8	15	30
4	哥伦比亚	6	2	3	2	6	1	2	4	2	10	12	6	28
5	墨西哥	0	3	5	1	3	4	1	2	5	2	8	14	24
6	罗马尼亚	4	2	1	5	2	1	5	2	2	14	6	4	24
7	乌克兰	2	1	6	0	1	7	0	3	3	2	5	16	23
8	朝鲜	4	3	1	4	2	2	2	3	0	10	8	3	21
9	土耳其	1	5	3	4	1	0	4	1	2	9	7	5	21
10	罗马尼亚	3	1	2	1	4	3	1	4	1	5	9	6	20
11	厄瓜多尔	3	3	1	3	1	2	3	2	1	9	6	4	19
12	埃及	2	1	0	1	1	1	2	1	2	5	3	3	11
13	中华台北	0	1	1	0	0	5	0	2	2	0	3	8	11

排名	国家或地区	抓举			挺举			总成绩			合计			总计
		金	银	铜	金	银	铜	金	银	铜	金	银	铜	
14	英国	0	2	1	0	0	3	0	3	0	0	5	4	9
15	委内瑞拉	0	1	2	0	1	2	0	1	1	0	3	5	8
16	韩国	0	1	0	0	2	1	0	2	1	0	5	2	7
17	巴西	1	1	1	0	0	0	0	1	2	1	2	3	6
18	乌兹别克斯坦	0	0	1	0	2	0	0	1	1	0	3	2	5
19	越南	1	1	1	0	0	0	0	1	1	1	2	2	5
20	拉脱维亚	1	1	0	0	1	0	0	1	0	1	3	0	4
21	缅甸	0	1	1	0	1	0	0	1	0	0	3	1	4
22	美国	0	0	2	0	0	0	0	0	2	0	0	4	4
23	奥地利	1	0	0	0	1	0	0	1	0	1	2	0	3
24	保加利亚	0	1	0	1	0	0	1	0	0	2	1	0	3
25	多米尼加	0	1	0	0	0	1	0	0	1	0	1	2	3
26	西班牙	0	1	0	0	0	1	0	0	1	0	1	2	3
27	印度尼西亚	0	1	0	0	1	0		1	0	0	3	0	3
28	巴基斯坦	0	0	0	0	0	0	1	1	1	1	1	1	3
29	秘鲁	0	0	0	0	1	1	0	0	1	0	1	2	3
30	亚美尼亚	0	0	0	0	0	0	0	0	1	0	2	0	2
31	斐济	0	0	0	1	0	0	0	0	1	1	0	1	2
32	印度	0	0	0	0	0	1	0	0	1	0	0	2	2
33	日本	0	1	0	0	0	0	0	0	0	0	1	0	1
34	波兰	0	0	1	0	0	0	0	0	0	0	0	1	1
	总计	50	50	50	50	50	50	50	50	50	150	150	150	450

第四章

创破举重世界纪录进程（1907~2018年12月31日）

　　1905年6月10日，国际举重联合会于德国杜伊斯堡成立。但是由于竞赛方式和举重器械不统一，世界纪录的确认非常困难。直到1907年才开始逐渐正式确立有关男子举重的世界纪录。这些世界纪录包括右手抓举、左手抓举、右手挺举、左手挺举、双手推举、双手抓举、双手挺举。

　　1922年4月在爱沙尼亚塔林举行的第21届世界举重锦标赛，竞赛动作为单手抓举、单手挺举、双手推举、双手抓举和双手挺举。1928年在荷兰阿姆斯特丹举行了第9届奥运会举重比赛，竞赛动作改为双手推举、双手抓举和双手挺举。这三种竞赛方式一直沿用到1972年。但是，单手抓举和单手挺举的世界纪录一直到20世纪40年代末仍被注册。

　　第1届青年男子世界举重锦标赛始于1975年，但国际举重联合会对青年男子世界纪录的注册始于1962年。第1届女子世界举重锦标赛始于1987年，国际举重联合会于同年开始注册女子世界纪录。第1届青年女子世界举重锦标赛始于1995年，同年开始注册青年女子世界纪录。第1届世界少年举重锦标赛始于2009年，但是国际举重联合会关于少年男子女子举重世界纪录的注册却始于1998年1月1日。

第一节　男子世界纪录（1907~2018年12月31日）

　　男子举重世界纪录的创立始于1907年，从那以后至1992年12月31日，国际举重联合会确立的体重级别为52、56、60、67.5、75、82.5、90、100、110、+110公斤级10个级别。1993~1997年体重级别改为54、59、64、70、

76、83、91、99、108、+108公斤级10个级别。1998年至2018年7月，国际举重联合会采用的男子体重级别是56、62、69、77、85、94、105、+105公斤级共8个级别。2018年8月，国际举重联合会再次颁布实行了新的体重级别，即：55、61、67、73、81、89、96、102、109、+109公斤级共10个级别；2018年11月，国际举重联合会设立了上述10个新级别的世界标准举重纪录。

（注：举重世界纪录数字均为公斤）。

一、52公斤级（1969~1992年）

1. 推举

成绩	姓名	国籍	比赛时间	比赛地点
110.5	弗拉迪斯纳夫·克里斯切辛	苏联	1969.3.12	顿涅茨克
111	弗拉迪斯纳夫·克里斯切辛	苏联	1969.5.14	罗斯托夫
112	弗拉迪斯纳夫·克里斯切辛	苏联	1969.6.24	德黑兰
112.5	弗拉迪斯纳夫·克里斯切辛	苏联	1969.8.3	基辅
113	弗拉迪斯纳夫·克里斯切辛	苏联	1969.9.20	华沙
113.5	弗拉迪斯纳夫·克里斯切辛	苏联	1969.12.16	利沃夫
114	亚当·格纳托夫	苏联	1969.12.22	第聂伯罗彼得罗夫斯克
114.5	亚当·格纳托夫	苏联	1971.3.10	罗斯托夫
115	亚当·格纳托夫	苏联	1971.7.16	莫斯科
115.6	亚当·格纳托夫	苏联	1971.9.30	伏罗希诺夫格勒
116	亚当·格纳托夫	苏联	1971.10.8	哥德堡
116.5	亚当·格纳托夫	苏联	1971.11.11	埃里森
117.5	亚当·格纳托夫	苏联	1971.12.4	埃里森
118	亚当·格纳托夫	苏联	1972.3.4	乌尔姆
120	亚当·格纳托夫	苏联	1972.3.4	乌尔姆
120.5	亚当·格纳托夫	苏联	1972.7.11	里加

2. 抓举

成绩	姓名	国籍	比赛时间	比赛地点
100	三木功司	日本	1966.8.19	汤布院
100.5	季昂	缅甸	1970.8.27	仰光
102.5	堀越武	日本	1971.5.30	札幌

成绩	姓名	国籍	比赛时间	比赛地点
103	兹格蒙特·斯马尔泽	波兰	1972.5.13	康斯坦察
105	季昂	缅甸	1972.8.27	慕凡黑
105.5	堀越武	日本	1973.9.15	哈瓦那
106	格约吉·柯斯泽吉	匈牙利	1974.3.16	埃里森
106.5	堀越武	日本	1974.9.21	马尼拉
107	亚历山大·沃罗宁	苏联	1975.3.16	札波罗结
107.5	亚历山大·沃罗宁	苏联	1975.4.12	梅森
108	竹内雅朝	日本	1975.9.15	莫斯科
108.5	亚历山大·沃罗宁	苏联	1976.4.3	柏林
109	亚历山大·沃罗宁	苏联	1977.3.18	维尔纽斯
109.5	韩京时	朝鲜	1978.3.16	莫斯科
110	亚历山大·沃罗宁	苏联	1979.3.21	列宁格勒
110.5	亚历山大·沃罗宁	苏联	1979.5.19	瓦尔纳
111	韩京时	朝鲜	1979.7.25	列宁格勒
111.5	韩京时	朝鲜	1980.2.22	梅森
112	吴数德	中国	1980.4.7	南宁
112.5	亚历山大·沃罗宁	苏联	1980.4.25	贝尔格莱德
113	韩京时	朝鲜	1980.7.20	莫斯科
114	布罗林斯纳夫·里兹克	苏联	1982.5.18	第聂伯罗彼得罗夫斯克
115	杰西克·古托夫斯基	波兰	1982.9.18	卢布尔雅那
115.5	尼罗·特尔津斯基	保加利亚	1983.5.9	圣马力诺
116	何灼强	中国	1986.5.26	多瑙艾兴根
116.5	何灼强	中国	1987.4.17	上尾市
117.5	何灼强	中国	1987.11.22	石龙
118.5	塞夫达林·马林诺夫	保加利亚	1988.4.26	加的夫
119	何灼强	中国	1988.6.16	石龙
119.5	何灼强	中国	1988.6.16	石龙
120	塞夫达林·马林诺夫	保加利亚	1988.9.18	汉城
120.5	张载荣	中国	1991.9.27	多瑙夫兴根
121	何灼强	中国	1992.5.29	加的夫

3. 挺举

成绩	姓名	国籍	比赛时间	比赛地点
125.5	弗·克里斯切辛	苏联	1969.3.12	顿涅茨克
127	弗·克里斯切辛	苏联	1969.8.3	基辅
127.5	查理厄迪菲蒂奥斯	印度尼西亚	1969.8.29	苏然巴亚
128.5	弗·克里斯切辛	苏联	1969.12.16	利沃夫
130	弗·克里斯切辛	苏联	1970.6.20	松博特海伊
130.5	亚当·格纳托夫	苏联	1971.9.30	伏罗希诺夫格勒
131	亚当·格纳托夫	苏联	1971.12.4	埃里森
132	亚当·格纳托夫	苏联	1972.7.11	里加
132.5	查理厄·迪菲蒂奥斯	印度尼西亚	1972.8.27	慕尼墨
135	穆罕默德·纳希里	伊朗	1973.9.15	哈瓦那
140	穆罕默德·纳希里	伊朗	1973.9.15	哈瓦那
140.5	亚历山大·沃罗宁	苏联	1976.4.3	柏林
141	亚历山大·沃罗宁	苏联	1976.7.18	蒙特利尔
142	亚历山大·沃罗宁	苏联	1979.5.19	瓦尔那
142.5	亚历山大·桑辛	苏联	1980.5.13	莫斯科
143	亚历山大·桑辛	苏联	1982.5.18	第聂伯罗彼得罗夫斯克
143.5	斯特凡·利莱特柯	波兰	1982.9.18	卢布尔雅那
144	尼罗·特尔津斯基	保加利亚	1983.5.9	圣马力诺
145	尼罗·特尔津斯基	保加利亚	1983.7.22	开罗
145.5	尼罗·特尔津斯基	保加利亚	1983.10.22	莫斯科
150	尼罗·特尔津斯基	保加利亚	1983.10.22	莫斯科
150.5	尼罗·特尔津斯基	保加利亚	1983.12.22	索非科
152.5	尼罗·特尔津斯基	保加利亚	1984.4.27	维多利亚
153	何灼强	中国	1987.9.6	俄斯特拉发
155	伊万·伊万诺夫	保加利亚	1989.9.16	雅典
155.5	伊万·伊万诺夫	保加利亚	1991.9.27	多瑙艾兴根

4. 总成绩（推抓挺3项）

成绩	姓名	国籍	比赛时间	比赛地点
327.5	弗拉迪斯纳夫·克里斯切辛	苏联	1969.3.12	顿涅茨克

续表

成绩	姓名	国籍	比赛时间	比赛地点
330	弗拉迪斯纳夫·克里斯切辛	苏联	1969.5.14	罗斯托夫
332.5	弗拉迪斯纳夫·克里斯切辛	苏联	1969.8.3	基辅
337.5	弗拉迪斯纳夫·克里斯切辛	苏联	1969.9.20	华沙
340	弗拉迪斯纳夫·克里斯切辛	苏联	1970.6.20	松博特海伊
342.5	赞多·霍尔克日伦特尔	匈牙利	1970.9.12	哥伦布

5. 总成绩（抓挺两项）

成绩	姓名	国籍	比赛时间	比赛地点
232.5	弗拉基米尔·斯梅塔英	苏联	–	–
235	穆罕默德·纳希里	伊朗	1973.9.15	哈瓦那
240	穆罕默德·纳希里	伊朗	1973.9.15	哈瓦那
242.5	亚历山大·沃罗宁	苏联	1975.4.12	梅森
245	亚历山大·沃罗宁	苏联	1977.3.18	维尔纽斯
247.5	亚历山大·沃罗宁	苏联	1977.9.17	斯图加特
250	卢波米尔·赫得兹耶夫	保加利亚	1982.5.7	瓦尔那
252.5	卢波米尔·赫得兹耶夫	保加利亚	1982.6.1	陶陶巴尼亚
255	尼罗·特尔津斯基	保加利亚	1983.5.9	圣马力诺
257.5	尼罗·特尔津斯基	保加利亚	1983.7.22	开罗
260	尼罗·特尔津斯基	保加利亚	1983.10.22	莫斯科
262.5	尼罗·特尔津斯基	保加利亚	1984.4.27	维多利亚
265	何灼强	中国	1987.11.22	石龙
267.5	何灼强	中国	1988.6.16	石龙
270	塞夫达林·马林诺夫	保加利亚	1988.9.18	汉城
272.5	伊万·伊万罗夫	保加利亚	1989.9.16	雅典

二、56 公斤级（1947 年 1 月 1 日 ~1992 年 12 月 31 日）

1. 右手抓举

成绩	姓名	国籍	比赛时间	比赛地点
68.5	伊万·阿日达罗夫	苏联	1948.3.17	埃里森

续表

成绩	姓名	国籍	比赛时间	比赛地点
69.5	伊万·阿日达罗夫	苏联	1949.2.22	巴库

2. 左手抓举

成绩	姓名	国籍	比赛时间	比赛地点
68.5	伊万·阿日达罗夫	苏联	1948.2.5	埃里森

3. 左手挺举

成绩	姓名	国籍	比赛时间	比赛地点
73.5	列昂尼德·尼斯	苏联	1952.10.4	利沃夫

4. 推举

成绩	姓名	国籍	比赛时间	比赛地点
85	马歇尔·特赫文内特	法国	1947.4.6	巴黎
87.5	伊万·阿日达罗夫	苏联	1947.7.1	赫尔辛基
102.5	约瑟夫·德·皮埃特诺	美国	1947.9.26	费城
106.5	约瑟夫·德·皮埃特诺	美国	1948.3.27	纽约
107	弗拉基米尔·斯托戈夫	苏联	1955.10.12	慕尼黑
107.5	弗拉基米尔·斯托戈夫	苏联	1956.7.2	莫斯科
108	斯特潘·乌利亚诺夫	苏联	1958.3.5	阿尔马塔
109.5	大卫·莫耶	美国	1958.3.8	约克
110	查尔斯·温奇	美国	1959.8.28	芝加哥
110.5	斯特潘·乌利亚诺夫	苏联	1959.10.8	莫斯科
113	斯特潘·乌利亚诺夫	苏联	1960.9.23	库尔斯克
115	伊姆雷·福尔迪	匈牙利	1961.11.11	布达佩斯
116	斯特潘·乌利亚诺夫	苏联	1962.11.2	阿尔马塔
117.5	费尔南杜·巴恩斯	波多黎各	1964.5.23	圣胡安
118	★陈满林	中国	1965.2.27	北京
118	穆罕默德·纳希里	伊朗	1966.10.15	柏林
120	费尔南杜·巴恩斯	波多黎各	1966.12.17	瓜尼卡
122.5	费尔南杜·巴恩斯	波多黎各	1967.7.1	圣胡安
124	伊姆雷·福尔迪	匈牙利	1968.4.19	多瑙艾兴根

续表

成绩	姓名	国籍	比赛时间	比赛地点
125	伊姆雷·福尔迪	匈牙利	1969.6.21	布达佩斯
125.5	穆罕默德·纳希里	伊朗	1970.12.11	曼谷
126	赞多·霍尔克伦特尔	匈牙利	1971.5.14	布达佩斯
127.5	拉费尔·比伦柯夫	苏联	1971.12.4	埃里森
128	拉费尔·比伦柯夫	苏联	1972.4.11	塔林
128.5	穆罕默德·纳希里	伊朗	1972.7.10	德黑兰

5. 抓举

成绩	姓名	国籍	比赛时间	比赛地点
87.5	约瑟夫·德·皮埃特诺	美国	1947.9.26	费城
89	卡马尔·马赫哥伯	埃及	1947.10.18	开罗
90.5	马哈穆德·纳姆杰	伊朗	1948.3.30	德黑兰
91	朱利安·卡雷乌斯	英国	1948.4.24	伦敦
91.5	亚历山大·多斯柯伊	苏联	1949.1.24	基辅
92	拉法尔·切米斯基扬	苏联	1949.4.2	莫斯科
94.5	马哈穆德·纳姆杰	伊朗	1949.6.25	德黑兰
96	马哈穆德·纳姆杰	伊朗	1949.8.3	德黑兰
97	卡马尔·马赫哥伯	埃及	1950.5.13	亚历山大
97.5	卡马尔·马赫哥伯	埃及	1950.10.14	巴黎
98	伊万·乌多多夫	苏联	1952.3.27	伊万诺瓦
98.5	费拉迪米尔·维尔柯夫斯基	苏联	1954.3.24	莫斯科
99	费拉迪米尔·维尔柯夫斯基	苏联	1954.7.18	莫斯科
100	费拉迪米尔·维尔柯夫斯基	苏联	1954.8.5	布达佩斯
101	查尔斯·温奇	美国	1955.3.12	墨西哥城
102.5	查尔斯·温奇	美国	1955.10.12	慕尼黑
105	弗拉迪米尔·斯托戈夫	苏联	1957.11.8	德黑兰
107.5	三宅义信	日本	1959.10.27	东京
108	一关史朗	日本	1963.10.29	山口
108	★黎纪源	中国	1963.11.11	雅加达
108.5	★叶浩波	中国	1964.10.19	广州

109	★叶浩波	中国	1965.5.22	东莞
112.5	一关史朗	日本	1965.7.7	瀚峪
113	★叶浩波	中国	1965.9.12	北京
115	★叶浩波	中国	1965.9.12	北京
113	三木功司	日本	1967.10.23	瀚峪
113.5	三木功司	日本	1968.11.15	大阪
114	三木功司	日本	1972.8.28	慕尼黑
115	三木功司	日本	1972.10.22	鹿儿岛
116	三木功司	日本	1973.3.16	塔什干
117.5	三木功司	日本	1973.9.16	哈瓦那
120	三木功司	日本	1976.4.17	藤泽市
120.5	三木功司	日本	1976.10.25	萨迦
121	丹尼尔·努涅斯	日本	1979.3.21	列宁格勒
121.5	安东·科贾巴舍夫	保加利亚	1979.7.9	索菲亚
122.5	丹尼尔·努涅斯	古巴	1980.3.18	陶陶巴尼亚
123	托盖耶·萨勃利也夫	保加利亚	1980.3.18	陶陶巴尼亚
125	丹尼尔·努涅斯	古巴	1980.7.21	莫斯科
126	尼柯莱·扎哈罗夫	苏联	1981.3.18	利沃夫
126.5	吴数德	中国	1981.8.16	名古屋
127.5	奥克森·米尔佐扬	苏联	1983.7.23	莫斯科
128	吴数德	中国	1983.8.30	上海
130	奈伊姆·苏莱马诺夫	保加利亚	1983.10.23	莫斯科
131	奥克森·米尔佐扬	苏联	1983.12.10	东京
131.5	奈伊姆·苏莱马诺夫	保加利亚	1984.5.12	瓦尔纳
132.5	奥克森·米尔佐扬	苏联	1984.9.12	瓦尔纳
133	奥克森·米尔佐扬	苏联	1984.9.12	瓦尔纳
133.5	何英强	中国	1987.11.23	石龙
134	何英强	中国	1988.6.16	石龙
134.5	刘寿斌	中国	1989.3.1	克麦罗沃
135	刘寿斌	中国	1991.9.28	多瑙艾兴根

6. 挺举

成绩	姓名	国籍	比赛时间	比赛地点
115	伊万·阿日达罗夫	苏联	1947.7.1	赫尔辛基
116	伊万·阿日达罗夫	苏联	1947.8.11	埃里森
121	马哈黎德·纳姆杰	伊朗	1948.3.30	德黑兰
122	马哈黎德·纳姆杰	伊朗	1948.7.8	哥本哈根
124.5	马哈黎德·纳姆杰	伊朗	1949.6.23	德黑兰
128	马哈穆德·纳姆杰	伊朗	1949.8.9	德黑兰
129	In-Ho Yu	韩国	1954.5.6	马尼拉
130	弗拉迪米尔·斯托戈夫	苏联	1955.9.8	莫斯科
133	陈镜开	中国	1956.6.7	上海
134.5	查尔斯·温奇	美国	1956.7.25	芝加哥
135	陈镜开	中国	1956.11.11	广泛
135.5	陈镜开	中国	1956.11.29	上海
139.5	陈镜开	中国	1957.8.7	莫斯科
140.5	★陈镜开	中国	1958.9.26	莱比锡
140	阿列克谢·瓦霍宁	苏联	1965.6.7	索菲亚
141	阿列克谢·瓦霍宁	苏联	1965.11.3	德黑兰
141.5	穆罕默德·纳希里	伊朗	1966.8.19	德黑兰
142.5	穆罕默德·纳希里	伊朗	1966.10.15	柏林
143.5	阿列克谢·瓦霍宁	苏联	1966.10.24	柏林
144	阿列克谢·瓦霍宁	苏联	1967.6.18	索菲亚
145	穆罕默德·纳希里	伊朗	1967.9.21	德黑兰
145.5	穆罕默德·纳希里	伊朗	1967.10.15	墨西哥城
146	穆罕默德·纳希里	伊朗	1968.6.19	埃里森
147	穆罕默德·纳希里	伊朗	1968.6.23	克若沃坎
150	穆罕默德·纳希里	伊朗	1968.10.13	墨西哥城
151	穆罕默德·纳希里	伊朗	1973.8.2	三南多
151.5	陈伟强	中国	1979.6.7	上海
152	安东·科贾巴舍夫	保加利亚	1979.7.9	索菲亚
152.5	尤里克·萨尔基斯扬	苏联	1979.10.2	奥克腾贝尔
153	陈伟强	中国	1979.11.4	萨洛尼卡

成绩	姓名	国籍	比赛时间	比赛地点
153.5	尤里克·萨尔基斯扬	苏联	1980.3.9	波多利斯克
155	尤里克·萨尔基斯扬	苏联	1980.3.9	波多利斯克
157.5	尤里克·萨尔基斯扬	苏联	1980.7.21	莫斯科
158.5	奥克森·米尔佐扬	苏联	1982.12.15	莫斯科
159	奥克森·米尔佐扬	苏联	1983.3.2	敖德萨
160	奈伊姆·苏莱马诺夫	保加利亚	1983.3.26	阿伦敦
160.5	安德雷斯·莱兹	民主德国	1983.4.29	瓦尔纳
161	安德雷斯·莱兹	民主德国	1983.10.23	莫斯科
165	奥克森·米尔佐扬	苏联	1983.10.23	莫斯科
165.5	奥克森·米尔佐扬	苏联	1984.4.27	维多利亚
168	奈伊姆·苏莱马诺夫	保加利亚	1984.4.27	维多利亚
170	奈伊姆·苏莱马诺夫	保加利亚	1984.5.12	瓦尔纳
170.5	奈伊姆·苏莱马诺夫	保加利亚	1984.9.12	瓦尔纳
171	尼罗·特尔津斯基	保加利亚	1987.9.6	俄斯特拉发

7. 总成绩（推抓挺3项）

成绩	姓名	国籍	比赛时间	比赛地点
292.5	伊万·阿日达罗夫	苏联	1947.7.1	赫尔辛基
300	约瑟夫·德·皮埃特罗	美国	1947.9.26	费城
307.5	约瑟夫·德·皮埃特罗	美国	1948.8.9	伦敦
310	马哈穆德·纳姆杰	伊朗	1948.12.28	德黑兰
315	马哈穆德·纳姆杰	伊朗	1949.9.4	斯海费宁恩
317.5	马哈穆德·纳姆杰	伊朗	1951.10.27	米兰
320	伊万·乌多多夫	苏联	1953.2.15	罗斯托夫
325	弗拉迪米尔·斯托戈夫	苏联	1955.8.7	华沙
335	弗拉迪米尔·斯托戈夫	苏联	1955.10.12	慕尼黑
342.5	查尔斯·温奇	美国	1956.11.23	墨尔本
345	弗拉迪米尔·斯托戈夫	苏联	1957.11.8	德黑兰
347.5	三宅义信	日本	1962.9.2	东京
352.5	三宅义信	日本	1962.9.16	布达佩斯

续表

成绩	姓名	国籍	比赛时间	比赛地点
355	伊姆雷·福尔迪	匈牙利	1964.10.11	东京
357.5	阿列克谢·瓦霍宁	苏联	1964.10.11	东京
360	一关史朗	日本	1965.7.7	瀚峪
362.5	伊姆雷·福尔迪	匈牙利	1965.9.11	布达佩斯
365	伊姆雷·福尔迪	匈牙利	1965.11.6	布达佩斯
367.5	冈纳迪·察廷	苏联	1968.8.24	赫尔辛基
370	伊姆雷·福尔迪	匈牙利	1969.11.30	布达佩斯
372.5	伊姆雷·福尔迪	匈牙利	1970.6.21	松博特海伊
375	冈纳迪·察廷	苏联	1971.6.17	莫斯科
377.5	伊姆雷·福尔迪	匈牙利	1972.8.28	慕凡黑

8. 总成绩（抓挺两项）

成绩	姓名	国籍	比赛时间	比赛地点
255	冈纳迪·察廷	苏联	—	—
257.5	阿塔纳斯·基罗夫	保加利亚	1973.9.16	哈瓦那
260	阿塔纳斯·基罗夫	保加利亚	1974.2.23	布尔加斯
262.5	诺艾尔·努尔基杨	保加利亚	1976.7.19	蒙特利尔
265	安东·科贾巴舍夫	保加利亚	1979.7.9	索非亚
267.5	尤里克·萨克基斯杨	苏联	1979.10.21	奥克腾贝尔
270	维克多·维雷塔尼柯夫	苏联	1980.3.9	波多利斯克
272.5	尤里克·萨尔基斯杨	苏联	1980.3.9	波多利斯克
275	丹尼尔·努涅斯	古巴	1980.7.21	莫斯科
277.5	安德雷亚斯·列兹	民主德国	1981.4.10	梅森
280	安东·科贾巴舍夫	保加利亚	1982.9.19	卢布尔雅那
282.5	奥克森·米尔佐杨	苏联	19833.2.	敖德萨
285	奈伊姆·苏莱马诺夫	保加利亚	1983.3.26	阿伦敦
287.5	奥克森·米尔佐杨	苏联	1983.7.23	莫斯科
290	奈伊姆·苏莱马诺夫	保加利亚	1983.10.23	莫斯科
292.5	奥克森·米尔佐杨	苏联	1983.10.23	莫斯科
297.5	奈伊姆·苏莱马诺夫	保加利亚	1984.4.27	维多利亚
300	奈伊姆·苏莱马诺夫	保加利亚	1984.5.12	瓦尔

（三）60公斤级（1913~1992年12月31日）

1. 右手抓举

成绩	姓名	国籍	比赛时间	比赛地点
60	弗朗科斯·德·黑斯	比利时	1920.8.23	安特卫普
60.5	古斯塔夫·厄莱河克	爱沙尼亚	1921.8.2	塔林
62	古斯塔夫·厄莱河克	爱沙尼亚	1921.9.17	塔尔图
62.5	马里乌斯·马丁	法国	1923.3.17	巴黎
63	阿曼德·安吉斯	加拿大	1924.8.26	蒙特利尔
66	安东尼奥·佩雷伊拉	葡萄牙	1925.6.26	里斯本
68	费朗兹·安德里西克	奥地利	1925.7.5	维也那
70	费朗兹·安德里西克	奥地利	1925.6.14	维也那
74.5	欧根·穆赫尔贝格	德国	1926.7.11	巴黎
75	安德雷斯·斯塔德利尔	奥地利	1928.6.24	维也那
76	马塞尔·巴利尔	法国	1935.10.28	巴黎

2. 左手抓举

成绩	姓名	国籍	比赛时间	比赛地点
55	欧根·拉瑟	瑞士	1920.8.28	安特卫普
	阿尔弗雷德·斯切米特	爱沙尼亚	1920.8.28	安特卫普
60	费·杜切尔	法国	1923.3.17	巴黎
65	佩农纳	瑞士	1923.11.4	内瓦
66	林克斯	比利时	1925.6.20	布鲁塞尔
66.5	蒂斯索特	瑞士	1925.7.5	雅克德罗
67.5	林克斯	比利时	1925.12.17	布鲁塞尔
70	费朗兹·斯切文格	德国	1926.8.8	盖泽荷灵
70.5	吉恩·利维艾雷	法国	1926.11.1	维也那
72.5	费朗兹·斯切文格	德国	1927.6.18	莫斯堡
75	费朗兹·斯切文格	德国	1933.6.24	弗赖辛

3. 右手挺举

成绩	姓名	国籍	比赛时间	比赛地点
67.5	伊万·劳达	苏联	1921.4.21	莫斯科

续表

成绩	姓名	国籍	比赛时间	比赛地点
77.5	阿尔弗雷德·斯切米特	爱沙尼亚	1921.9.18	塔尔图
78	H.鲁奥尔特	法国	1922.2.12	巴黎
80	费利克斯·比切希尔	瑞士	1923.7.1	雅克德罗
83.5	佩农纳	瑞士	1923.11.4	日内瓦
85.5	安德雷斯·斯塔德利尔	奥地利	1923.11.18	维也那
87.5	威尔赫姆·罗斯纳克	奥地利	1924.9.7	维也那
89.5	威尔赫姆·罗斯纳克	奥地利	1924.10.5	维也那
92.5	威尔赫姆·罗斯纳克	奥地利	1926.7.18	维也那
95.5	米克海尔·拉普波波特	苏联	1947.6.13	莫斯科
96	米克海尔·拉普波波特	苏联	1947.12.5	莫斯科
97	米克海尔·拉普波波特	苏联	1947.12.46	列宁格勒

4. 左手挺举

成绩	姓名	国籍	比赛时间	比赛地点
63	艾斯库雷	法国	1920.8.28	安特卫普
65	弗朗科斯·德·黑斯	比利时	1920.8.28	安特卫普
67	马里乌斯·马丁	法国	1923.3.17	巴黎
72.5	阿尔伯特·马艾斯	比利时	1924.1.27	安特卫普
73	威尔赫姆·罗斯纳克	奥地利	1924.10.5	维也娜
75	阿尔伯特·马艾斯	比利时	1924.10.18	布鲁塞尔
77	威尔赫姆·罗斯纳克	奥地利	1925.3.21	布拉格
80	威尔赫姆·罗斯纳克	奥地利	1925.8.8	维也那
84	威尔赫姆·罗斯纳克	奥地利	1926.3.18	维也那
86.5	威尔赫姆·罗斯纳克	苏联	1947.12.5	莫斯科

5. 推举

成绩	姓名	国籍	比赛时间	比赛地点
81.5	亚历山大·巴克哈罗夫	苏联	1917.12.17	莫斯科
82.5	亚历山大·巴克哈罗夫	苏联	1918.3.1	莫斯科
85	海因利奇·格拉弗	瑞士	1919.8.9	慕尼黑

成绩	姓名	国籍	比赛时间	比赛地点
87	海因利奇·格拉弗	瑞士	1922.4.29	塔林
90	海因利奇·格拉弗	瑞士	1923.1.31	巴黎
92.5	吉尤塞普·康科	意大利	1928.7.28	阿姆斯特丹
	汉斯·俄尔佩特	德国	1928.7.28	阿姆斯特丹
93.5	乔格·利埃伯斯切	德国	1935.9.12	杜伊斯堡
95	安特荷尼·特尔拉泽奥	美国	1935.12.5	芝加哥
95.5	汉斯·俄尔佩特	德国	1936.4.17	埃森
96.5	乔格·利埃伯斯切	德国	1937.6.13	杜塞尔多夫
97	安特荷尼·特尔拉泽奥	美国	1937.6.18	巴尔的摩
97.5	苏二南	韩国	1938.2.18	横滨
105	苏二南	韩国	1939.11.2	大阪
105.5	平克哈斯·柯尔松	苏联	1954.1.18	基辅
106	平克哈斯·柯尔松	苏联	1954.1.31	基辅
106.5	平克哈斯·柯尔松	苏联	1954.3.21	基辅
107	查姆·凯鲁卡什维利	苏联	1954.4.22	哈尔科夫
108	查姆·凯鲁卡什维利	苏联	1954.8.18	布达佩斯
109	平克哈斯·柯尔松	苏联	1954.9.20	雅罗斯拉夫
110.5	平克哈斯·柯尔松	苏联	1954.10.22	基辅
111.5	伊万·乌多多夫	苏联	1954.12.21	罗斯托夫
113	维克多·柯兹	苏联	1955.11.10	斯大林格勒
113.5	维克多·柯兹	苏联	1956.4.11	莫斯科
114	埃夫吉尼·米纳耶夫	苏联	1956.8.20	莫斯科
114.5	埃夫吉尼·米纳耶夫	苏联	1956.11.23	墨尔本
115	埃夫吉尼·米纳耶夫	苏联	1957.5.29	利沃夫
117	伊沙克·伯格	美国	1957.9.24	特拉维夫
117.5	维克多·柯兹	苏联	1958.5.23	乌法
118	埃夫吉尼·米纳耶夫	苏联	1958.8.11	基辅
118.5	维克多·柯兹	苏联	1958.9.26	罗斯托夫
119.5	埃夫吉尼·米纳耶夫	苏联	1958.9.26	莱比锡
120	埃夫吉尼·米纳耶夫	苏联	1960.3.6	莫斯科

成绩	姓名	国籍	比赛时间	比赛地点
120.5	埃夫吉尼·米纳耶夫	苏联	1960.10.21	里加
122	埃夫吉尼·米纳耶夫	苏联	1961.12.22	第聂伯罗彼得罗夫斯克
123.5	伊姆雷·福尔迪	匈牙利	1962.5.6	陶陶巴尼亚
124	伊姆雷·福尔迪	匈牙利	1962.6.16	布达佩斯
125	伊姆雷·福尔迪	匈牙利	1963.10.19	神奈川
125.5	伊姆雷·福尔迪	匈牙利	1963.11.24	布达佩斯
126	藤原浩	日本	1964.8.15	江刺
127	伊姆雷·福尔迪	匈牙利	1964.12.6	布达佩斯
128	伊姆雷·福尔迪	匈牙利	1965.4.9	布达佩斯
128.5	伊姆雷·福尔迪	匈牙利	1966.4.23	维也那
130.5	伊姆雷·福尔迪	匈牙利	1966.11.27	陶陶巴尼亚
131	姆拉登·库切夫	保加利亚	1969.7.13	索菲亚
131.5	伊姆雷·福尔迪	匈牙利	1970.3.1	布达佩斯
133	姆拉登·库切夫	保加利亚	1970.6.22	松博特海伊
135	姆拉登·库切夫	保加利亚	1970.7.3	索菲亚
137	伊姆雷·福尔迪	匈牙利	1971.3.11	罗斯托夫
137.5	伊姆雷·福尔迪	匈牙利	1972.3.4	乌尔姆

6. 抓举

成绩	姓名	国籍	比赛时间	比赛地点
75	亚历山大·布克哈罗夫	苏联	1917.12.17	莫斯科
77.5	海因利奇·格拉弗	瑞士	1919.8.9	慕尼黑
78	古斯塔夫·艾尔莱沙克	爱沙尼亚	1921.8.2	塔林
79.5	古斯塔夫·艾尔莱沙克	爱沙尼亚	1921.9.17	塔尔图
82.5	海因利奇·格拉弗	瑞士	1922.4.29	塔林
84	马利乌斯·马丁	法国	1922.6.17	巴黎
85	马利乌斯·马丁	法国	1923.3.16	巴黎
86.5	马利乌斯·马丁	法国	1923.11.27	巴黎
87.5	阿瑟·雷因曼	瑞士	1926.5.29	米尔豪森
88.5	阿瑟·雷因曼	瑞士	1926.6.6	勒洛克勒

成绩	姓名	国籍	比赛时间	比赛地点
90	皮艾里诺·加贝特	意大利	1927.4.10	米兰
92.5	皮艾里诺·加贝特	意大利	1927.6.20	米兰
93	欧根·穆赫贝特	德国	1929.3.18	汉堡
94	弗朗士·贾尼斯切	奥地利	1931.8.17	维也那
95.5	弗朗士·贾尼斯切	奥地利	1931.11.26	维也那
96.5	马克思·瓦尔特	德国	1935.6.16	萨尔布吕肯
97.5	约翰·特里	美国	1938.10.21	维也那
100.5	安东·里切特	奥地利	1939.3.5	埃森
102.5	苏二南	韩国	1939.11.2	大阪
103.5	安东·里切特	奥地利	1941.3.8	维也那
105	马哈穆德·法耶德	埃及	1948.8.9	伦敦
105.5	尼柯莱·萨克斯奥诺夫	苏联	1950.12.24	斯维尔德洛夫斯克
106	尼柯莱·萨克斯奥诺夫	苏联	1951.4.25	塔图
107.5	尼柯莱·萨克斯奥诺夫	苏联	1953.4.7	里加
109	拉菲尔·切迈斯基杨	苏联	1955.5.3	明斯克
110	拉菲尔·切迈斯基杨	苏联	1955.10.13	慕尼黑
110.5	拉菲尔·切迈斯基杨	苏联	1957.11.13	德黑兰
111	塞巴斯蒂安·曼凡罗尼	意大利	1958.6.28	罗马
112.5	马里安·泽林斯基	波兰	1958.9.17	斯德哥尔摩
113.5	马里安·泽林斯基	波兰	1959.9.30	华沙
115	三宅义信	日本	1961.7.13	东京
117.5	三宅义信	日本	1962.9.24	克思雀
118.5	三宅义信	日本	1962.9.30	华沙
120	三宅义信	日本	1963.10.30	山口
120.5	三宅义信	日本	1964.6.9	新潟
123	三宅义信	日本	1964.8.15	江刺
123.5	三宅义信	日本	1965.11.9	胡明
124	★肖明祥	中国	1966.3.12	北京
124	三宅义信	日本	1966.10.25	赤塔
125	三宅义信	日本	1967.10.24	琦玉县

成绩	姓名	国籍	比赛时间	比赛地点
125.5	三宅义信	日本	1969.10.28	松浦
126	平井一正	日本	1974.3.17	埃里森
127	诺艾尔·努里基杨	保加利亚	1975.4.12	多瑙艾兴根
127.5	诺艾尔·努里基杨	保加利亚	1975.6.27	雅幕布
128	乔治·托多罗夫	保加利亚	1975.10.3	瓦尔那
130	乔治·托多罗夫	保加利亚	1976.5.25	索非亚
130.5	斯特凡·迪米特罗夫	保加利亚	1980.2.1	瓦尔那
131.5	维克托·马津	苏联	1980.7.5	莫斯科
132.5	维克托·马津	苏联	1981.7.5	莫斯科
133.5	尤里·萨尔基斯扬	苏联	1981.3.19	利沃夫
134.5	丹尼尔·努涅斯	古巴	1981.5.20	卡玛基
135	丹尼尔·努涅斯	古巴	1981.9.14	里尔
135.5	勃列斯那夫·马诺罗夫	保加利亚	1982.6.2	陶陶巴尼亚
136	丹尼尔·努涅斯	古巴	1982.8.12	哈瓦那
136.5	丹尼尔·努涅斯	古巴	1982.11.13	哈尔姆斯塔德
137.5	丹尼尔·努涅斯	古巴	1982.11.20	卡斯特普
138	马雷克·塞韦里恩	波兰	1983.10.24	莫斯科
138.5	阿米尔·阿齐佐夫	苏联	1984.3.15	明斯克
140	斯特凡·托普罗夫	保加利亚	1984.9.13	瓦尔那
140.5	奈姆·沙拉马诺夫	保加利亚	1984.11.24	萨拉热窝
142.5	奈姆·沙拉马诺夫	保加利亚	1984.11.24	萨拉热窝
143	奈姆·沙拉马诺夫	保加利亚	1985.8.24	南特耶
145	奈姆·沙拉马诺夫	保加利亚	1985.11.9	蒙特卡洛
145.5	奈姆·沙拉马诺夫	保加利亚	1986.5.8	卡尔马克市
147.5	奈姆·沙拉马诺夫	保加利亚	1986.11.9	索非亚
148	奈姆·沙拉马诺夫	保加利亚	1986.12.7	墨尔本
150	奈伊姆·苏莱马诺尔古	土耳其	1988.4.27	加的夫
150.5	奈伊姆·苏莱马诺尔古	土耳其	1988.9.20	汉城
152.5	奈伊姆·苏莱马诺尔古	土耳其	1988.9.20	汉城

7. 挺举

成绩	姓名	国籍	比赛时间	比赛地点
106	亚历山大·布克哈罗夫	苏联	1918.11.24	莫斯科
107.5	海因利奇·格拉弗	瑞士	1922.4.29	塔林
110	弗朗士·安德里希克	奥地利	1925.7.5	维也那
111.5	威尔赫姆·罗斯纳克	奥地利	1925.12.20	维也那
112.5	阿瑟·雷因曼	瑞士	1926.7.12	勒洛克勒
113	拉蒙德·苏维格尼	法国	1926.7.30	尼斯
114.5	欧根·穆赫贝格	德国	1926.8.12	慕尼黑
115.5	安德雷斯·斯塔德利尔	奥地利	1926.11.1	维也那
120	安德雷斯·斯塔德利尔	奥地利	1926.11.1	维也那
122.5	阿拉法·阿沃	埃及	1931.3.1	亚历山大
123	赫尔穆特·斯查菲尔	德国	1932.3.6	斯图加特
125	赫尔穆特·斯查菲尔	德国	1935.8.11	埃伯巴赫
126	安东·里切特	奥地利	1935.10.27	维也那
127.5	苏二南	韩国	1939.11.2	大阪
129	安东·里切特	奥地利	1940.4.14	维也那
130	马哈穆德·法耶德	埃及	1946.10.18	巴黎
131	马哈穆德·法耶德	埃及	1946.10.25	巴黎
132	马哈穆德·法耶德	埃及	1947.8.1	开罗
135	马哈穆德·法耶德	埃及	1948.8.9	伦敦
136.5	尼柯莱·萨克斯诺夫	苏联	1951.8.18	柏林
137.5	尼柯莱·萨克斯诺夫	苏联	1951.11.5	维也那
138	尼柯莱·萨克斯诺夫	苏联	1951.11.18	第比利斯
138.5	尼柯莱·萨克斯诺夫	苏联	1953.3.22	莫斯科
139.5	尼柯莱·萨克斯诺夫	苏联	1953.11.20	斯维尔得罗夫斯克
142.5	尼柯莱·萨克斯诺夫	苏联	1954.4.17	贝鲁特
143	拉斐尔·切迈斯基扬	苏联	1954.10.8	维也那
143.5	拉斐尔·切迈斯基扬	苏联	1957.11.9	德黑兰
147.5	伊沙克·伯格	美国	1958.9.17	斯德哥尔摩
148	★陈镜开	中国	1959.3.14	莫斯科
148.5	★陈镜开	中国	1961.5.7	太原

成绩	姓名	国籍	比赛时间	比赛地点
150	三宅义信	日本	1962.10.24	冈山
150.5	三宅义信	日本	1963.4.11	东京
151	★陈镜开	中国	1963.4.20	北京
151.5	★陈镜开	中国	1964.5.18	上海
152.5	伊沙克·伯格	美国	1964.10.12	东京
153	★肖明祥	中国	1965.9.13	北京
153.5	★季发元	中国	1966.3.12	北京
155	★肖明祥	中国	1966.5.22	北京
157.5	★肖明祥	中国	1966.5.22	北京
158	★肖明祥	中国	1966.11.26	金边
153	三宅义信	日本	1969.10.28	松浦
153.5	迪托·沙尼得泽	苏联	1971.3.11	罗斯托夫
154.5	尤里·戈卢伯特索夫	苏联	1971.10.1	伏罗希洛夫格勒
155	尤里·戈卢伯特索夫	苏联	1972.3.4	乌尔姆
155.5	埃尔金·卡里莫夫	苏联	1972.3.17	明斯克
156	迪托·沙尼得泽	苏联	1972.5.15	康斯埋察
157.5	诺艾尔·努里基扬	保加利亚	1972.8.29	慕尼黑
158.5	尤里·戈卢伯特索夫	苏联	1973.3.17	塔什干
160	尤里·戈卢伯特索夫	苏联	1975.3.17	札波罗结
160.5	尼柯莱·柯列斯尼科夫	苏联	1975.3.17	札波罗结
161	尼柯莱·柯列斯尼科夫	苏联	1975.7.5	维尔纽斯
161.5	尼柯莱·柯列斯尼科夫	苏联	1976.7.20	蒙特利尔
162	尼柯莱·柯列斯尼科夫	苏联	1977.9.19	斯图加特
165	杨科·鲁谢夫	保加利亚	1977.9.19	期图加特
165.5	尼柯莱·柯列斯尼科夫	苏联	1978.6.12	哈夫罗夫
166	尼柯莱·柯列斯尼科夫	苏联	1979.5.21	瓦尔那
167	维克托·马津	苏联	1980.7.5	莫斯科
167.5	尤里·萨尔基斯扬	苏联	1981.3.19	利沃夫
168	尤里·萨尔基斯扬	苏联	1981.6.17	金沙
170	勃列斯纳夫·马诺罗夫	保加利亚	1981.9.14	里尔

成绩	姓名	国籍	比赛时间	比赛地点
170.5	雷德泽伯·雷德泽勃夫	保加利亚	1982.3.4	伏龙茨
171	斯特凡·托普罗夫	保加利亚	1982.10.31	哈斯科沃
173	斯特凡·托普罗夫	保加利亚	1983.5.10	圣马力诺
175	尤里·萨尔基斯扬	苏联	1983.10.24	莫斯科
180	斯特凡·托普罗夫	保加利亚	1983.10.24	莫斯科
182.5	斯特凡·托普罗夫	保加利亚	1984.9.13	瓦尔那
185	斯特凡·托普罗夫	保加利亚	1984.9.13	瓦尔那
185.5	奈伊姆·苏莱马诺夫	保加利亚	1984.11.24	萨那热窝
186	奈姆·沙拉马诺夫	保加利亚	1985.11.9	蒙特卡洛
187.5	奈姆·沙拉马诺夫	保加利亚	1986.5.8	卡尔马克市
188	奈姆·沙拉马诺夫	保加利亚	1986.11.9	索非亚
188.5	奈伊姆·苏莱马诺夫	土耳其	1988.9.20	汉城
190	奈伊姆·苏莱马诺夫	土耳其	1988.9.20	汉城

8. 总成绩（推抓挺3项）

成绩	姓名	国籍	比赛时间	比赛地点
320	阿尔维德·安德森	瑞典	1946.10.18	巴黎
332.5	马哈穆德·法耶德	埃及	1948.8.9	伦敦
337.5	拉斐尔·切迈斯基扬	苏联	1952.7.25	赫尔辛基
340	拉斐尔·切迈斯基扬	苏联	1953.6.15	第比利斯
342.5	拉斐尔·切迈斯基扬	苏联	1954.4.13	亚历山大
345	拉斐尔·切迈斯基扬	苏联	1954.5.10	彼得罗扎沃茨克
350	拉斐尔·切迈斯基扬	苏联	1954.10.8	维也那
	伊万·乌多多夫	苏联	1954.10.8	维也那
352.5	伊河克·伯格	美国	1956.11.23	墨尔本
355	埃夫吉尼·米那依夫	苏联	1957.8.7	莫斯科
362.5	埃夫吉尼·米那依夫	苏联	1957.11.9	德黑兰
372.5	伊沙克·柏格	美国	1958.9.17	斯德哥尔摩
375	三宅义信	日本	1962.10.24	冈山
377.5	三宅义信	日本	1963.10.30	山口

续表

成绩	姓名	国籍	比赛时间	比赛地点
380	三宅义信	日本	1964.5.4	长崎
385	三宅义信	日本	1964.6.9	新泻
387.5	三宅义信	日本	1964.8.15	江刺
390	三宅义信	日本	1964.10.12	东京
395	三宅义信	日本	1964.10.12	东京
397.5	三宅义信	日本	1964.10.12	东京
400	三宅义信	日本	1969.10.28	松浦
402.5	迪托·沙尼德泽	苏联	1972.4.12	塔林

9. 总成绩（抓挺两项）

成绩	姓名	国籍	比赛时间	比赛地点
277.5	肖明祥	中国	1966.5.22	北京
277.5	三宅义信	日本	1969.10.28	松浦
280	乔治·托多罗夫	保加利亚	1974.9.23	马尼拉
285	乔治·托多罗夫	保加利亚	1975.9.17	莫斯科
287.5	乔治·托多罗夫	保加利亚	1976.5.25	索非亚
290	尼柯莱·柯列斯尼科夫	苏联	1978.6.21	哈夫罗夫
292.5	尼柯莱·柯列斯尼科夫	苏联	1979.5.21	瓦尔纳
295	维克托·马津	苏联	1980.7.5	莫斯科
297.5	维克托·马津	苏联	1980.7.5	莫斯科
302.5	勃列斯那夫·马诺夫	保加利亚	1981.9.14	里尔
305	斯特凡·托普罗夫	保加利亚	1983.5.10	圣马力诺
310	尤里·萨尔基斯扬	苏联	1983.10.24	莫斯科
312.5	尤里·萨尔基斯扬	苏联	1983.10.24	莫斯科
315	斯特凡·托普罗夫	保加利亚	1984.4.28	维多利亚
317.5	斯特凡·托普罗夫	保加利亚	1984.9.13	瓦尔那
322.5	斯特凡·托普罗夫	保加利亚	1984.9.13	瓦尔那
325	奈伊姆·苏莱马诺夫	保加利亚	1984.11.24	萨那热窝
327.5	奈伊姆·苏莱马诺夫	保加利亚	1984.11.24	萨那热窝
330	奈姆·沙拉马诺夫	保加利亚	1985.11.9	蒙特卡洛

续表

成绩	姓名	国籍	比赛时间	比赛地点
332.5	奈姆·沙拉马诺夫	保加利亚	1986.5.8	卡尔马克市
335	奈姆·沙拉马诺夫	保加利亚	1986.11.9	索菲亚
340	奈伊姆·苏莱马诺尔古	土耳其	1988.9.20	汉城
342.5	奈伊姆·苏莱马诺尔古	土耳其	1988.9.20	汉城

（四）67.5公斤级（1913年6月7日~1992年12月31日）

1. 右手抓举

成绩	姓名	国籍	比赛时间	比赛地点
72.5	阿尔弗雷德·内乌兰格	爱沙泥亚	1920.8.28	安特卫普
73	埃德蒙·迪科蒂格尼斯	法国	1922.4.2	巴黎
75	阿尔弗雷德·内乌兰格	爱沙泥亚	1924.4.26	塔林
75.5	维雷克肯	法国	1925.1.10	巴黎
78.5	安德雷·斯塔德利尔	奥地利	1925.5.24	维也那
80	汉斯·霍斯	奥地利	1926.10.30	维也那
80.5	汉斯·霍斯	奥地利	1927.1.22	马赛
83	汉斯·霍斯	奥地利	1927.6.26	维也那
85	汉斯·霍斯	奥地利	1930.12.21	维也那

2. 左手抓举

成绩	姓名	国籍	比赛时间	比赛地点
70	费尔南德·阿诺特	法国	1922.4.2	巴黎
71	埃德蒙·迪科蒂格尼斯	法国	1922.4.2	巴黎
72.5	约瑟夫·杰奎诺德	瑞士	1924.11.15	内瓦
74	约瑟夫·杰奎诺德	瑞士	1925.12.13	巴黎
75	费尔南德·阿诺特	法国	1926.2.27	维也那
77	弗朗士·斯切维格	德国	1928.6.18	慕尼黑
77.5	阿尔伯特·阿斯切曼	瑞士	1929.7.11	内瓦
80	弗朗士·斯切维格	德国	1933.12.16	慕尼黑
80.5	罗伯特·斯切伯特	德国	1934.3.6	柏林
82.5	弗朗士·斯切维格	德国	1936.8.24	慕尼黑

3. 右手挺举

成绩	姓名	国籍	比赛时间	比赛地点
79.5	阿尔弗雷德·斯切米特	爱沙尼亚	1922.4.29	塔林
80	约瑟夫·杰奎诺德	瑞士	1924.7.22	巴黎
85	费里克斯·比切西尔	瑞士	1924.7.22	巴黎
90	埃德蒙·迪科蒂格尼斯	法国	1924.7.22	巴黎
92.5	埃德蒙·迪科蒂格尼斯	法国	1924.7.22	巴黎
95	费里克斯·比切西尔	瑞士	1924.7.22	巴黎
97	汉斯·霍斯	奥地利	1925.12.13	维也那
100	汉斯·霍斯	奥地利	1926.2.27	维也那
102.5	汉斯·霍斯	奥地利	1926.6.26	维也那
107.5	汉斯·霍斯	奥地利	1926.11.30	维也那

4. 左手挺举

成绩	姓名	国籍	比赛时间	比赛地点
80	保尔·布艾斯桑	法国	1922.2.4	巴黎
85	弗朗科期·德·黑斯	比利时	1922.2.17	布鲁塞尔
90	约瑟夫·杰奎诺德	瑞士	1923.12.28	雅克德罗
92.5	约瑟夫·杰奎诺德	瑞士	1925.11.1	雅克德罗
98	阿列克谢·齐泽尼	苏联	1947.6.13	列宁格勒

5. 推举

成绩	姓名	国籍	比赛时间	比赛地点
80	约瑟弗·齐默尔曼	德国	1921.9.21	奥芬巴赫
87.5	埃德沃德·范阿西米	爱沙尼亚	1922.4.29	塔林
88.5	沃尔德马·诺奥马吉	爱沙尼亚	1923.1.27	纳尔瓦
90	埃德沃德·范阿西米	爱沙尼亚	1923.3.24	塔林
91	沃尔德马·诺奥马吉	爱沙尼亚	1923.11.17	沃鲁
91.5	沃尔德马·诺奥马吉	爱沙尼亚	1924.5.20	里加
92.5	朱尔斯·米艾斯	法国	1925.7.12	加来
95.5	阿赞利·巴博	加拿大	1925.8.26	蒙特利尔
97.5	汉斯·沃尔佩特	德国	1925.9.18	慕尼黑

成绩	姓名	国籍	比赛时间	比赛地点
100	汉斯·沃尔佩特	德国	1926.11.25	慕尼黑
101	郝利尔·尤西弗	埃及	1931.1.31	开罗
102.5	汉斯·沃尔佩特	德国	1933.7.1	维登
103	罗伯特·费因	奥地利	1934.12.16	维也那
104	汉斯·沃尔佩特	德国	1935.12.5	纽伦堡
105	罗伯特·费因	奥地利	1936.2.5	维也那
106	罗伯特·费因	奥地利	1936.4.4	布拉格
106.5	安特霍尼·特尔莱佐	美国	1937.6.12	纽约
108.5	罗伯特·费因	奥地利	1937.8.29	维也那
109	杰诺·安布罗兹	匈牙利	1942.11.8	布达佩斯
109.5	伊斯雷尔·梅哈尼克	苏联	1948.6.23	莫斯科
110	瓦西里·皮维尼	苏联	1949.6.15	第聂伯罗彼得罗夫斯克
111	弗拉迪米尔·斯维蒂柯	苏联	1950.5.15	哈尔科夫
112	亚历山大·尼库宁	苏联	1951.12.17	巴库
112.5	塔米奥·科诺	美国	1952.10.10	哥本哈根
113	费多尔·尼基丁	苏联	1953.5.10	塔林
114.5	迪米特里·伊万诺夫	苏联	1953.10.18	波多利斯克
115.5	迪米特里·伊万诺夫	苏联	1954.2.18	莫斯科
117	迪米特里·伊万诺夫	苏联	1954.4.5	开罗
117.5	费多尔·尼基丁	苏联	1954.4.17	贝鲁特
120	费多尔·尼基丁	苏联	1955.5.3	明斯克
120.5	费多尔·尼基丁	苏联	1955.9.18	波多利斯克
121.5	拉维尔·赫巴特迪诺夫	苏联	1956.3.10	莫斯科
122	拉维尔·赫巴特迪诺夫	苏联	1956.4.11	莫斯科
123	拉维尔·赫巴特迪诺夫	苏联	1956.8.20	莫斯科
125	拉维尔·赫巴特迪诺夫	苏联	1957.4.20	莫斯科
127.5	拉维尔·赫巴特迪诺夫	苏联	1957.5.28	利沃夫
128	乔治·洛贝察尼德泽	苏联	1958.2.23	罗斯托夫
128.5	乔治·洛贝察尼德泽	苏联	1958.4.13	斯大林诺
130	乔治·洛贝察尼德泽	苏联	1958.8.11	明斯克

续表

成绩	姓名	国籍	比赛时间	比赛地点
130.5	费多尔·尼基丁	苏联	1958.8.12	基辅
131	弗拉迪米尔·卡普鲁诺夫	苏联	1960.4.16	斯维尔德罗夫斯克
131.5	弗拉迪米尔·卡普鲁诺夫	苏联	1960.10.21	里加
133	谢尔盖·洛佩金	苏联	1961.4.2	开罗
133.5	弗拉迪米尔·卡普鲁诺夫	苏联	1961.6.27	基斯洛沃茨克
134	弗拉迪米尔·卡普鲁诺夫	苏联	1961.12.20	第聂伯罗彼得罗夫斯克
134.5	埃夫杰尼·杰尔柯	苏联	1961.12.20	第聂伯罗彼得罗夫斯克
135	谢尔盖·洛佩金	苏联	1962.7.28	赫尔辛基
135.5	弗拉迪米尔·卡普鲁诺夫	苏联	1962.12.13	塔林
136	谢尔盖·洛佩金	苏联	1963.3.16	莫斯科
139	谢尔盖·洛佩金	苏联	1963.9.21	莫斯科
139.5	谢尔盖·洛佩金	苏联	1963.11.17	利沃夫
140	勃格迈尔·佩特罗夫	保加利亚	1964.5.17	索非亚
140.5	埃夫杰尼·凯特苏雷	苏联	1964.12.26	莫斯科
141	埃夫杰尼·凯特苏雷	苏联	1965.3.14	东京
143	埃夫杰尼·凯特苏雷	苏联	1965.3.17	莫斯科
143.5	埃夫杰尼·凯特苏雷	苏联	1965.5.18	埃里森
144	埃夫杰尼·凯特苏雷	苏联	1965.10.20	索契
145	埃夫杰尼·凯特苏雷	苏联	1966.3.19	里加
145.5	★邓国银	中国	1966.5.22	北京
145.5	埃夫杰尼·凯特苏雷	苏联	1966.7.28	奥尔忠尼彦则
146	纳斯诺尔·迪赫莱夫	伊朗	1970.11.11	德黑兰
146.5	姆拉登·库切夫	保加利亚	1971.2.13	巴黎
147	弗拉迪米尔·得雷克斯勒	苏联	1971.2.20	乌斯特卡门戈斯克
147.5	约希弗·马什	匈牙利	1971.5.15	布达佩斯
148.5	弗拉迪米尔·得雷克斯勒	苏联	1971.5.31	巴尔喀什湖
149.5	弗拉迪米尔·得雷克斯勒	苏联	1971.7.19	莫斯科
152.5	弗拉迪米尔·得雷克斯勒	苏联	1971.7.19	莫斯科
153	弗拉迪米尔·得雷克斯勒	苏联	1971.10.1	伏罗希洛夫格勒
153.5	姆拉登·库切夫	保加利亚	1972.2.16	索非亚

成绩	姓名	国籍	比赛时间	比赛地点
154	姆拉登·库切夫	保加利亚	1972.4.10	索非亚
154.5	弗拉迪米尔·得雷克斯勒	苏联	1972.4.12	塔林
155	姆拉登·库切夫	保加利亚	1972.5.16	康斯坦察
155.5	姆拉登·库切夫	保加利亚	1972.7.15	索非亚
157.5	姆拉登·库切夫	保加利亚	1972.8.30	慕尼黑

6. 抓举

成绩	姓名	国籍	比赛时间	比赛地点
85	汉斯·乔治	德国	1919.8.8	慕尼黑
91	阿尔弗雷德·内兰德	爱沙尼亚	1922.4.29	塔林
92.5	阿尔冯斯·菲利蓬	法国	1923.12.30	巴黎
97.5	阿尔弗雷德·内兰德	爱沙尼亚	1924.4.26	塔林
100	费尔南德·阿诺特	法国	1926.1.31	巴黎
102.5	汉斯·哈阿斯	奥地利	1928.7.29	阿姆斯特丹
103	费尔南德·阿诺特	法国	1928.9.6	巴黎
105	汉斯·哈阿斯	奥地利	1930.9.28	维也那
105.5	罗伯特·费因	奥地利	1931.3.3	维也那
106	罗伯特·费因	奥地利	1934.12.16	维也那
110	罗伯特·费因	奥地利	1936.5.17	布达佩斯
111	罗伯特·费因	奥地利	1937.8.29	维也那
112.5	伊伯拉罕·沙姆士	埃及	1938.5.5	开罗
113	安特霍尼·特拉佐	美国	1939.1.28	芝加哥
114	伊伯拉罕·沙姆士	埃及	1939.4.22	开罗
116.5	伊伯拉罕·沙姆士	埃及	1939.6.3	开罗
117.5	塔米奥·科诺	美国	1952.7.26	赫尔辛斯
118	迪米特里·伊万诺夫	苏联	1953.10.18	波多利斯克
118.5	尼科莱·科斯特列夫	苏联	1953.10.30	华沙
120	尼科莱·科斯特列夫	苏联	1953.11.12	罗兹
120.5	尼科莱·科斯特列夫	苏联	1953.12.14	斯维尔德洛夫斯克
122.5	尼科莱·科斯特列夫	苏联	1954.10.23	列宁格勒

续表

成绩	姓名	国籍	比赛时间	比赛地点
123	尼科莱·科斯特列夫	苏联	1955.6.15	莫斯科
125	尼科莱·科斯特列夫	苏联	1956.6.28	列宁格勒
125.5	阿纳托利·贡	苏联	1959.10.19	雅罗斯拉夫尔
126	尼科莱·科斯特列夫	苏联	1959.11.17	雅罗斯拉夫尔
126.5	阿纳托利·日贡	苏联	1960.3.6	莫斯科
127	阿纳托利·日贡	苏联	1960.10.29	列宁格勒
127.5	阿纳托利·日贡	苏联	1961.3.9	莫斯科
128.5	瓦尔德马·巴扎诺夫斯基	波兰	1961.7.29	伦敦
129	阿纳托利·日贡	苏联	1961.8.14	苏联
130.5	瓦尔德马·巴扎诺夫斯基	波兰	1962.3.17	莫斯科
131	谢尔盖·洛佩金	苏联	1963.3.16	莫斯科
131.5	谢尔盖·洛佩金	苏联	1963.11.17	利沃夫
132.5	瓦尔德马·巴扎诺夫斯基	波兰	1964.6.26	比亚韦斯托克
133	谢尔盖·洛佩金	苏联	1965.3.17	莫斯科
134	瓦尔德马·巴扎诺夫斯基	波兰	1965.12.11	斯泽皮尼克
135	瓦尔德马·巴扎诺夫斯基	波兰	1967.5.6	华沙
135.5	瓦尔德马·巴扎诺夫斯基	波兰	1967.10.17	墨西哥城
136	瓦尔德马·巴扎诺夫斯基	波兰	1969.9.23	华沙
137.5	瓦尔德马·巴扎诺夫斯基	波兰	1971.4.23	卢布林
138	埃德瓦德·迪尔加切夫	苏联	1975.7.6	维尔纽斯
138.5	罗伯托·乌鲁蒂阿	古巴	1975.12.25	乌斯特卡门戈斯克
139	简·罗斯托斯基	波兰	1976.4.6	柏林
139.5	泽比尼耶弗·卡切马雷克	波兰	1976.4.6	柏林
140	罗伯托·乌鲁蒂阿	古巴	1976.5.15	乌斯特卡门戈斯克
140.5	卡泽米耶·切查及斯基	波兰	1976.5.22	比得哥熙
141	罗伯托·乌鲁蒂阿	古巴	1976.12.21	哈瓦那
141.5	罗伯托·乌鲁蒂阿	古巴	1977.7.11	哈瓦那
142.5	罗伯托·乌鲁蒂阿	古巴	1977.9.20	斯图加特
143	约切姆·孔兹	民主德国	1979.4.6	梅森
145	杨科·鲁谢夫	保加利亚	1979.5.22	瓦尔那

成绩	姓名	国籍	比赛时间	比赛地点
145.5	约切姆·孔兹	民主德国	1979.5.22	瓦尔那
146	杨科·鲁谢夫	保加利亚	1979.5.22	瓦尔那
147	杨科·鲁谢夫	保加利亚	1979.7.9	索非亚
147.5	杨科·鲁谢夫	保加利亚	1980.2.1	瓦尔那
148	杨科·鲁谢夫	保加利亚	1980.4.28	贝尔格莱德
148.5	阿夫谢特·阿夫谢托夫	苏联	1981.3.19	利沃夫
150.5	约切姆·孔兹	民主德国	1981.6.26	卡尔马克市
152.5	约切姆·孔兹	民主德国	1982.4.3	梅森
153.5	维谢林·格拉巴洛夫	保加利亚	1982.8.11	圣保罗
154	弗拉迪米尔·格拉乔夫	苏联	1983.3.3	敖德萨
155	弗拉迪米尔·格拉乔夫	苏联	1983.12.15	列宁格勒
155.5	弗拉迪米尔·格拉乔夫	苏联	1984.3.15	明斯克
157.5	弗拉迪米尔·格拉乔夫	保加利亚	1987.5.4	兰斯
158	弗拉迪米尔·格拉乔夫	保加利亚	1987.12.5	汉城
158.5	伊斯拉尔·米利托希扬	苏联	1988.5.24	雅典
160	伊斯拉尔·米利托希扬	苏联	1989.9.18	雅典

7. 挺举

成绩	姓名	国籍	比赛时间	比赛地点
100	汉斯·乔治	德国	1919.8.9	慕尼黑
102.5	约翰·伦纳尔	德国	1919.8.9	慕尼黑
107.5	约瑟夫·齐默尔曼	德国	1919.8.9	慕尼黑
110	阿尔弗雷德·内兰德	爱沙尼亚	1920.8.28	安特卫普
115	阿尔弗雷德·内兰德	爱沙尼亚	1922.4.29	塔林
122.5	弗朗柯依斯·德·黑斯	比利时	1922.5.12	安特卫普
125	安德雷斯·斯塔德利尔	奥地利	1925.7.25	维也那
126.5	费尔南德·阿诺特	法国	1926.3.28	巴黎
128.5	汉斯·霍斯	奥地利	1927.1.16	马赛
133	维尔汉姆·雷因弗兰克	德国	1927.3.20	魏布林根
135	汉斯·霍斯	奥地利	1928.7.1	维也那

成绩	姓名	国籍	比赛时间	比赛地点
137	阿·穆·梅斯巴赫	埃及	1931.2.6	开罗
140	阿·穆·梅斯巴赫	埃及	1933.5.4	开罗
141.5	穆罕默德·阿蒂阿	埃及	1935.3.18	开罗
143	安特霍尼·特拉佐	美国	1937.9.11	巴黎
144	伊伯拉罕·沙姆士	埃及	1938.5.5	开罗
144.5	安特霍尼·特拉佐	美国	1938.5.29	文索基特
145.5	穆罕默德·阿蒂阿	埃及	1938.6.16	亚历山大
147.5	伊伯拉罕·沙姆士	埃及	1938.7.30	亚历山大
151	伊伯拉罕·沙姆士	埃及	1939.4.22	开罗
153.5	伊伯拉罕·沙姆士	埃及	1939.6.3	开罗
154	尼柯莱·萨克索诺夫	苏联	1957.2.1	斯大林格勒
155	黄强辉	中国	1958.4.7	重庆
157	谭浩亮	新加坡	1958.7.23	伦敦
158	★黄强辉	中国	1958.11.29	北京
158.5	★黄强辉	中国	1959.4.22	太原
160	山崎广石	日本	1959.10.27	东京
160.5	阿纳托利·日贡	苏联	1960.10.29	列宁格勒
161.5	阿纳托利·日贡	苏联	1961.3.9	莫斯科
162.5	弗拉迪米尔·卡普鲁诺夫	苏联	1963.7.28	莫斯科
163	瓦尔德马·巴扎诺夫斯基	波兰	1963.10.19	神奈川
163.5	阿纳托利·马辛	苏联	1963.12.12	考那斯
165	瓦尔德马·巴扎诺夫斯基	波兰	1964.6.26	比亚韦斯托克
167.5	马利安·泽林斯基	波兰	1964.8.29	格但斯克
168	瓦尔德马·巴扎诺夫斯基	波兰	1964.8.29	格但斯克
168.5	弗拉迪米尔·卡普鲁诺夫	苏联	1965.10.29	德黑兰
169	帕维尔·贾拉耶尔	伊朗	1967.9.21	德黑兰
170	瓦尔德马·巴扎诺夫斯基	波兰	1967.10.17	墨西哥城
170.5	瓦尔德马·巴扎诺夫斯基	波兰	1969.9.23	华沙
171	佩特·科洛尔	苏联	1971.3.11	罗斯托夫
172.5	瓦尔德马·巴扎诺夫斯基	波兰	1971.4.23	占布林

续表

成绩	姓名	国籍	比赛时间	比赛地点
173	瓦尔德马·巴扎诺夫斯基	波兰	1971.6.22	索非亚
173.5	佩特·科洛尔	苏联	1971.6.22	索非亚
175	佩特·科洛尔	苏联	1972.4.12	塔林
176.5	穆克哈比·基尔日诺夫	苏联	1972.7.12	里加
177.5	穆克哈比·基尔日诺夫	苏联	1972.8.30	慕尼黑
178	谢尔盖·佩日涅尔	苏联	1978.3.17	莫斯科
178.5	谢尔盖·佩日涅尔	苏联	1978.4.22	基辅
179	杨科·鲁谢夫	保加利亚	1978.7.18	雅典
180	杨科·鲁谢夫	保加利亚	1978.10.5	葛底斯堡
180.5	维切斯拉夫·安德列也夫	苏联	1978.11.15	铁米尔套
181	维切斯拉夫·安德列也夫	苏联	1979.3.22	列宁格勒
181.5	杨科·鲁谢夫	保加利亚	1979.5.22	瓦尔纳
182.5	约切姆·孔兹	民主德国	1979.6.19	德伯瑞克
183	瓦伦金·托多洛夫	保加利亚	1979.7.9	索非亚
185	瓦伦金·托多洛夫	保加利亚	1979.7.9	索非亚
185.5	杨科·鲁谢夫	保加利亚	1979.7.9	索非亚
186	瓦伦金·托多洛夫	保加利亚	1979.7.28	列宁格勒
187	瓦伦金·托多洛夫	保加利亚	1979.7.28	列宁格勒
187.5	杨科·鲁谢夫	保加利亚	1979.11.6	萨洛尼卡
188	杨科·鲁谢夫	保加利亚	1980.2.1	瓦尔纳
190	杨科·鲁谢夫	保加利亚	1980.4.28	贝尔格莱德
195	杨科·鲁谢夫	保加利亚	1980.7.23	莫斯科
196	约切姆·孔兹	民主德国	1981.6.26	卡尔马克市
197.5	安德雷斯·贝姆	民主德国	1984.7.20	施韦特
198	约切姆·孔兹	民主德国	1984.7.20	施韦特
200	亚历山大·瓦尔巴诺尔	保加利亚	1984.9.13	瓦尔纳
200.5	米克海尔·佩特洛夫	保加利亚	1987.9.8	俄斯特拉发

8. 总成绩（推抓挺3项）

成绩	姓名	国籍	比赛时间	比赛地点
367.5	斯坦利·斯埋切克	美国	1946.10.19	巴黎
370	佩特·乔治	美国	1953.8.28	斯德哥尔摩
382.5	尼科莱·科斯特列夫	苏联	1955.10.14	慕尼黑
385	维克多·布舒耶夫	苏联	1957.8.7	德黑兰
390	维克多·布舒耶夫	苏联	1958.9.18	斯德哥尔摩
392.5	维克多·布舒耶夫	苏联	1960.9.8	罗马
397.5	维克多·布舒耶夫	苏联	1960.9.8	罗马
402.5	谢尔盖·诺佩金	苏联	1961.3.9	莫斯科
407.5	谢尔盖·诺佩金	苏联	1961.3.9	莫斯科
410	弗拉迪米尔·卡普鲁诺夫	苏联	1962.5.7	第比利斯
412.5	谢尔盖·诺佩金	苏联	1962.7.28	赫尔辛基
415	弗拉迪米尔·卡普鲁诺夫	苏联	1962.9.18	布达佩斯
417.5	马利安·泽林斯基	波兰	1963.9.10	斯德哥尔摩
422.5	瓦尔德马·巴扎诺夫斯基	波兰	1964.6.26	比亚韦斯托克
427.5	瓦尔德马·巴扎诺夫斯基	波兰	1964.6.26	比亚韦斯托克
430	瓦尔德马·巴扎诺夫斯基	波兰	1964.6.26	比亚韦斯托克
432.5	瓦尔德马·巴扎诺夫斯基	波兰	1964.10.13	东京
435	埃夫杰尼·凯特苏雷	苏联	1966.7.28	奥尔忠尼彦则
437.5	埃夫杰尼·凯特苏雷	苏联	1966.10.17	柏林
440	瓦尔德马·巴扎诺夫斯基	波兰	1967.10.17	墨西哥城
442.5	瓦尔德马·巴扎诺夫斯基	波兰	1969.9.23	华沙
445	瓦尔德马·巴扎诺夫斯基	波兰	1969.9.23	华沙
447.5	瓦尔德马·巴扎诺夫斯基	波兰	1971.4.23	卢布林
450	瓦尔德马·巴扎诺夫斯基	波兰	1971.6.22	索非亚
455	穆克哈比·基尔日诺夫	苏联	1972.8.30	慕尼黑
460	穆克哈比·基尔日诺夫	苏联	1972.8.30	慕尼黑

9. 总成绩（抓挺两项）

成绩	姓名	国籍	比赛时间	比赛地点
312.5	穆克哈比·基尔日诺夫	苏联	–	–

续表

成绩	姓名	国籍	比赛时间	比赛地点
315	罗伯托·乌鲁蒂阿	古巴	1977.9.20	斯图加特
317.5	约切姆·孔兹	民主德国	1979.4.6	麦森
322.5	杨科·鲁谢夫	保加利亚	1979.5.22	瓦尔纳
325	杨科·鲁谢夫	保加利亚	1979.7.9	索非亚
332.5	杨科·鲁谢夫	保加利亚	1979.11.6	萨洛尼卡
335	杨科·鲁谢夫	保加利亚	1980.2.1	瓦尔纳
337.5	杨科·鲁谢夫	保加利亚	1980.4.28	贝尔格莱德
342.5	杨科·鲁谢夫	保加利亚	1980.7.23	莫斯科
345	约切姆·孔兹	民主德国	1981.6.26	卡尔马克市
347.5	安德雷斯·贝姆	民主德国	1984.7.20	施韦特
352.5	安德雷斯·贝姆	民主德国	1984.7.20	施韦特
355	米克海尔·佩特洛夫	保加利亚	1987.12.5	汉城

（五）75公斤级（1913年6月7日~1992年12月31日）

1. 右手抓举

成绩	姓名	国籍	比赛时间	比赛地点
75	西蒙·海利斯	法国	1922.2.12	巴黎
77	鲁道夫·克拉姆	奥地利	1922.11.25	维也那
77.5	阿尔弗雷德·内兰德	爱沙泥亚	1923.3.24	塔林
80	阿尔弗雷德·内兰德	爱沙泥亚	1923.12.15	塔林
82.5	阿尔弗雷德·内兰德	爱沙泥亚	1924.7.23	巴黎
83.5	列奥波德·特雷弗尼	奥地利	1925.12.20	维也那
85.5	弗朗斯·津内尔	德国	1926.5.12	维也那
88	汉斯·哈阿斯	奥地利	1927.11.6	维也那
90	瓦尔特·拉切曼	奥地利	1931.12.20	维也那
91.5	皮埃雷·阿伦尼	法国	1933.3.5	巴黎
92.5	瓦尔特·拉切曼	奥地利	1934.12.16	维也那
93	尤里·杜加诺夫	苏联	1951.10.12	华沙

2. 左手抓举

成绩	姓名	国籍	比赛时间	比赛地点
70.5	简·斯帕雷	苏联	1918.3.4	莫斯科
75	亨利·加恩斯	法国	1922.2.12	巴黎
76	路易斯·威利奎特	比利时	1923.10.11	列格
77.5	利昂·瓦德普蒂	法国	1924.7.22	巴黎
79	埃德瓦德·布鲁克	爱沙尼亚	1926.3.27	巴黎
80	弗朗士·普姆	奥地利	1926.12.5	维也那
82.5	弗朗士·普姆	奥地利	1926.12.5	维也那
85	卡尔·希普芬格	奥地利	1927.7.3	维也那
87	威尔赫姆·胡特涅尔	德国	1936.1.11	慕尼黑
87.5	英格马·弗朗泽	瑞典	1949.12.4	博登

3. 右手挺举

成绩	姓名	国籍	比赛时间	比赛地点
87	亨利·加恩斯	法国	1922.2.12	巴黎
87.5	阿尔弗雷德·普萨格	爱沙尼亚	1923.3.25	塔林
92.5	阿尔弗雷德·普萨格	爱沙尼亚	1923.5.27	塔林
95	费利克斯·比切希尔	瑞士	1923.7.7	雅克德罗
96.5	卡尔·皮佩克	奥地利	1925.12.20	维也那
97.5	阿尔贝特·阿斯切曼	瑞士	1926.6.20	日内瓦
100	安东·克罗皮克	奥地利	1926.6.26	维也那
105	卡尔·希普芬格	奥地利	1927.7.3	维也那
106	卡尔·希普芬格	奥地利	1927.7.3	维也那
110	汉斯·霍斯	奥地利	1927.12.3	维也那
112.5	汉斯·霍斯	奥地利	1928.6.24	维也那

4. 左手挺举

成绩	姓名	国籍	比赛时间	比赛地点
86	普鲁涅尔	法国	1922.2.12	巴黎
92.5	阿尔弗雷德·内兰德	爱沙尼亚	1923.3.24	塔林
97.5	利奥波德·特雷弗尼	奥地利	1927.11.27	维也那

续表

成绩	姓名	国籍	比赛时间	比赛地点
100	霍恩士·布赫雷尔	德国	1931.11.1	卡尔斯鲁尼
100.5	伊万·马尔特希夫	苏联	1947.3.29	塞瓦斯托沃尔
102.5	伊万·马尔特希夫	苏联	1947.7.11	莫斯科

5. 推举

成绩	姓名	国籍	比赛时间	比赛地点
86.5	简·斯帕雷	苏联	1918.3.2	莫斯科
92.5	罗杰·弗朗科斯	法国	1922.2.12	巴黎
95	鲁道夫·埃丁杰	奥地利	1924.7.22	巴黎
97.5	卡罗·加林贝迪	意大利	1924.7.22	巴黎
98	阿尔帆特·阿斯切曼	瑞士	1925.10.10	沃韦
100	鲁道夫·埃丁杰	奥地利	1926.4.11	赛本赫特
102.5	鲁道夫·埃丁杰	奥地利	1926.10.3	维也那
103.5	罗杰·弗朗科斯	法国	1928.2.26	巴黎
105	卡罗·加林贝迪	意大利	1928.8.8	阿姆斯特丹
106	安特·阿拉法	埃及	1931.3.1	亚历山大
107.5	安特·阿拉法	埃及	1932.5.23	开罗
108	鲁道夫·伊斯马尔	德国	1933.6.23	慕尼黑
108.5	安特·阿拉法	埃及	1934.10.14	开罗
109.5	克·萨耶德·托尼	埃及	1934.10.30	开罗
110	鲁道夫·伊斯马尔	德国	1935.3.19	柏林
112.5	克·萨耶德·托尼	埃及	1936.4.17	开罗
115	克·萨耶德·托尼	埃及	1936.8.3	柏林
117.5	克·萨耶德·托尼	埃及	1936.8.5	柏林
120	克·萨耶德·托尼	埃及	1938.6.16	亚历山大
122.5	克·萨耶德·托尼	埃及	1946.6.1	开罗
123.5	克·萨耶德·托尼	埃及	1947.10.18	开罗
124	克·萨耶德·托尼	埃及	1947.12.10	开罗
127.5	克·萨耶德·托尼	埃及	1948.2.9	开罗
131	塔米奥·科诺	美国	1954.10.17	里尔

续表

成绩	姓名	国籍	比赛时间	比赛地点
132.5	塔米奥·科诺	美国	1955.6.22	列宁格勒
133	弗多尔·勃格达诺夫斯基	苏联	1956.6.29	列宁格勒
133.5	塔米奥·科诺	美国	1956.7.17	火奴鲁鲁
134	弗多尔·勃格达诺夫斯基	苏联	1956.8.20	莫斯科
135.5	弗多尔·勃格达诺夫斯基	苏联	1957.5.29	利沃夫
137.5	拉维尔·赫布特迪诺夫	苏联	1958.4.14	斯大林诺
138	拉维尔·赫布特迪诺夫	苏联	1958.5.24	乌法
140	弗拉迪米尔·蒂莫彻科	苏联	1958.9.26	卢甘斯克
140.5	弗多尔·勃格达诺夫斯基	苏联	1930.8.31	莫斯科
141	弗多尔·勃格达诺夫斯基	苏联	1960.10.22	里加
143	葛佐·维雷斯	匈牙利	1961.11.11	布达佩斯
146	葛佐·维雷斯	匈牙利	1961.11.11	布达佩斯
147	亚历山大·库里诺夫	苏联	1964.3.26	喀山
147.5	亚历山大·库里诺夫	苏联	1964.9.24	符拉迪沃斯托克
148	弗拉迪米尔·卡普鲁诺夫	苏联	1965.3.27	哈巴罗夫斯克
148.5	维切斯拉夫·科日诺夫	苏联	1965.3.28	奥伦堡州
149	★刘殿武	中国	1965.5.23	布加勒斯特
149.5	谢尔盖·洛佩金	苏联	1966.4.1	基辅
150	弗拉迪米尔·卡普鲁诺夫	苏联	1966.4.17	开罗
152.5	鲁赛尔·克尼普	美国	1966.7.23	约克
153	鲁赛尔·克尼普	美国	1966.10.25	巴黎
155.5	维克多·库伦佐夫	苏联	1967.4.8	第比利斯
157	鲁赛尔·克尼普	美国	1967.7.30	温尼伯
157.5	维克多·库伦佐夫	苏联	1967.10.18	墨西哥城
158.5	鲁赛尔·克尼普	美国	1967.12.9	纽约
160.5	维克多·库伦佐夫	苏联	1968.4.6	杜布纳
161	维克多·库伦佐夫	苏联	1968.6.22	列宁格勒
161.5	维克多·库伦佐夫	苏联	1969.5.16	罗斯托夫
163	亚历山大·科罗迪柯夫	苏联	1971.5.31	巴尔喀什湖
163.5	亚历山大·科罗迪柯夫	苏联	1971.10.2	伏罗希洛夫格勒

成绩	姓名	国籍	比赛时间	比赛地点
165.5	亚历山大·科罗迪柯夫	苏联	1971.11.3	田丹诺夫
166.5	亚历山大·科罗迪柯夫	苏联	1972.3.19	博尔奈斯

6. 抓举

成绩	姓名	国籍	比赛时间	比赛地点
90	简·斯帕雷	苏联	1918.3.2	莫斯科
97	罗杰·弗朗柯斯	法国	1923.7.10	巴黎
100	阿尔弗雷德·内兰德	爱沙尼亚	1923.12.16	塔林
101	阿尔贝特·阿斯切曼	瑞士	1926.2.9	洛桑
102	弗朗士·齐纳	德国	1926.2.9	慕尼黑
102.5	阿尔贝特·阿斯切曼	瑞士	1926.8.29	日内瓦
103	阿尔贝特·阿斯切曼	瑞士	1926.10.2	巴黎
107	弗朗士·齐纳	德国	1926.11.8	施韦因富特县
107.5	汉斯·霍斯	奥地利	1929.12.15	维也纳
109.5	路易斯·霍斯金	法国	1930.8.24	巴黎
111.5	路易斯·霍斯金	法国	1930.8.24	巴黎
112.5	鲁道夫·伊斯马尔	德国	1931.10.8	慕尼黑
113	鲁道夫·伊斯马尔	德国	1932.3.12	慕尼黑
114.5	赫德尔·萨耶德·杜尼	埃及	1935.7.12	开罗
115.5	赫德尔·萨耶德·杜尼	埃及	1935.10.25	开罗
120	赫德尔·萨耶德·杜尼	埃及	1936.2.11	开罗
122	赫德尔·萨耶德·杜尼	埃及	1938.6.16	亚历山大
122.5	谷津爱雄	日本	1941.9.18	东京
123	亨利·费拉里	法国	1945.9.18	巴黎
124	斯坦利·斯坦奇克	美国	1947.1.17	芝加哥
126	斯坦利·斯坦奇克	美国	1947.4.19	埃森
127	斯坦利·斯坦奇克	美国	1947.9.26	费城
127.5	尤里·杜加诺夫	苏联	1950.5.28	列宁格勒
128	尤里·杜加诺夫	苏联	1950.8.20	莫斯科
128.5	尤里·杜加诺夫	苏联	1950.12.17	第比利斯

成绩	姓名	国籍	比赛时间	比赛地点
129	尤里·杜加诺夫	苏联	1951.10.29	罗兹
129.5	尤里·杜加诺夫	苏联	1952.4.20	莫斯科
130	尤里·杜加诺夫	苏联	1952.9.30	列宁格勒
131	尤里·杜加诺夫	苏联	1953.5.11	塔林
132.5	尤里·杜加诺夫	苏联	1955.6.22	列宁格勒
133	尤里·杜加诺夫	苏联	1955.9.28	波多利斯克
133.5	塔米奥·科诺	美国	1958.9.19	斯德哥尔摩
134	亚历山大·库里诺夫	苏联	1959.10.9	莫斯科
135	亚历山大·库里诺夫	苏联	1961.3.10	莫斯科
135.5	亚历山大·库里诺夫	苏联	1961.7.29	伦敦
136	亚历山大·库里诺夫	苏联	1961.10.1	布鲁克 - 莱莎
137.5	弗拉迪米尔·贝利亚耶夫	苏联	1962.5.8	第比利斯
138	弗拉迪米尔·贝利亚耶夫	苏联	1962.12.27	特尔诺沃
140.5	弗拉迪米尔·贝利亚耶夫	苏联	1963.12.22	考那斯
141	弗拉迪米尔·贝利亚耶夫	苏联	1965.6.10	索非亚
141.5	大内仁	日本	1965.10.21	大阪
142.5	大内仁	日本	1966.10.26	赤塔
145	大内仁	日本	1967.6.18	汤布院
145.5	穆罕默德·特拉布希	黎巴嫩	1972.6.22	贝鲁特
146	穆罕默德·特拉布希	黎巴嫩	1972.6.30	阿曼
147.5	穆罕默德·特拉布希	黎巴嫩	1972.11.11	贝鲁特
150	穆罕默德·特拉布希	黎巴嫩	1973.1.25	贝鲁特
150.5	莱弗·詹森	挪威	1973.4.28	哥本哈根
151	内德尔乔·科列夫	保加利亚	1974.2.23	布尔加斯
152.5	内德尔乔·科列夫	保加利亚	1974.4.7	巴黎
153	内德尔乔·科列夫	保加利亚	1975.9.19	莫斯科
154	维克多·雷辛科	苏联	1976.2.24	图拉
155	约丹·米特科夫	保加利亚	1976.5.25	索非亚
155.5	尤里·瓦尔达尼扬	苏联	1976.12.11	斯维尔德洛夫斯尼
156	尤里·瓦尔达尼扬	苏联	1977.3.20	维尔纽斯

成绩	姓名	国籍	比赛时间	比赛地点
157.5	尤里·瓦尔达尼扬	苏联	1977.5.7	罗斯托夫
158	亚森·兹拉特夫	保加利亚	1980.2.1	瓦尔那
160	内德尔乔·科列夫	保加利亚	1980.2.1	瓦尔那
160.5	亚森·兹拉特夫	保加利亚	1980.2.1	瓦尔那
161	内德尔乔·科列夫	保加利亚	1980.2.1	瓦尔那
162	亚历山大·阿依瓦江	苏联	1982.5.20	第聂伯罗彼得罗夫斯克
162.5	弗拉迪米尔·库兹涅佐夫	苏联	1982.12.15	莫斯科
163	维克多·杜尔涅夫	苏联	1983.3.3	敖德萨
163.5	弗拉迪米尔·库兹涅佐夫	苏联	1983.3.3	敖德萨
165	弗拉迪米尔·库兹涅佐夫	苏联	1983.7.26	莫斯科
167.5	弗拉迪米尔·库兹涅佐夫	苏联	1983.10.26	莫斯科
168.5	弗拉迪米尔·库兹涅佐夫	保加利亚	1986.11.11	索非亚
170	安吉尔·刚切夫	保加利亚	1987.12.11	米什科尔茨

7. 挺举

成绩	姓名	国籍	比赛时间	比赛地点
110	亨利·加恩斯	法国	1920.8.25	安特卫普
112.5	索尔·哈罗普	爱沙尼亚	1922.4.29	塔林
115	威尔赫姆·雷因弗兰克	德国	1922.6.22	埃森
124	利奥波德·特雷弗尼	奥地利	1922.8.14	维也那
127	西蒙·黑利斯	法国	1923.7.10	巴黎
127.5	简·基卡斯	爱沙尼亚	1924.7.22	巴黎
129	利奥波德·特雷弗尼	奥地利	1925.8.16	维也那
130	阿尔贝特·阿斯切曼	瑞士	1925.11.29	日内瓦
131.5	阿尔贝特·阿斯切曼	瑞士	1925.12.9	洛桑
132.5	利奥波德·特雷弗尼	奥地利	1926.5.30	维也那
133.5	瓦尔特·蒙	德国	1927.4.24	汉堡
140.5	卡尔·希普芬格	奥地利	1927.6.26	维也那
142.5	卡尔·希普芬格	奥地利	1927.7.31	维也那
143	安特·阿拉法	埃及	1931.8.22	开罗

成绩	姓名	国籍	比赛时间	比赛地点
144	鲁道夫·伊斯马尔	德国	1933.10.30	慕尼黑
145	鲁道夫·伊斯马尔	德国	1935.1.10	弗赖辛
146	赫尔穆特·奥普斯切鲁夫	德国	1935.3.10	特里尔
147.5	赫尔穆特·奥普斯切鲁夫	德国	1936.4.19	本讷肯施泰因
149.5	赫德尔·萨耶德·杜尼	埃及	1936.5.2	亚历山大
150.5	赫尔穆特·奥普斯切鲁夫	德国	1936.5.28	杜塞尔多夫
152.5	赫德尔·萨耶德·杜尼	埃及	1936.6.8	开罗
153.5	亨利·费拉里	法国	1943.2.13	巴黎
154.5	亨利·费拉里	法国	1943.8.27	巴黎
156.5	亨利·费拉里	法国	1945.9.18	巴黎
158	亨利·费拉里	法国	1946.2.15	巴黎
160	斯坦利·斯坦奇克	美国	1947.4.19	埃森
161	皮特·乔治	美国	1948.2.6	约克
162	皮特·乔治	美国	1950.1.15	洛杉矶
164.5	皮特·乔治	美国	1950.1.27	洛克
168.5	塔米奥·科诺	美国	1953.8.29	斯德哥尔摩
169.5	亚历山大·库里诺夫	苏联	1958.9.26	罗斯托夫
170	亚历山大·库里诺夫	苏联	1960.8.14	里加
170.5	亚历山大·库里诺夫	苏联	1960.9.8	罗马
171	亚历山大·库里诺夫	苏联	1961.10.1	布鲁克 – 莱莎
171.5	汉斯·兹德拉什拉	捷克	1963.2.23	布拉格
172.5	汉斯·兹德拉什拉	捷克	1963.2.23	布拉格
175.5	弗拉迪米尔·贝里亚耶夫	苏联	1964.1.29	基辅
177.5	汉斯·兹德拉什拉	捷克	1964.10.14	东京
178	维克多·库伦佐夫	苏联	1965.6.10	索非亚
178.5	弗拉迪米尔·贝里亚耶夫	苏联	1965.10.17	札波罗结
179	维克多·库伦佐夫	苏联	1966.5.24	基辅
182	维克多·库伦佐夫	苏联	1966.12.18	柏林
183	维克多·库伦佐夫	苏联	1967.7.3	列宁勒格
185	维克多·库伦佐夫	苏联	1968.8.31	杜布纳

成绩	姓名	国籍	比赛时间	比赛地点
187.5	维克多·库伦佐夫	苏联	1968.10.16	墨西哥城
188	内德尔乔·科列夫	保加利亚	1973.6.14	马德里
190	内德尔乔·科列夫	保加利亚	1973.9.19	哈瓦那
190.5	约丹·米特科夫	保加利亚	1976.4.7	柏林
191	瓦尔坦·米利托希扬	苏联	1976.4.7	柏林
192.5	瓦列里·斯米尔诺夫	苏联	1976.5.13	卡拉干达
193	尤里·瓦尔达尼扬	苏联	1976.12.11	斯维尔德罗夫斯克
195	瓦尔坦·米利托希扬	苏联	1977.1.30	柏林
195.5	瓦尔坦·米利托希扬	苏联	1977.12.15	梁赞
196	瓦尔坦·米利托希扬	苏联	1978.6.14	哈夫罗夫
196.5	亚历山大·洛嘉科夫	苏联	1978.11.16	埃列克特罗斯塔利
197	约丹·米特科夫	保加利亚	1980.2.1	瓦尔那
197.5	亚森·兹拉特夫	保加利亚	1980.4.29	贝尔格莱德
200	亚历山大·佩尔维	苏联	1980.7.24	莫斯科
205	亚历山大·佩尔维	苏联	1980.7.24	莫斯科
205.5	亚森·兹拉特夫	保加利亚	1980.7.24	莫斯科
206	杨科·鲁谢夫	保加利亚	1981.9.16	里尔
206.5	杨科·鲁谢夫	保加利亚	1982.4.8	瓦尔那
207.5	明乔·帕绍夫	保加利亚	1982.9.22	卢布尔雅那
208	扬科·鲁谢夫	保加利亚	1982.9.22	卢布尔雅那
208.5	明乔·帕绍夫	保加利亚	1982.9.22	卢布尔雅那
209	扬科·鲁谢夫	保加利亚	1982.9.22	卢布尔雅那
210	亚历山大·瓦尔巴诺夫	保加利亚	1983.10.26	莫斯科
210.5	明乔·帕绍夫	保加利亚	1984.9.14	瓦尔那
211	兹德拉夫科·斯托伊奇科夫	保加利亚	1984.9.14	瓦尔那
211.5	亚历山大·瓦尔巴诺夫	保加利亚	1985.8.26	南特耶
212	亚历山大·瓦尔巴诺夫	保加利亚	1985.11.9	蒙特卡罗
212.5	亚历山大·瓦尔巴诺夫	保加利亚	1986.5.9	卡尔马克市
215	亚历山大·瓦尔巴诺夫	保加利亚	1986.11.11	索非亚
215.5	亚历山大·瓦尔巴诺夫	保加利亚	1987.12.5	汉城

8. 总成绩（推抓挺 3 项）

成绩	姓名	国籍	比赛时间	比赛地点
405	斯坦利·斯埋奇克	美国	1947.9.27	费城
407.5	塔米奥·科诺	美国	1953.8.29	斯德哥尔摩
410	塔米奥·科诺	美国	1954.10.17	里尔
415	费多尔·勃格达诺夫斯基	苏联	1956.4.11	莫斯科
420	费多尔·勃格达诺夫斯基	苏联	1956.11.24	墨尔本
430	塔米奥·科诺	美国	1958.9.19	斯德哥尔摩
437.5	亚历山大·库里诺夫	苏联	1960.9.8	罗马
440	亚历山大·库里诺夫	苏联	1961.3.10	莫斯科
445	维克多·库伦佐夫	苏联	1964.6.27	莫斯科
447.5	亚历山大·库里诺夫	苏联	1964.9.24	弗拉迪沃斯托克
450	维克多·库伦佐夫	苏联	1965.5.9	埃里森
452.5	大内仁	日本	1965.11.21	大阪
455	大内仁	日本	1966.12.16	曼谷
465	维克多·库伦佐夫	苏联	1967.4.8	第比利斯
467.5	维克多·库伦佐夫	苏联	1967.7.3	列宁格斯
470	维克多·库伦佐夫	苏联	1967.10.18	墨西哥城
472.5	维克多·库伦佐夫	苏联	1968.4.6	杜布纳
482.5	维克多·库伦佐夫	苏联	1968.8.31	杜布纳
485	约丹·比科夫	保加利亚	1972.8.31	慕尼黑

9. 总成绩（抓挺两项）

成绩	姓名	国籍	比赛时间	比赛地点
325	维克多·库伦佐夫	苏联	–	–
327.5	瓦伦金·米克海诺夫	苏联	1973.4.26	顿涅茨克
330	内德尔乔·科列夫	保加利亚	1973.6.14	马德里
337.5	内德尔乔·科列夫	保加利亚	1973.9.19	哈瓦那
340	内德尔乔·科列夫	保加利亚	1974.6.2	维罗纳
342.5	瓦列里·斯米尔诺夫	苏联	1976.5.13	卡拉干达
345	约丹·米特科夫	保加利亚	1976.5.25	索非亚
347.5	尤里·瓦尔达尼扬	苏联	1977.5.7	罗斯托夫

成绩	姓名	国籍	比赛时间	比赛地点
350	内德尔乔·科列夫	保加利亚	1980.2.1	瓦尔纳
352.5	亚森·兹拉特夫	保加利亚	1980.2.1	瓦尔纳
355	亚森·兹拉特夫	保加利亚	1980.4.29	贝尔格莱德
357.5	亚历山大·佩尔维	苏联	1980.7.24	莫斯科
360	亚森·兹拉特夫	保加利亚	1980.7.24	莫斯科
362.5	杨科·鲁谢夫	保加利亚	1982.9.22	卢布尔雅那
365	杨科·鲁谢夫	保加利亚	1982.9.22	卢布尔雅那
367.5	亚历山大·瓦尔巴诺夫	保加利亚	1983.5.13	里尔
370	亚历山大·瓦尔巴诺夫	保加利亚	1983.10.26	斯斯科
375	兹德拉夫科·斯托伊奇科夫	保加利亚	1984.9.14	瓦尔那
377.5	兹德拉夫科·斯托伊奇科夫	保加利亚	1984.9.14	瓦尔那
380	亚历山大·瓦尔巴诺夫	保加利亚	1987.12.5	汉城
382.5	亚历山大·瓦尔巴诺夫	保加利亚	1988.2.20	普罗夫迪夫

（六）82.5公斤级（1912年1月~1992年12月31日）

1. 右手抓举

成绩	姓名	国籍	比赛时间	比赛地点
90	欧内斯特·凯迪	法国	1922.4.2	巴黎
92.5	欧根·迪尤特斯奇	德国	1931.10.24	慕尼黑
95	弗里兹·哈利尔	奥地利	1935.7.13	维也那

2. 左手抓举

成绩	姓名	国籍	比赛时间	比赛地点
77	约瑟夫·杜查特奥	法国	1912.1.5	巴黎
77.5	索尔·霍罗普	爱沙尼亚	1923.9.11	塔尔图
78	卡罗斯·贝尔加拉	阿根廷	1923.9.29	布宜诺斯艾利斯
79	卡罗斯·贝尔加拉	阿根廷	1924.3.22	布宜诺斯艾利斯
80	索尔·霍罗普	爱沙尼亚	1924.4.27	塔林
81	赫尔曼·格卢克	奥地利	1925.3.29	维也那

成绩	姓名	国籍	比赛时间	比赛地点
82	约瑟夫·布切夫	奥地利	1926.6.6	维也那
82.5	汉斯·冯·特雷比托夫斯基	德国	1926.8.29	多特蒙德
85	汉斯·冯·特雷比托夫斯基	德国	1927.2.1	科布伦茨
87.5	安东·吉特尔	德国	1932.2.16	慕尼黑
89.5	理查德·列奥波德	德国	1933.3.12	埃尔福特
90	安东·吉特尔	德国	1933.6.24	弗赖辛

3. 右手挺举

成绩	姓名	国籍	比赛时间	比赛地点
91	约瑟夫·查特奥	法国	1912.1.5	巴黎
92.5	艾里克·佩特森	瑞典	1920.8.28	安特卫普
94	艾里克·佩特森	瑞典	1923.7.1	雅克德罗
95	索尔·霍罗普	爱沙尼亚	1923.10.18	塔尔图
100	索尔·霍罗普	爱沙尼亚	1924.4.27	塔林
107.5	弗里德里奇·休伦贝格	瑞士	1924.7.23	巴黎

4. 左手挺举

成绩	姓名	国籍	比赛时间	比赛地点
90	阿波利莱雷·蒙纳特	法国	1912.1.5	巴黎
92.5	查尔斯·里高洛特	法国	1924.7.23	巴黎
95	杜斯索尔	法国	1928.5.16	巴黎
100	拜尔维斯·卡尔	德国	1931.11.15	埃森
105	伊万·马尔特塞夫	苏联	1947.7.14	塞瓦斯托波尔
111.5	伊万·马尔特塞夫	苏联	1949.2.6	莫斯科
112	伊万·马尔特塞夫	苏联	1947.2.27	莫斯科
112.5	伊万·马尔特塞夫	苏联	1949.4.12	马哈奇卡拉
113	伊万·马尔特塞夫	苏联	1949.5.4	坦波夫

5. 推举

成绩	姓名	国籍	比赛时间	比赛地点
86.5	简·斯帕雷	苏联	1918.3.15	莫斯科
87.5	弗雷德里奇·贾	德国	1920.8.22	斯图加特
90	约瑟夫·斯特纳伯格	德国	1920.8.22	斯图加特
95	罗吉·弗朗科伊斯	法国	1922.4.30	塔林
96	约翰尼斯·托姆	爱沙尼亚	1924.4.26	塔林
100	阿尔弗雷德·斯查雷尔	瑞士	1924.7.23	巴黎
106.5	汉斯·冯·特雷比托夫斯基	德国	1926.8.29	多特蒙德
107.5	雅科布·沃格特	德国	1927.1.2	科布伦茨
108.5	汉斯·冯·特雷比托夫斯基	德国	1927.11.16	苏黎士
109	埃尼恩·勃塞夫	保加利亚	1928.5.16	巴黎
110	瓦克拉夫·普塞尼卡	捷克斯洛伐克	1928.6.24	布拉格
111	瓦克拉夫·普塞尼卡	捷克斯洛伐克	1928.10.29	布拉格
112.5	雅科布·沃格布	德国	1932.2.16	慕尼黑
113	安特·阿拉法	埃及	1932.12.26	开罗
113.5	欧根·迪尤特斯奇	德国	1934.10.14	奥格斯堡
114	赫辛·埃尔·泽尼	埃及	1938.5.5	开罗
115	汉斯·瓦尔拉	奥地利	1938.6.17	维也那
115.5	汉斯·瓦尔拉	奥地利	1940.3.30	维也那
122.5	赫德埃尔·萨耶德·杜尼	埃及	1943.8.5	开罗
127.5	格里高里·诺瓦克	苏联	1946.10.19	巴黎
130	格里高里·诺瓦克	苏联	1946.10.25	巴黎
137.5	格里高里·诺瓦克	苏联	1946.12.24	高尔基
138	格里高里·诺瓦克	苏联	1947.3.5	莫斯科
138.5	格里高里·诺瓦克	苏联	1947.4.22	莫斯科
139	格里高里·诺瓦克	苏联	1947.7.2	赫尔辛基
139.5	格里高里·诺瓦克	苏联	1947.7.20	基辅
140.5	格里高里·诺瓦克	苏联	1947.9.3	斯大林诺
141	格里高里·诺瓦克	苏联	1947.10.26	列宁格勒
141.5	格里高里·诺瓦克	苏联	1947.12.30	莫斯科
142	格里高里·诺瓦克	苏联	1948.1.30	莫斯科

成绩	姓名	国籍	比赛时间	比赛地点
142.5	格里高里·诺瓦克	苏联	1949.5.18	沃罗涅升
143	格里高里·诺瓦克	苏联	1949.8.16	莫斯科
144	塔米奥·科诺	美国	1956.3.9	火奴鲁鲁
144.5	塔米奥·科诺	美国	1957.2.1	火奴鲁鲁
145	塔米奥·科诺	美国	1957.3.1	火奴鲁鲁
145.5	阿拉托利·兹泰特斯基	苏联	1958.9.21	卢甘斯克
147.5	鲁道夫·普留克费尔德尔	苏联	1958.9.26	罗斯托夫
148	阿拉托利·兹泰特斯基	苏联	1958.10.26	布拉马托尔斯克
150.5	马歇尔·帕特尼	法国	1959.7.25	马赛
151	阿拉托利·兹泰特斯基	苏联	1959.11.29	喀山
153	塔米奥·科诺	美国	1961.3.10	莫斯科
153.5	塔米奥·科诺	美国	1961.6.17	东京
155.5	葛佐·维雷斯	匈牙利	1962.5.5	布达佩斯
157.5	葛佐·维雷斯	匈牙利	1962.6.3	布达佩斯
160	葛佐·维雷斯	匈牙利	1963.5.5	布达佩斯
161	瓦希里·伊沙科夫	苏联	1966.3.20	里加
163.5	葛佐·维雷斯	匈牙利	1966.11.27	陶陶巴尼亚
165	尼科莱·赫罗沙耶夫	苏联	1967.5.30	罗斯托夫
165.5	尼科莱·赫罗沙耶夫	苏联	1967.12.1	克拉斯诺达尔
167	尼科莱·赫罗沙耶夫	苏联	1968.12.2	阿尔马塔
168.5	尼科莱·赫罗沙耶夫	苏联	1969.6.18	哈尔科夫
170	阿诺德·戈鲁勃维奇	苏联	1969.7.8	基辅
170.5	汉斯·贝坦博格	瑞典	1969.10.12	马隆
171	汉斯·贝坦博格	瑞典	1969.11.16	基律纳
171.5	汉斯·贝坦博格	瑞典	1969.11.23	斯肯
172.5	汉斯·贝坦博格	瑞典	1969.12.7	名古屋
173	汉斯·贝坦博格	瑞典	1970.4.5	斯德哥尔摩
174.5	汉斯·贝坦博格	瑞典	1970.4.18	马隆
175.5	汉斯·贝坦博格	瑞典	1970.5.10	赛德哈门
176	汉斯·贝坦博格	瑞典	1970.8.21	法伦

成绩	姓名	国籍	比赛时间	比赛地点
177	克泽斯拉夫·帕特卡	波兰	1971.10.10	比得哥煦
177.5	伊戈尔·卡拉切尼科夫	苏联	1972.4.13	塔林
178	瓦列里·沙里	苏联	1972.5.14	莫斯科
178.5	根纳迪·伊万切恩科	苏联	1972.5.18	里加

6. 抓举

成绩	姓名	国籍	比赛时间	比赛地点
90	简·斯帕雷	苏联	1918.3.14	苏联
92.5	霍尔曼·斯切文特	德国	1919.8.9	慕尼黑
95	罗吉·弗朗科伊斯	法国	1922.4.29	塔林
105	欧内斯特·凯迪	法国	1923.8.27	巴黎
108	欧内斯特·凯迪	法国	1923.8.27	巴黎
108.5	欧内斯特·凯迪	法国	1925.1.31	巴黎
110.5	雅科布·沃格特	德国	1927.6.20	慕尼黑
111	路易斯·霍斯丁	法国	1928.3.15	马赛
112.5	路易斯·霍斯丁	法国	1928.4.5	巴黎
114	路易斯·霍斯丁	法国	1928.12.28	巴黎
115	艾尔·萨耶德·纳赛尔	埃及	1929.3.13	亚历山大
116	艾尔·萨耶德·纳赛尔	埃及	1929.3.31	亚历山大
118	路易斯·霍斯丁	法国	1930.7.7	巴黎
119	斯文德·奥尔森	丹麦	1932.1.1	哥本哈根
120	莫赫塔·侯赛因	埃及	1932.4.23	开罗
121	弗里兹·哈利尔	奥地利	1935.12.15	维也那
122	路易斯·霍斯丁	法国	1936.7.18	巴黎
123	路易斯·霍斯丁	法国	1937.8.16	Nice
123.5	弗里兹·哈利尔	奥地利	1937.10.17	维也那
124	亨利·费拉里	法国	1940.3.16	巴黎
125	约翰·大卫	美国	1940.4.10	约克
125.5	亨利·费拉里	法国	1945.12.1	巴黎
130	格里高里·诺瓦克	苏联	1946.10.19	巴黎

成绩	姓名	国籍	比赛时间	比赛地点
130.5	格里高里·诺瓦克	苏联	1947.4.22	莫斯科
131	格里高里·诺瓦克	苏联	1947.10.26	列宁格勒
131.5	格里高里·诺瓦克	苏联	1947.12.30	莫斯科
132	斯坦利·斯坦奇克	美国	1949.5.22	克利夫兰
132.5	阿尔卡迪·沃罗比耶夫	苏联	1950.5.15	哈尔科夫
133	阿尔卡迪·沃罗比耶夫	苏联	1950.12.25	莫斯科
133.5	阿尔卡迪·沃罗比耶夫	苏联	1951.11.5	巴登
135	阿尔卡迪·沃罗比耶夫	苏联	1952.12.18	斯大林格勒
136	阿尔卡迪·沃罗比耶夫	苏联	1953.8.29	斯德哥尔摩
137.5	詹姆士·乔治	美国	1956.11.26	墨尔本
138	鲁道夫·普留克费尔德尔	苏联	1958.9.26	罗斯托夫
138.5	鲁道夫·普留克费尔德尔	苏联	1958.12.16	高尔基
141	鲁道夫·普留克费尔德尔	苏联	1959.10.3	华沙
141.5	鲁道夫·普留克费尔德尔	苏联	1930.12.20	乌法
142	鲁道夫·普留克费尔德尔	苏联	1961.12.21	第聂伯彼得罗夫斯克
143.5	雅科·卡伊拉雅维	芬兰	1962.7.1	埃赖耶尔维
146.5	雅科·卡伊拉雅维	芬兰	1962.9.20	布达佩斯
147.5	路伊斯·林克	美国	1964.4.10	洛杉矶
148	诺伯特·奥西姆克	波兰	1967.10.31	德黑兰
149	大内仁	日本	1967.8.20	江刺
150	大内仁	日本	1967.10.18	墨西哥城
150.5	弗拉迪米尔·贝利亚耶夫	苏联	1968.2.24	墨西哥城
152.5	大内仁	日本	1969.9.25	华沙
153	冈纳迪·伊凡钦科	苏联	1971.2.14	巴黎
153.5	朱哈尼·阿维兰	芬兰	1971.8.28	黑诺拉
155	凯罗·卡加尼米	芬兰	1971.11.27	破日城
156	鲁曼·鲁谢夫	保加利亚	1972.4.8	布达佩斯
156.5	瓦列里·沙里	苏联	1972.7.13	里加
158	瓦列里·沙里	苏联	1972.7.13	里加
159.5	弗拉迪米尔·雷什科夫	苏联	1972.12.24	索契

成绩	姓名	国籍	比赛时间	比赛地点
160	大卫·里格尔特	苏联	1972.12.24	索契
160.5	瓦列里·沙里	苏联	1973.4.28	顿涅茨克
161	弗拉迪米尔·雷什科夫	苏联	1973.6.15	马德里
161.5	弗拉迪米尔·雷什科夫	苏联	1973.12.16	图阿普谢
162.5	弗拉迪米尔·雷什科夫	苏联	1974.3.18	埃里森
163	弗拉迪米尔·雷什科夫	苏联	1974.4.28	第比利斯
163.5	弗拉迪米尔·雷什科夫	苏联	1974.6.3	维罗那
165	大卫·里格尔特	苏联	1975.1.25	基督堂市
165.5	瓦列里·沙里	苏联	1975.7.8	维尔纽斯
167.5	特伦达费尔·斯托伊切夫	保加利亚	1976.4.8	柏林
170	勃拉戈伊·勃拉戈耶夫	保加利亚	1976.5.25	索非亚
170.5	尤里·瓦尔达尼扬	苏联	1978.6.15	哈夫罗夫
171	尤里·瓦尔达尼扬	苏联	1978.10.6	葛底斯堡
172.5	勃拉戈伊·勃拉戈耶夫	保加利亚	1979.5.29	瓦尔那
173	勃拉戈伊·勃拉戈耶夫	保加利亚	1979.7.10	索非亚
175	勃拉戈伊·勃拉戈耶夫	保加利亚	1979.7.10	索非亚
175.5	尤里·瓦尔达尼扬	苏联	1979.7.30	列宁格勒
176	勃拉戈伊·勃拉戈耶夫	保加利亚	1979.12.16	索非亚
177.5	尤里·瓦尔达尼扬	苏联	1980.7.26	莫斯科
178	尤里·瓦尔达尼扬	苏联	1981.9.17	里尔
178.5	尤里·瓦尔达尼扬	苏联	1981.11.14	维也那
179	伊斯莱尔·阿尔沙马科夫	苏联	1982.5.22	第聂伯罗彼得罗夫斯克
180	亚森·兹拉特夫	保加利亚	1982.9.23	卢布尔雅那
180.5	尤里·瓦尔达尼扬	苏联	1983.10.27	莫斯科
181	赫拉帕蒂·阿纳托利	苏联	1984.9.14	瓦尔那
181.5	尤里·瓦尔达尼扬	苏联	1984.9.14	瓦尔那
182.5	尤里·瓦尔达尼扬	苏联	1984.9.14	瓦尔那
183	亚森·兹拉特夫	苏联	1986.12.7	墨尔本

7. 挺举

成绩	姓名	国籍	比赛时间	比赛地点
116.5	简·斯帕雷	苏联	1918.3.17	莫斯科
130	约瑟夫·莫赫	德国	1919.8.9	慕尼黑
135	欧内斯特·凯迪	法国	1920.8.28	安特卫普
140	欧内斯特·凯迪	法国	1923.8.27	巴黎
140.5	欧内斯特·凯迪	法国	1923.10.18	巴黎
141	查尔斯·里格洛特	法国	1924.2.25	巴黎
142	路易斯·霍斯丁	法国	1928.3.15	马赛
142.5	路易斯·霍斯丁	法国	1928.7.29	阿姆斯特丹
	艾尔·萨耶德·纳塞尔	埃及	1928.7.29	阿姆斯特丹
143	艾尔·萨耶德·纳塞尔	埃及	1929.3.13	开罗
143.5	卡尔·贝尔维斯	德国	1929.6.16	慕尼黑
148	艾尔·萨耶德·纳塞尔	埃及	1929.8.31	亚历山大
150.5	路易斯·霍斯丁	法国	1930.7.7	巴黎
153	路易斯·霍斯丁	法国	1931.2.15	巴黎
155	斯文德·奥尔森	丹麦	1932.1.1	哥本哈根
156	莫赫塔·侯赛因	埃及	1932.4.13	开罗
157	路易斯·霍斯丁	法国	1936.6.28	巴黎
160	伊枸拉汉·华西夫	埃及	1938.7.30	亚历山大
161	亨利·费拉里	法国	1945.9.20	巴黎
169	亨利·费拉里	法国	1945.12.1	巴黎
170	阿尔卡迪·沃罗比耶夫	苏联	1953.2.23	斯维尔德罗夫斯克
170.5	特罗菲姆·洛马金	苏联	1953.3.22	莫斯科
172.5	塔米奥·科诺	美国	1954.10.10	维也那
173	特罗菲姆·洛马金	苏联	1955.5.3	明斯克
175	塔米奥·科诺	美国	1956.11.26	墨尔本
176	詹姆士·乔治	美国	1956.12.5	墨尔本
176.5	★赵庆奎	中国	1958.9.30	北京
177.5	★赵庆奎	中国	1958.11.30	北京
176.5	鲁道夫·普留克费尔德尔	苏联	1959.8.13	莫斯科
177	瓦西里·佩戈夫	苏联	1959.8.13	莫斯科

成绩	姓名	国籍	比赛时间	比赛地点
178.5	伊雷纽斯·帕林斯基	波兰	1959.10.3	华沙
180	伊雷纽斯·帕林斯基	波兰	1960.9.9	罗马
180.5	葛佐·维雷斯	匈牙利	1962.6.3	布达佩斯
184	葛佐·维雷斯	匈牙利	1963.4.6	布达佩斯
185	葛佐·维雷斯	匈牙利	1963.9.11	斯德哥尔摩
187	葛佐·维雷斯	匈牙利	1963.12.22	松博特海伊
190	葛佐·维雷斯	匈牙利	1966.10.19	柏林
190.5	勃里斯·希利特斯基	苏联	1969.1.2	德黑兰
191	勃里斯·帕夫洛夫	苏联	1969.11.28	图阿普谢
191.5	冈纳迪·伊凡钦科	苏联	1969.12.18	利沃夫
192.5	朱哈尼·阿维兰	芬兰	1970.10.10	松德比贝里
193	勃里斯·帕夫洛夫	苏联	1971.6.8	波多利斯克
193.5	朱哈尼·阿维兰	芬兰	1971.8.28	黑诺拉
194	费利克斯·纳尼耶夫	苏联	1971.11.28	彻瑞坡韦特
195.5	冈纳迪·伊凡钦科	苏联	1971.12.25	里加
198	勃里斯·帕夫洛夫	苏联	1972.3.12	哈尔姆斯塔德
201	大卫·里格尔特	苏联	1972.12.24	索契
201.5	弗拉迪米尔·雷辛科夫	苏联	1973.6.15	马德里
202	弗拉迪米尔·雷辛科夫	苏联	1974.3.18	埃里森
202.5	弗拉迪米尔·雷辛科夫	苏联	1974.4.28	第比利斯
203	瓦列里·沙里	苏联	1975.3.18	札波罗结
203.5	瓦列里·沙里	苏联	1975.7.8	维尔纽斯
204.5	瓦列里·沙里	苏联	1976.2.22	图拉
207.5	罗尔夫·米尔泽	联邦德国	1976.4.8	柏林
210	尤里·瓦尔达民扬	苏联	1978.3.18	莫斯科
210.5	尤里·瓦尔达民扬	苏联	1978.10.6	葛底斯堡
211	尤里·瓦尔达民扬	苏联	1979.3.23	列宁格勒
211.5	尤里·瓦尔达民扬	苏联	1979.4.7	梅森
212.5	尤里·瓦尔达民扬	苏联	1979.6.3	列宁纳坎
213	尤里·瓦尔达民扬	苏联	1979.7.30	列宁格勒

成绩	姓名	国籍	比赛时间	比赛地点
215	尤里·瓦尔达民扬	苏联	1979.7.30	列宁格勒
215.5	尤里·瓦尔达民扬	苏联	1980.7.26	莫斯科
222.5	尤里·瓦尔达民扬	苏联	1980.7.26	莫斯科
223	尤里·瓦尔达民扬	苏联	1981.9.17	里尔
223.5	亚历山大·佩尔维	苏联	1982.3.5	伏龙茨
224	尤里·瓦尔达民扬	苏联	1984.9.14	瓦尔纳
225	亚森·兹拉特夫	保加利亚	1986.11.12	索菲亚

8. 总成绩（推抓挺 3 项）

成绩	姓名	国籍	比赛时间	比赛地点
425	格里高里·诺瓦克	苏联	1946.10.19	巴黎
430	阿尔卡迪·沃罗比耶夫	苏联	1953.8.29	斯德哥尔摩
435	塔米奥·科诺	美国	1954.10.10	维也那
447.5	塔米奥·科诺	美国	1956.11.26	墨尔本
450	特罗菲姆·洛马金	苏联	1957.11.11	德黑兰
457.5	鲁道夫·普留克费尔德尔	苏联	1959.10.3	华沙
460	塔米奥·科诺	美国	1961.3.10	莫斯科
462.5	鲁道夫·普留克费尔德尔	苏联	1961.12.21	第聂伯彼得罗夫斯克
465	葛佐·维雷斯	匈牙利	1962.6.17	布达佩斯
475	葛佐·维雷斯	匈牙利	1963.5.5	布达佩斯
477.5	葛佐·维雷斯	匈牙利	1963.9.11	斯德哥尔摩
480	葛佐·维雷斯	匈牙利	1966.10.19	柏林
	弗拉迪米尔·贝尔亚耶夫	苏联	1966.10.19	柏林
485	葛佐·维雷斯	匈牙利	1966.10.19	柏林
	弗拉迪米尔·贝利亚耶夫	苏联	1966.10.19	柏林
487.5	勃里斯·希利特斯基	苏联	1968.12.21	阿尔马塔
490	阿诺德·戈鲁勃维奇	苏联	1969.7.8	基辅
495	冈纳迪·伊凡钦科	苏联	1969.12.18	利沃夫
500	冈纳迪·伊凡钦科	苏联	1970.4.24	维尔纽斯

成绩	姓名	国籍	比赛时间	比赛地点
502.5	冈纳迪·伊凡钦科	苏联	1970.9.17	哥伦布
505	冈纳迪·伊凡钦科	苏联	1970.9.17	哥伦布
507.5	勃里斯·帕夫洛夫	苏联	1970.10.11	哈尔科夫
510	瓦列里·沙里	苏联	1971.12.5	埃里森
512.5	勃里斯·帕夫洛夫	苏联	1972.3.12	哈尔姆斯塔德
515	勃里斯·帕夫洛夫	苏联	1972.4.13	塔林
522.5	瓦列里·沙里	苏联	1972.5.14	莫斯科
527.5	瓦列里·沙里	苏联	1972.5.14	莫斯科

9. 总成绩（抓挺两项）

成绩	姓名	国籍	比赛时间	比赛地点
355	大卫·里格尔特	苏联	1972.12.24	索契
357.5	弗拉迪米尔·雷辛科夫	苏联	1973.12.16	图阿普谢
360	弗拉迪米尔·雷辛科夫	苏联	1974.3.18	埃里森
362.5	弗拉迪米尔·雷辛科夫	苏联	1974.4.28	第比利斯
365	瓦列里·沙里	苏联	1975.7.8	维尔纽斯
367.5	瓦列里·沙里	苏联	1976.2.22	图拉
370	勃拉戈伊·勃拉戈耶夫	保加利亚	1976.5.25	索非亚
372.5	特伦达菲·斯托伊切夫	保加利亚	1976.5.25	索非亚
375	尤里·瓦尔达尼扬	苏联	1978.3.18	莫斯科
377.5	尤里·瓦尔达尼扬	苏联	1978.10.6	葛底斯堡
380	勃拉戈伊·勃拉戈耶夫	保加利亚	1979.5.24	瓦尔那
382.5	尤里·瓦尔达尼扬	苏联	1979.6.3	列宁纳坎
385	勃拉戈伊·勃拉戈耶夫	保加利亚	1979.7.10	索非亚
387.5	尤里·瓦尔达尼扬	苏联	1979.7.30	列宁格勒
390	尤里·瓦尔达尼扬	苏联	1979.7.30	列宁格勒
392.5	尤里·瓦尔达尼扬	苏联	1980.7.26	莫斯科
400	尤里·瓦尔达尼扬	苏联	1980.7.26	莫斯科
402.5	阿纳托里·赫拉帕蒂	苏联	1984.9.14	瓦尔纳
405	尤里·瓦尔达尼扬	苏联	1984.9.14	瓦尔纳

（七）82.5 公斤以上级（1907 年 6 月 7 日~1950 年 12 月 31 日）

1. 右手抓举

成绩	姓名	国籍	比赛时间	比赛地点
91.5	海因里奇·朗迪	德国	1907.8.25	杜伊斯堡
92.5	海因里奇·朗迪	德国	1907.12.15	杜塞尔多夫
93	路易斯·瓦赛尔	法国	1909.10.10	鲁贝
94	海因里奇·朗迪	德国	1909.12.2	杜塞尔多夫
95	路易斯·瓦赛尔	法国	1910.5.22	鲁贝
96	查尔斯·里高罗特	法国	1924.11.23	巴黎
96.5	查尔斯·里高罗特	法国	1924.12.21	巴黎
98.5	查尔斯·里高罗特	法国	1925.2.8	巴黎
101	查尔斯·里高罗特	法国	1925.2.22	巴黎

2. 左手抓举

成绩	姓名	国籍	比赛时间	比赛地点
84.5	海因里奇·朗迪	德国	1909.12.2	杜塞尔多夫
85	路易斯·瓦赛尔	法国	1910.6.6	杜赛尔多夫
87.5	弗雷德里奇·化伦贝格	瑞士	1924.12.7	巴黎
90	阿诺德·鲁哈亚尔	爱沙尼亚	1927.12.17	塔林
95	尼科拉斯·里艾	德国	1931.11.15	埃森
96	谢尔盖·阿姆巴特萨耶	苏联	1946.10.28	巴黎

3. 右手挺举

成绩	姓名	国籍	比赛时间	比赛地点
104	路易斯·瓦赛尔	法国	1909.3.16	巴黎
105.5	弗雷德里奇·休伦贝格	瑞士	1925.3.14	日内瓦
113.5	弗雷德里奇·休伦贝格	瑞士	1925.7.5	雅克德罗
114.5	乔治·布鲁斯泰德	瑞典	1945.12.12	斯德哥尔摩
116	乔治·布鲁斯泰德	瑞典	1947.11.2	斯德哥尔摩
117.5	乔治·布鲁斯泰德	瑞典	1947.11.31	斯德哥尔摩

4. 左手挺举

成绩	姓名	国籍	比赛时间	比赛地点
92.5	路易斯·瓦赛尔	法国	1909.9.11	图尔昆
94	路易斯·瓦赛尔	法国	1910.5.29	鲁贝
96	路易斯·瓦赛尔	法国	1910.5.29	鲁贝
98	路易斯·瓦赛尔	法国	1910	鲁贝
101	赫尔曼·加斯列尔	德国	1912.1.28	巴黎
102.5	保尔·沃尔	德国	1934	杜塞尔多夫
103	汉斯·雅格利	德国	1934.4.21	拉布
104.5	汉斯·雅格利	德国	1934.5.12	卡尔斯鲁尼
105	保尔·沃尔	德国	1934.7.7	斯图加特
107	汉斯·雅格利	德国	1935.1.20	巴本
110.5	伊万·马尔特希夫	苏联	1948.7.11	坦波夫
112.5	伊万·马尔特希夫	苏联	1949.4.4	马哈奇卡拉
113.5	伊万·马尔特希夫	苏联	1949.9.4	明斯克
114	伊万·马尔特希夫	苏联	1949.11.12	列宁格勒

5. 推举

成绩	姓名	国籍	比赛时间	比赛地点
110	约瑟夫·斯特拉贝格	德国	1919.8.9	慕尼黑
115	卡尔·莫克	德国	1919.8.9	慕尼黑
116	菲利普奥·波特蒂诺	意大利	1922.6.4	罗马
119.5	弗朗士·埃格尼尔	奥地利	1925.8.16	维也那
120	约瑟夫·阿尔津	卢森堡	1925.10.4	巴黎
120.5	鲁道夫·斯奇尔贝格	奥地利	1925.12.20	维也那
122.5	鲁道夫·斯奇尔贝格	奥地利	1926.3.18	维也那
126.5	鲁道夫·斯奇尔贝格	奥地利	1928.11.11	维也那
128	鲁道夫·斯奇尔贝格	奥地利	1928.12.16	维也那
130	鲁道夫·斯奇尔贝格	奥地利	1930.9.28	维也那
133	鲁道夫·斯奇尔贝格	奥地利	1930.11.4	维也那
133.5	约瑟夫·曼杰尔	德国	1935.12.7	慕尼黑
134	约瑟夫·曼杰尔	德国	1935.12.5	慕尼黑

续表

成绩	姓名	国籍	比赛时间	比赛地点
135.5	约瑟夫·斯特拉贝格	德国	1935.12.25	纽伦堡
136.5	约瑟夫·斯特拉贝格	德国	1935.12.25	纽伦堡
137.5	约瑟夫·曼杰尔	德国	1936.5.10	埃森
139	约瑟夫·曼杰尔	德国	1936.6.27	班内格
140	约瑟夫·曼杰尔	德国	1937.2.13	利希滕费尔斯
141.5	约瑟夫·曼杰尔	德国	1937.3.4	巴黎
143	约瑟夫·曼杰尔	德国	1937.11.23	奥伯瓦登
143.5	约瑟夫·曼杰尔	德国	1938.5.9	班内格
144	约瑟夫·曼杰尔	德国	1938.10.10	班内格
145	约瑟夫·曼杰尔	德国	1939.7.15	慕尼黑
146	约瑟夫·曼杰尔	德国	1941.4.20	柏林
151.5	约翰·戴维斯	美国	1948.2.20	克利夫兰
152	约翰·戴维斯	美国	1948.5.13	芝加哥

6. 抓举

成绩	姓名	国籍	比赛时间	比赛地点
100	卡尔·莫克	德国	1919.8.9	慕尼黑
105	约瑟夫·斯特拉贝格	德国	1919.8.9	慕尼黑
110	赫尔曼·戈纳尔	德国	1919.8.9	慕尼墨
114	约瑟夫·阿尔津	卢森堡	1921.11.6	巴黎
116	查尔斯·里高罗特	法国	1924.12.2	巴黎
120	查尔斯·里高罗特	法国	1925.1.5	巴黎
120.5	查尔斯·里高罗特	法国	1925.1.25	巴黎
122	查尔斯·里高罗特	法国	1925.3.28	巴黎
126.5	查尔斯·里高罗特	法国	1925.6.28	巴黎
127.5	艾尔·萨耶德·纳赛尔	埃及	1932.5.23	开罗
128	保尔·沃尔	德国	1934.11.18	默林根
130	保尔·沃尔	德国	1935.1.10	斯图加特
131.5	约瑟夫·罗杰尔	德国	1936.11.14	柏林
135	罗纳德·沃尔克	英国	1936.12.5	伦敦

成绩	姓名	国籍	比赛时间	比赛地点
137.5	约翰·戴维斯	美国	1946.10.19	巴黎
139.5	约翰·戴维斯	美国	1947.9.27	费城
140.5	约翰·戴维斯	美国	1948.2.20	克利夫兰
141	约翰·戴维斯	美国	1948.5.13	芝加哥
142.5	约翰·戴维斯	美国	1948.8.11	伦敦
148	约翰·戴维斯	美国	1950.1.27	约克

7. 挺举

成绩	姓名	国籍	比赛时间	比赛地点
151	赫尔曼·加斯列尔	德国	1912.1.28	巴黎
152.5	查尔斯·里高罗特	法国	1924.12.21	巴黎
155.5	查尔斯·里高罗特	法国	1925.1.25	巴黎
157	查尔斯·里高罗特	法国	1925.2.12	里昂
160.5	查尔斯·里高罗特	法国	1925.3.15	巴黎
161.5	查尔斯·里高罗特	法国	1925.6.28	巴黎
162.5	艾尔·萨耶德·纳赛尔	埃及	1930.8.14	亚历山大
165.5	艾尔·萨耶德·纳赛尔	埃及	1930.8.14	亚历山大
167	艾尔·萨耶德·纳赛尔	埃及	1931.10.5	卢森堡
167.5	阿洛德·鲁哈亚尔	爱沙尼亚	1937.8.8	塔林
168	史蒂史·斯坦科	美国	1940.8.13	费城
170.5	穆罕默德·加伊萨	埃及	1945.4.9	开罗
171	雅科夫·库特森柯	苏联	1946.10.25	巴黎
173	雅科夫·库特森柯	苏联	1947.3.8	基辅
173.5	雅科夫·库特森科	苏联	1947.5.8	基辅
174	雅科夫·库特森科	苏联	1947.7.20	莫斯科
174.5	约翰·戴维斯	美国	1947.9.27	费城
177.5	约翰·戴维斯	美国	1948.8.11	伦敦

8. 总成绩（推抓挺 3 项）

成绩	姓名	国籍	比赛时间	比赛地点
435	约翰·戴维斯	美国	1946.10.19	巴黎
455	约翰·戴维斯	美国	1947.9.27	费城
462.5	约翰·戴维斯	美国	1950.10.15	巴黎

（八）90 公斤级（1951 年 1 月 1 日~1992 年 12 月 31 日）

1. 推举

成绩	姓名	国籍	比赛时间	比赛地点
122	罗伯特·斯切曼斯基	美国	1951.6.15	洛杉矶
125	罗伯特·斯切曼斯基	美国	1951.10.28	米兰
142	格里高里·诺瓦克	苏联	1951.11.22	埃里森
143	格里高里·诺瓦克	苏联	1952.4.14	莫斯科
143.5	格里高里·诺瓦克	苏联	1952.11.22	莫斯科
144	费多尔·奥西帕	苏联	1955.6.22	列宁格勒
145	阿尔卡迪·沃罗比耶夫	苏联	1955.10.10	慕尼黑
146	塔米奥·科诺	美国	1956.9.15	火奴鲁鲁
147.5	阿尔卡迪·沃罗比耶夫	苏联	1956.11.26	墨尔本
150	瓦西里·斯特潘诺夫	苏联	1958.5.24	阿卢什塔
150.5	瓦西里·斯特潘诺夫	苏联	1958.6.1	里加
153.5	阿拉托列·兹泰特斯基	苏联	1958.11.21	温尼特扎
154	瓦西里·斯特潘诺夫	苏联	1959.11.18	里加
154.5	罗伯特·谢伊尔曼	苏联	1960.4.17	斯维尔德罗夫斯克
155.5	特罗菲姆·洛马金	苏联	1960.6.7	列宁格勒
157	特罗菲姆·洛马金	苏联	1960.9.9	罗马
157.5	瓦西里·斯特潘诺夫	苏联	1961.9.9	苏呼米
159.5	瓦西里·斯特潘诺夫	苏联	1962.5.25	布拉格
160.5	威廉·马奇	美国	1963.1.12	费城
162.5	乔希·弗罗雷斯	荷属安德列斯	1963.4.25	圣保罗
163	弗拉迪米尔·戈罗瓦洛夫	苏联	1963.12.5	利沃夫
163.5	弗拉迪米尔·戈罗瓦洛夫	苏联	1964.2.18	哈巴洛夫斯克

成绩	姓名	国籍	比赛时间	比赛地点
164	弗拉迪米尔·戈罗瓦洛夫	苏联	1964.4.8	基辅
165	冈纳迪·特罗伊特斯基	苏联	1964.4.12	基辅
165.5	尼科莱·米罗连科	苏联	1964.4.27	基辅
166	维克多·莱亚赫	苏联	1964.10.5	罗斯托夫
167.5	维克多·莱亚赫	苏联	1964.11.23	伏尔加格勒
168	弗拉迪米尔·戈罗瓦洛夫	苏联	1965.3.8	哈巴罗夫斯克
168.5	马雷克·戈拉布	波兰	1966.5.21	巴罗各达
169	米克海尔·萨巴耶夫	苏联	1967.5.29	培尔姆
170.5	卡利斯·普姆普林什	苏联	1967.12.23	埃里森
171	萨肯·沙里波夫	苏联	1968.2.21	基辅
171.5	弗拉迪米尔·戈罗瓦洛夫	苏联	1968.2.21	基辅
172.5	博·约翰森	瑞典	1968.6.3	让塔维克
175	卡利斯·普姆普林什	苏联	1968.6.25	里加
175.5	卡尔罗·肯加斯尼埃米	芬兰	1968.7.27	破日城
176	亚历山大·基迪亚耶夫	苏联	1968.10.17	科诺托普
176.5	卡尔罗·肯加斯尼埃米	芬兰	1969.3.9	里希迈基
177.5	卡尔罗·肯加斯尼埃米	芬兰	1969.5.18	破日城
178	卡利斯·普姆普林什	苏联	1969.8.4	卢甘斯克
180	卡尔罗·骨加斯尼埃尔	苏兰	1969.10.26	拉赫蒂
181	卡利斯·普姆普林什	苏联	1969.12.19	利沃夫
181.5	博·约翰森	瑞典	1970.3.12	萨福勒
182	谢尔盖·波尔托拉特斯基	苏联	1970.4.25	维尔纽斯
186.5	尼科莱·霍洛夏耶夫	苏联	1970.11.16	伏尔加格勒
187.5	汉斯·贝坦伯格	瑞典	1971.2.21	博尔奈斯
190.5	博·约翰森	瑞典	1971.3.14	斯德哥尔摩
193	汉斯·贝坦伯格	瑞典	1971.4.18	法伦
193.5	博·约翰森	瑞典	1971.12.19	名古屋
195.5	汉斯·贝坦伯格	瑞典	1972.2.20	捷比亚
198	大卫·里格尔特	苏联	1972.7.13	里加

2. 抓举

成绩	姓名	国籍	比赛时间	比赛地点
133.5	罗伯特·谢曼斯基	美国	1951.6.15	洛杉矶
134	阿尔卡迪·沃罗比耶夫	苏联	1952.4.26	斯维尔德洛夫斯克
140	罗伯特·谢曼斯基	美国	1952.7.27	赫尔辛基
140.5	阿尔卡迪·沃罗比耶夫	苏联	1953.12.15	斯维尔德洛夫斯克
143	阿尔卡迪·沃罗比耶夫	苏联	1956.8.20	莫斯科
143.5	阿尔卡迪·沃罗比耶夫	苏联	1957.5.29	利沃夫
145	阿尔卡迪·沃罗比耶夫	苏联	1957.11.12	德黑兰
146	费多尔·奥西帕	苏联	1958.4.15	斯大林诺
146.5	亚历山大·加夫里洛夫	苏联	1963.3.10	莫斯科
147	弗拉迪米尔·别利索夫	苏联	1963.12.14	考那斯
149	弗拉迪米尔·别利索夫	苏联	1964.2.26	里加
150	阿纳托利·卡列尼饮科	苏联	1965.11.1	德黑兰
150.5	阿纳托利·卡列尼饮科	苏联	1967.4.9	第比利斯
151	简·塔尔茨	苏联	1967.8.1	莫斯科
151.5	阿纳托列·卡列尼饮科	苏联	1968.8.1	莫斯科
153	简·塔尔茨	苏联	1968.4.6	杜布纳
153.5	简·塔尔茨	苏联	1968.5.18	卢甘斯克
155.5	卡尔罗·肯加斯尼埃米	芬兰	1968.7.7	埃赖耶尔维
157.5	卡尔罗·肯加斯尼埃米	芬兰	1968.8.24	赫尔辛斯
158	卡尔罗·肯加斯尼埃米	芬兰	1968.10.18	墨西哥城
158.5	卡尔罗·肯加斯尼埃米	芬兰	1969.3.9	里希迈基
160.5	卡尔罗·肯加斯尼埃米	芬兰	1969.5.18	破日城
161	卡尔罗·肯加斯尼埃米	芬兰	1969.11.15	基律那
161.5	瓦西里·科洛托夫	苏联	1970.9.18	哥伦布
162	大卫·里格尔特	苏联	1970.11.16	伏尔加格勒
162.5	大卫·里格尔特	苏联	1971.7.22	莫斯科
163	瓦西里·科洛托夫	苏联	1971.7.22	莫斯科
165	大卫·里格尔特	苏联	1971.7.22	莫斯科
165.5	大卫·里格尔特	苏联	1972.4.14	塔林
166	大卫·里格尔特	苏联	1972.5.19	康斯坦察

成绩	姓名	国籍	比赛时间	比赛地点
167.5	大卫·里格尔特	苏联	1972.7.13	里加
168	大卫·里格尔特	苏联	1973.3.19	塔什干
168.5	大卫·里格尔特	苏联	1973.4.5	沙赫蒂
169	大卫·里格尔特	苏联	1973.4.28	顿涅茨克
170	大卫·里格尔特	苏联	1973.6.16	马德里
170.5	安东·尼柯洛夫	保加利亚	1974.2.23	布尔加斯
172.5	安东·尼柯洛夫	保加利亚	1974.4.27	布劳瑙
175	安东·尼柯洛夫	保加利亚	1974.4.27	布劳瑙
175.5	大卫·里格尔特	苏联	1974.11.2	格拉佐夫
178	大卫·里格尔特	苏联	1974.12.14	札波罗结
180	大卫·里格尔特	苏联	1976.5.14	卡拉干达
180.5	大卫·里格尔特	苏联	1978.6.16	哈夫罗夫
181	尤里·扎哈列维奇	苏联	1981.3.21	利沃夫
181.5	冈纳迪·伯索洛夫	苏联	1981.3.21	利沃夫
182	尤里·扎哈列维奇	苏联	1981.3.21	利沃夫
182.5	尤里·瓦尔达尼扬	苏联	1981.5.15	顿涅茨克
183.5	尤里·扎哈列维奇	苏联	1981.6.20	金沙
185	勃拉戈伊·勃拉戈耶夫	保加利亚	1981.9.18	里尔
185.5	勃拉戈伊·勃拉戈耶夫	保加利亚	1981.11.14	维也那
186	亚当·赛杜拉耶夫	苏联	1981.12.23	顿涅茨克
186.5	勃拉戈伊·勃拉戈耶夫	保加利亚	1982.4.3	亚特兰大
187.5	勃拉戈伊·勃拉戈耶夫	保加利亚	1982.4.8	瓦尔那
188	尤里·瓦尔达尼扬	苏联	1982.5.21	第聂伯罗彼得罗夫斯克
190	尤里·瓦尔达尼扬	苏联	1982.5.21	第聂伯罗彼得罗夫斯克
192.5	勃拉戈伊·勃拉戈耶夫	保加利亚	1982.9.24	卢布尔雅那
193	勃拉戈伊·勃拉戈耶夫	保加利亚	1982.11.13	哈尔姆斯塔德
195	勃拉戈伊·勃拉戈耶夫	保加利亚	1982.11.13	哈尔姆斯塔德
195.5	勃拉戈伊·勃拉戈耶夫	保加利亚	1983.5.1	瓦尔那

3. 挺举

成绩	姓名	国籍	比赛时间	比赛地点
158	罗伯特·谢曼斯基	美国	1951.6.15	洛杉矶
170	罗伯特·谢曼斯基	美国	1951.10.28	米兰
158	罗伯特·谢曼斯基	美国	1951.10.28	米兰
177.5	罗伯特·谢曼斯基	美国	1952.7.27	赫尔辛基
181	罗伯特·谢曼斯基	美国	1953.8.30	斯德哥尔摩
185	克利德·艾姆利奇	美国	1957.4.13	芝加哥
185.5	伊雷纽斯·帕林斯基	波兰	1960.6.26	巴黎
186	伊雷纽斯·帕林斯基	波兰	1960.12.18	托伦
186.5	伊雷纽斯·帕林斯基	波兰	1961.3.11	莫斯科
190	伊雷纽斯·帕林斯基	波兰	1961.9.24	维也那
190.5	路易斯·马丁	英国	1965.11.1	德黑兰
191.5	阿纳托利·卡列尼饮科	苏联	1967.4.9	第比利斯
192	维克多·斯契切夫	苏联	1967.4.9	第比利斯
193	简·塔尔茨	苏联	1967.6.18	索非亚
193.5	简·塔尔茨	苏联	1967.8.1	莫斯科
194	简·塔尔茨	苏联	1967.10.20	墨西哥城
195	简·塔尔茨	苏联	1968.2.24	墨西哥城
195.5	简·塔尔茨	苏联	1968.4.6	杜布纳
196	简·塔尔茨	苏联	1968.8.31	杜布纳
197.5	简·塔尔茨	苏联	1968.10.18	墨西哥城
199	弗兰克·卡普索拉斯	美国	1969.4.12	约克
200.5	瓦西里·科洛托夫	苏联	1970.4.25	维尔纽斯
201	瓦西里·科洛托夫	苏联	1970.6.26	松博特海伊
202.5	瓦西里·科洛托夫	苏联	1970.9.18	哥伦布
203	大卫·里格尔特	苏联	1971.3.13	罗斯托夫
203.5	大卫·里格尔特	苏联	1971.4.17	塔甘罗格
205	大卫·里格尔特	苏联	1971.6.25	索非亚
205.5	大卫·里格尔特	苏联	1971.7.22	莫斯科
206.5	博·约翰森	瑞典	1971.11.14	松德比贝里
207.5	大卫·里格尔特	苏联	1971.12.7	埃里森

成绩	姓名	国籍	比赛时间	比赛地点
208	埃夫吉尼·彭科夫斯基	苏联	1972.3.26	莫斯科
210	大卫·里格尔特	苏联	1972.4.14	塔林
210.5	瓦西里·科洛托夫	苏联	1972.7.13	里加
212.5	大卫·里格尔特	苏联	1973.3.19	塔什干
213	大卫·里格尔特	苏联	1973.4.5	沙赫蒂
213.5	大卫·里格尔特	苏联	1973.6.16	马德里
215	大卫·里格尔特	苏联	1974.9.27	马尼拉
215.5	大卫·里格尔特	苏联	1974.11.2	格拉佐夫
216	大卫·里格尔特	苏联	1975.3.19	札波罗结
217.5	大卫·里格尔特	苏联	1975.4.26	巴拉希哈
220	大卫·里格尔特	苏联	1975.12.13	葛底斯堡
220.5	大卫·里格尔特	苏联	1976.4.9	柏林
221	大卫·里格尔特	苏联	1976.5.14	卡拉甘达
221.5	大卫·里格尔特	苏联	1978.6.16	哈夫罗夫
222.5	罗尔夫·米尔泽	联邦德国	1979.5.25	瓦尔那
223	尤里·瓦尔达尼扬	苏联	1980.7.5	莫斯科
223.5	冈纳迪·伯索洛夫	苏联	1981.3.21	利沃夫
224	尤里·瓦尔达尼扬	苏联	1981.5.15	顿涅茨克
225	冈纳迪·伯索洛夫	苏联	1981.9.1	波多利斯克
227.5	亚当·赛杜拉耶夫	苏联	1981.12.23	顿涅茨克
228	尤里·瓦尔达尼扬	苏联	1982.5.21	第聂伯罗彼得罗夫斯克
228.5	勃拉戈伊·勃拉戈耶夫	保加利亚	1983.5.1	瓦尔那
230	维克托·索洛多夫	苏联	1983.10.28	莫斯科
232.5	维克托·索洛多夫	苏联	1984.4.30	维多利亚
233	维克托·索洛多夫	苏联	1984.9.15	瓦尔那
233.5	阿纳托利·赫拉帕蒂	苏联	1987.9.11	俄斯特拉发
235	阿纳托利·赫拉帕蒂	苏联	1988.4.29	加的夫

4. 总成绩（推抓挺3项）

成绩	姓名	国籍	比赛时间	比赛地点
427.5	罗伯特·谢曼斯基	美国	1951.10.28	米兰
445	罗伯特·谢曼斯基	美国	1952.7.27	赫尔辛基
460	阿尔卡迪·沃罗比耶夫	苏联	1954.10.10	维也那
462.5	阿尔卡迪·沃罗比耶夫	苏联	1956.11.26	墨尔本
470	阿尔卡迪·沃罗比耶夫	苏联	1957.11.12	德黑兰
472.5	阿尔卡迪·沃罗比耶夫	苏联	1960.9.9	罗马
475	伊雷纽斯·帕林斯基	波兰	1961.9.24	维也那
480	路易斯·马丁	英国	1962.9.21	布达佩斯
487.5	维克多·莱亚赫	苏联	1964.10.5	罗斯托夫
490	简·塔尔茨	苏联	1967.4.9	第比利斯
497.5	简·塔尔茨	苏联	1967.6.18	索非亚
502.5	简·塔尔茨	苏联	1967.8.1	莫斯科
505	简·塔尔茨	苏联	1968.4.6	杜布纳
510	简·塔尔茨	苏联	1968.4.6	杜布纳
512.5	简·塔尔茨	苏联	1968.6.24	列宁格勒
515	卡尔罗·肯加斯尼埃米	芬兰	1968.7.27	破日城
517.5	卡尔罗·肯加斯尼埃米	芬兰	1968.8.24	赫尔辛基
522.5	卡尔罗·肯加斯尼埃米	芬兰	1968.8.24	赫尔辛基
527.5	卡尔罗·肯加斯尼埃米	芬兰	1969.5.18	破日城
530	卡尔罗·肯加斯尼埃米	芬兰	1969.10.26	拉赫蒂
532.5	瓦西里·科洛托夫	苏联	1970.4.25	维尔纽斯
532	瓦西里·科洛托夫	苏联	1970.9.18	哥伦布
535	瓦西里·科洛托夫	苏联	1970.9.18	哥伦布
540	瓦西里·科洛托夫	苏联	1971.2.13	巴黎
542.5	大卫·里格尔特	苏联	1971.3.13	罗斯托夫
545	大卫·里格尔特	苏联	1971.4.17	塔甘罗格
547.5	大卫·里格尔特	苏联	1971.12.7	埃里森
552.5	大卫·里格尔特	苏联	1971.12.7	埃里森
555	大卫·里格尔特	苏联	1972.4.14	塔林
557.5	大卫·里格尔特	苏联	1972.5.19	康斯坦察

成绩	姓名	国籍	比赛时间	比赛地点
560	大卫·里格尔特	苏联	1972.7.13	里加
562.5	大卫·里格尔特	苏联	1972.7.13	里加

5. 总成绩（抓挺两项）

成绩	姓名	国籍	比赛时间	比赛地点
372.5	大卫·里格尔特	苏联	-	-
377.5	大卫·里格尔特	苏联	1973.3.19	塔什干
380	大卫·里格尔特	苏联	1973.4.5	沙赫蒂
382.5	安东·尼科洛夫	苏联	1974.4.27	布劳瑙
385	大卫·里格尔特	苏联	1974.6.4	维罗那
387.5	大卫·里格尔特	苏联	1974.9.27	马尼拉
390	大卫·里格尔特	苏联	1974.11.2	格拉佐夫
392.5	大卫·里格尔特	苏联	1974.12.14	札波罗结
395	大卫·里格尔特	苏联	1975.4.26	巴拉希哈
397.5	大卫·里格尔特	苏联	1976.4.9	柏林
400	大卫·里格尔特	苏联	1976.5.14	卡拉干达
402.5	尤里·瓦尔达尼扬	苏联	1981.5.15	顿涅茨克
405	尤里·扎哈列维奇	苏联	1981.6.20	金沙
407.5	亚当·赛杜拉耶夫	苏联	1981.12.23	顿涅茨克
412.5	亚当·赛杜拉耶夫	苏联	1981.12.23	顿涅茨克
415	尤里·瓦尔达尼扬	苏联	1982.5.21	第聂伯罗彼得罗夫斯克
417.5	勃拉戈伊·勃拉戈耶夫	保加利亚	1982.11.13	哈尔姆斯塔德
420	勃拉戈伊·勃拉戈耶夫	保加利亚	1983.5.1	瓦尔那
422.5	维克托·索洛多夫	苏联	1984.9.15	瓦尔那

（九）90公斤以上级（1951年1月1日～1968年12月31日）

1. 推举

成绩	姓名	国籍	比赛时间	比赛地点
153.5	道格拉斯·赫普伯恩	加拿大	1951.5.24	纽约
156.5	道格拉斯·赫普伯恩	加拿大	1951.6.16	蒙特利尔

续表

成绩	姓名	国籍	比赛时间	比赛地点
157.5	汉伯托·希尔维蒂	阿根廷	1952.7.16	布宜诺斯艾利斯
160	道格拉斯·赫普伯恩	加拿大	1952.8.6	渥太华
163	道格拉斯·赫普伯恩	加拿大	1953.1.16	渥太华
165.5	道格拉斯·赫普伯恩	加拿大	1953.7.25	约克
166.5	道格拉斯·赫普伯恩	加拿大	1953.8.2	巴尔的摩
168.5	道格拉斯·赫普伯恩	加拿大	1953.8.30	斯德哥尔摩
172.5	道格拉斯·赫普伯恩	加拿大	1954.4.8	温哥华
182.5	保罗·安德森	美国	1955.4.26	克利夫兰
183	保罗·安德森	美国	1955.7.5	约克
185.5	保罗·安德森	美国	1955.10.16	慕尼黑
186	尤里·弗拉索夫	苏联	1962.4.2	莫斯科
188.5	尤里·弗拉索夫	苏联	1962.5.10	第比利斯
190.5	尤里·弗拉索夫	苏联	1963.6.29	维也纳
192.5	尤里·弗拉索夫	苏联	1963.8.29	波多利斯克
196	尤里·弗拉索夫	苏联	1964.8.3	波多利斯克
197.5	尤里·弗拉索夫	苏联	1964.10.18	东京
198	维克托·安德列耶夫	苏联	1965.4.28	阿卢什塔
198.5	维克托·安德列耶夫	苏联	1965.5.11	埃里森
199	尤里·弗拉索夫	苏联	1967.5.15	莫斯科
201.5	列昂尼德·扎鲍京斯基	苏联	1967.6.18	索非亚
202	乔治·皮克特	美国	1968.2.25	芝加哥
203.5	约瑟夫·杜贝	美国	1968.3.23	约克
204.5	罗伯特·贝德莱斯基	美国	1968.5.4	华盛顿
206.5	罗伯特·贝德莱斯基	美国	1968.6.9	约克
209.5	约瑟夫·杜贝	美国	1968.8.31	约克

2. 抓举

成绩	姓名	国籍	比赛时间	比赛地点
149	约翰·戴维斯	美国	1951.1.11	底特律
149.5	约翰·戴维斯	美国	1951.3.4	布宜诺斯艾利斯

成绩	姓名	国籍	比赛时间	比赛地点
150	罗伯特·谢曼斯基	美国	1954.10.10	维也纳
150.5	大卫·阿什曼	美国	1958.9.21	斯德哥尔摩
151	阿列克谢·梅德维杰夫	苏联	1958.9.15	莫斯科
151.5	尤里·弗拉索夫	苏联	1959.4.22	列宁格勒
153	尤里·弗拉索夫	苏联	1959.10.4	华沙
155.5	尤里·弗拉索夫	苏联	1960.6.7	列宁格勒
159	罗伯特·谢曼斯基	美国	1961.2.25	巴尔的摩
163	尤里·弗拉索夫	苏联	1961.12.22	第聂伯罗彼得罗夫斯克
164	罗伯特·谢曼斯基	美国	1962.4.28	底特律
165	列昂尼德·扎鲍京斯基	苏联	1963.7.31	莫斯科
167.5	列昂尼德·扎鲍京斯基	苏联	1963.9.13	斯德哥尔摩
168	尤里·弗拉索夫	苏联	1964.1.26	莫斯科
168.5	列昂尼德·扎鲍京斯基	苏联	1964.3.22	莫斯科
170.5	尤里·弗拉索夫	苏联	1964.8.3	波多利斯克
172.5	尤里·弗拉索夫	苏联	1964.10.18	东京
173	列昂尼德·扎鲍京斯基	苏联	1965.11.2	德黑兰
173.5	列昂尼德·扎鲍京斯基	苏联	1966.9.17	开罗
174	列昂尼德·扎鲍京斯基	苏联	1967.6.18	索非亚
175.5	列昂尼德·扎鲍京斯基	苏联	1967.8.3	莫斯科
176	列昂尼德·扎鲍京斯基	苏联	1968.6.25	列宁格勒

3. 挺举

成绩	姓名	国籍	比赛时间	比赛地点
180	约翰·戴维斯	美国	1951.3.4	布宜诺斯艾利斯
182	约翰·戴维斯	美国	1951.6.16	洛杉矶
192.5	罗伯特·谢曼斯基	美国	1954.10.17	里尔
196.5	保罗·安德森	美国	1955.4.26	克利夫兰
197.5	尤里·弗拉索夫	苏联	1959.4.22	列宁格勒
202	尤里·弗拉索夫	苏联	1960.9.10	罗马
205	尤里·弗拉索夫	苏联	1961.6.27	基斯洛沃茨克

续表

成绩	姓名	国籍	比赛时间	比赛地点
206	尤里·弗拉索夫	苏联	1961.7.29	伦敦
208	尤里·弗拉索夫	苏联	1961.9.28	维也纳
210.5	尤里·弗拉索夫	苏联	1961.12.22	第聂伯罗彼得罗夫斯克
211	尤里·弗拉索夫	苏联	1962.5.30	海门林纳
212.5	尤里·弗拉索夫	苏联	1963.9.13	斯德哥尔摩
213	列昂尼德·扎鲍京斯基	苏联	1964.3.22	莫斯科
215.5	尤里·弗拉索夫	苏联	1964.8.3	波多利斯克
217.5	列昂尼德·扎鲍京斯基	苏联	1964.10.18	东京
218	列昂尼德·扎鲍京斯基	苏联	1966.10.21	柏林
218.5	列昂尼德·扎鲍京斯基	苏联	1967.6.18	索非亚
219	列昂尼德·扎鲍京斯基	苏联	1967.8.3	莫斯科
220	列昂尼德·扎鲍京斯基	苏联	1968.5.19	卢甘斯克
220.5	罗伯特·贝德莱斯基	美国	1968.6.9	约克

4. 总成绩（推抓挺 3 项）

成绩	姓名	国籍	比赛时间	比赛地点
482.5	约翰·戴维斯	美国	1951.3.4	布宜诺斯艾利斯
487.5	罗伯特·谢曼斯基	美国	1954.10.10	维也那
512.5	保罗·安德森	美国	1955.10.16	慕尼黑
537.5	尤里·弗拉索夫	苏联	1960.9.10	罗马
550	尤里·弗拉索夫	苏联	1961.12.22	第聂伯罗彼得罗夫斯克
552.5	尤里·弗拉索夫	苏联	1963.9.13	斯德哥尔摩
557.5	尤里·弗拉索夫	苏联	1963.9.13	斯德哥尔摩
560	列昂尼德·扎鲍京斯基	苏联	1964.3.22	莫斯科
562.5	尤里·弗拉索夫	苏联	1964.6.28	莫斯科
570	尤里·弗拉索夫	苏联	1964.8.3	波多利斯克
575	尤里·弗拉索夫	苏联	1964.8.3	波多利斯克
580	尤里·弗拉索夫	苏联	1964.8.3	波多利斯克
590	列昂尼德·扎鲍京斯基	苏联	1967.6.18	索非亚

（十）90公斤以上级~110公斤级（1969年1月1日~1976年12月31日）

1. 推举

成绩	姓名	国籍	比赛时间	比赛地点
188	罗伯特·贝德莱斯基	美国	1969.1.13	费城
188.5	尼科莱·米罗伦科	苏联	1969.7.10	基辅
190	简·塔尔茨	苏联	1969.8.8	饮诺维茨
191.5	罗伯特·贝德莱斯基	美国	1969.8.31	约克
194	弗拉迪米尔·斯塔洛斯坦科	苏联	1969.12.19	利沃夫
195	瓦列里·雅库鲍斯基	苏联	1970.4.25	维尔纽斯
195.5	简·塔尔茨	苏联	1970.5.17	塔林
196	简·塔尔茨	苏联	1970.5.29	瓦尔那
197.5	简·塔尔茨	苏联	1970.8.7	卑尔根
200	简·塔尔茨	苏联	1970.9.19	哥伦布
200.5	简·塔尔茨	苏联	1970.11.1	莫斯科
201	简·塔尔茨	苏联	1970.12.27	塔尔图
201.5	简·塔尔茨	苏联	1971.1.16	塔林
203	简·塔尔茨	苏联	1971.2.14	巴黎
203.5	瓦列里·雅库鲍斯基	苏联	1971.4.25	莫斯科
204	尤里·科津	苏联	1971.7.23	莫斯科
206	简·塔尔茨	苏联	1971.8.8	塔林
206.5	瓦列里·雅库鲍斯基	苏联	1972.3.26	莫斯科
207.5	简·塔尔茨	苏联	1972.4.14	塔林
208	尤里·科津	苏联	1972.4.14	塔林
210	瓦列里·雅库鲍斯基	苏联	1972.5.14	莫斯科
210.5	尤里·科津	苏联	1972.5.14	莫斯科
211	简·塔尔茨	苏联	1972.5.20	康斯坦察
213.5	尤里·科津	苏联	1972.7.14	里加

2. 抓举

成绩	姓名	国籍	比赛时间	比赛地点
156	瓦利里·雅库斯基	苏联	1969.3.20	莫斯科

成绩	姓名	国籍	比赛时间	比赛地点
156.5	弗拉迪米尔·契洛科夫	苏联	1969.5.24	列宁格勒
157.5	罗伯特·贝德莱斯基	美国	1969.6.15	芝加哥
158	考科·肯加斯尼艾米	芬兰	1969.7.26	破日城
160	罗伯特·贝德莱斯基	美国	1969.9.27	华沙
160.5	莫诺·林德鲁斯	芬兰	1969.12.21	科特卡
161	考科·肯加斯尼艾米	芬兰	1970.2.8	赫尔辛基
161.5	卡尔·尤特沙	苏联	1970.3.18	明斯克
162	卡尔洛·肯加斯尼艾米	芬兰	1970.4.4	破日城
162.5	卡尔·尤特沙	苏联	1970.4.25	维尔纽斯
165	卡尔·尤特沙	苏联	1970.4.25	维尔纽斯
165.5	考科·肯加斯尼艾米	芬兰	1970.10.25	拉赫蒂
166	考科·肯加斯尼艾米	芬兰	1971.1.6	科特卡
168	帕维尔·佩尔乌辛	苏联	1971.2.21	敖德萨
168.5	卡尔·尤特沙	苏联	1971.3.14	罗斯托夫
170	帕维尔·佩尔乌辛	苏联	1971.7.23	莫斯科
170.5	帕维尔·佩尔乌辛	苏联	1971.12.7	埃里森
171	帕维尔·佩尔乌辛	苏联	1972.3.5	乌尔姆
173	帕维尔·佩尔乌辛	苏联	1972.4.14	塔林
175	帕维尔·佩尔乌辛	苏联	1972.4.14	塔林
175.5	帕维尔·佩尔乌辛	苏联	1972.12.25	索契
176	帕维尔·佩尔乌辛	苏联	1973.3.19	塔什干
177.5	帕维尔·佩尔乌辛	苏联	1973.6.17	马德里
178	瓦伦丁·赫里斯托夫	保加利亚	1975.7.12	马赛
180	瓦伦丁·赫里斯托夫	保加利亚	1975.9.22	莫斯科
185	瓦伦丁·赫里斯托夫	保加利亚	1976.4.10	柏林

3. 推举

成绩	姓名	国籍	比赛时间	比赛地点
209.5	罗伯特·贝德莱斯基	美国	1968.11.9	约克
211.5	罗伯特·贝德莱斯基	美国	1969.6.15	芝加哥

续表

成绩	姓名	国籍	比赛时间	比赛地点
212.5	简·塔尔茨	苏联	1969.9.27	华沙
214	瓦列里·雅库鲍斯基	苏联	1970.6.17	波多利斯克
215	简·塔尔茨	苏联	1970.6.27	松博特海伊
216	简·塔尔茨	苏联	1971.8.8	塔林
217.5	简·塔尔茨	苏联	1971.8.8	塔林
218	简·塔尔茨	苏联	1972.3.19	伊拉塔拉
218.5	帕维尔·佩尔乌辛	苏联	1972.4.14	塔林
220	简·塔尔茨	苏联	1972.4.14	塔林
220.5	帕维尔·佩尔乌辛	苏联	1972.4.14	塔林
221	尤里·科津	苏联	1972.5.14	莫斯科
222.5	简·塔尔茨	苏联	1972.5.20	康斯坦察
223	帕维尔·佩尔乌辛	苏联	1973.3.19	塔什干
223.5	帕维尔·佩尔乌辛	苏联	1973.6.17	马德里
224	瓦利里·尤斯蒂乌辛	苏联	1973.10.14	哈尔科夫
227.5	瓦利里·尤斯蒂乌辛	苏联	1974.6.5	维罗那
230	瓦伦丁·赫里斯托夫	保加利亚	1975.7.12	马赛
235	尤里·扎伊采夫	苏联	1975.9.22	莫斯科
237.5	瓦伦丁·赫里斯托夫	保加利亚	1975.9.22	莫斯科

4. 总成绩（推抓挺3项）

成绩	姓名	国籍	比赛时间	比赛地点
542.5	罗伯特·贝德莱斯基	美国	1968.11.9	约克
547.5	罗伯特·贝德莱斯基	美国	1969.6.15	芝加哥
555	罗伯特·贝德莱斯基	美国	1969.9.27	华沙
560	瓦列里·雅库鲍斯基	苏联	1970.6.17	波多利斯克
562.5	简·塔尔茨	苏联	1970.6.29	松博特海伊
565	简·塔尔茨	苏联	1970.9.19	哥伦布
567.5	瓦列里·雅库鲍斯基	苏联	1971.4.25	莫斯科
570	简·塔尔茨	苏联	1971.8.8	塔林
582.5	简·塔尔茨	苏联	1971.8.8	塔林

续表

成绩	姓名	国籍	比赛时间	比赛地点
585	简·塔尔茨	苏联	1971.8.8	塔林
587.5	简·塔尔茨	苏联	1972.4.14	塔林
590	瓦列里·雅库鲍斯基	苏联	1972.5.14	莫斯科

5. 总成绩（抓挺两项）

成绩	姓名	国籍	比赛时间	比赛地点
392.5	帕维尔·佩尔乌辛	苏联	–	–
400	帕维尔·佩尔乌辛	苏联	1973.6.17	马德里
402.5	瓦伦丁·赫里斯托夫	保加利亚	1975.4.13	多瑙厄申根
405	瓦伦丁·赫里斯托夫	保加利亚	1975.7.12	马赛
410	瓦伦丁·赫里斯托夫	保加利亚	1975.9.22	莫斯科
417.5	瓦伦丁·赫里斯托夫	保加利亚	1975.9.22	莫斯科

（十一）100 公斤级（1977 年 1 月 1 日 ~1992 年 12 月 31 日）

1. 抓举

成绩	姓名	国籍	比赛时间	比赛地点
160	布罗尼斯拉夫·马契尼斯	苏联	1977.3.20	维尔纽斯
168	谢尔盖·阿拉盖洛夫	苏联	1977.4.2	奥德佐尼克德兹
170	阿纳托利·科斯洛夫	苏联	1977.4.8	伏尔加格勒
170.5	米切米·布罗利特	瑞士	1977.5.7	巴黎
172.5	阿纳托利·科斯洛夫	苏联	1977.5.8	罗斯托夫
175	阿纳托利·科斯洛夫	苏联	1977.5.8	罗斯托夫
175.5	亚当·赛杜拉耶夫	苏联	1977.9.1	波多利斯克
176	谢尔盖·帕托拉茨基	苏联	1977.11.3	巴格达
176.5	大卫·里格尔特	苏联	1977.12.17	梁赞
178	谢尔盖·阿拉盖洛夫	苏联	1978.6.17	哈夫罗夫
178.5	大卫·里格尔特	苏联	1978.8.12	拉斯维加斯
180	大卫·里格尔特	苏联	1979.5.26	瓦尔那
180.5	大卫·里格尔特	苏联	1979.11.26	伏罗希洛夫格勒

续表

成绩	姓名	国籍	比赛时间	比赛地点
181	大卫·里格尔特	苏联	1980.5.2	贝尔格莱德
182.5	维克多·纳尼耶夫	苏联	1980.6.11	莫斯科
183	伊戈尔·尼基丁	苏联	1980.7.5	莫斯科
185	大卫·里格尔特	苏联	1981.3.21	利沃夫
185.5	奥塔·扎伦巴	捷克斯洛伐克	1981.6.4	陶陶巴尼亚
187.5	奥塔·扎伦巴	捷克斯洛伐克	1981.6.27	什图罗沃
188	尤里·扎哈列维奇	苏联	1981.12.24	顿涅茨克
192.5	尤里·扎哈列维奇	苏联	1981.12.24	顿涅茨克
193	维克托·索兹	苏联	1982.3.6	伏龙茨
193.5	尤里·扎哈列维奇	苏联	1982.5.22	第聂伯罗彼得罗夫斯克
195	尤里·扎哈列维奇	苏联	1982.5.22	第聂伯罗彼得罗夫斯克
195.5	尤里·扎哈列维奇	苏联	1982.9.25	卢布尔雅那
200	尤里·扎哈列维奇	苏联	1983.3.4	敖德萨
200.5	尼库·夫拉德	罗马尼亚	1986.11.14	索非亚

2. 挺举

成绩	姓名	国籍	比赛时间	比赛地点
220	弗拉迪米尔·科罗洛夫	苏联	1977.1.29	柏林
221	扎马列丁·帕纳克洛夫	苏联	1977.11.16	辛菲罗波尔
222.5	弗拉迪米尔·科罗洛夫	苏联	1978.4.24	基辅
223	谢尔盖·阿拉盖洛夫	苏联	1978.4.24	基辅
225.5	亚当·赛杜拉耶夫	苏联	1979.2.20	利沃夫
226	大卫·里格尔特	苏联	1979.5.26	瓦尔纳
226.5	大卫·里格尔特	苏联	1979.11.26	伏罗希洛夫格勒
227.5	谢尔盖·波尔塔拉茨基	苏联	1980.5.17	莫斯科
230	大卫·里格尔特	苏联	1980.7.5	莫斯科
231.5	维克多·索兹	苏联	1981.3.21	利沃夫
232	维克多·索兹	苏联	1981.5.16	顿涅茨克
232.5	尤里·扎哈列维奇	苏联	1981.12.21	顿涅茨克
233	维克多·索兹	苏联	1982.3.6	伏龙茨

续表

成绩	姓名	国籍	比赛时间	比赛地点
233.5	维克多·索兹	苏联	1982.5.22	第聂伯罗彼得罗夫斯克
234	尤里·扎哈列维奇	苏联	1982.5.22	第聂伯罗彼得罗夫斯克
235	尤里·扎哈列维奇	苏联	1982.5.22	第聂伯罗彼得罗夫斯克
237	维克多·索兹	苏联	1982.5.22	第聂伯罗彼得罗夫斯克
240	尤里·扎哈列维奇	苏联	1983.3.4	敖德萨
240.5	帕维尔·库兹涅佐夫	苏联	1983.7.29	莫斯科
241	帕维尔·库兹涅佐夫	苏联	1984.3.17	明斯克
241.5	帕维尔·库兹涅佐夫	苏联	1989.9.15	瓦尔纳
242.5	亚历山大·波波夫	苏联	1988.3.5	塔林

3. 总成绩（抓挺两项）

成绩	姓名	国籍	比赛时间	比赛地点
375	弗拉迪米尔·科罗洛夫	苏联	1977.1.29	伯林
377.5	阿纳托里·科斯洛夫	苏联	1977.4.8	伏尔加格勒
382.5	阿纳托里·科斯洛夫	苏联	1977.5.8	罗斯托夫
387.5	阿纳托里·科斯洛夫	苏联	1977.5.8	罗斯托夫
390	伊戈尔·尼基丁	苏联	1978.3.19	莫斯科
392.5	谢尔盖·阿拉盖洛夫	苏联	1978.4.24	基辅
395	大卫·里格尔特	苏联	1978.8.12	拉斯维加斯
400	亚当·赛杜拉耶夫	苏联	1979.2.20	利沃夫
402.5	大卫·里格尔特	苏联	1979.5.26	瓦尔那
405	大卫·里格尔特	苏联	1979.11.23	伏罗希洛夫格勒
412.5	奥塔·扎伦巴	捷克斯洛伐克	1981.6.27	什图罗沃
415	奥塔·扎伦巴	捷克斯洛伐克	1981.6.27	什图罗沃
417.5	尤里·扎哈列维奇	苏联	1981.12.24	顿涅茨克
425	尤里·扎哈列维奇	苏联	1981.12.24	顿涅茨克
427.5	尤里·扎哈列维奇	苏联	1982.5.22	第聂伯罗彼得罗夫斯克
430	尤里·扎哈列维奇	苏联	1982.5.22	第聂伯罗彼得罗夫斯克
432.5	尤里·扎哈列维奇	苏联	1983.3.4	敖德萨
440	尤里·扎哈列维奇	苏联	1983.3.4	敖德萨

（十二）110公斤级（1977年1月1日~1992年12月31日）

1. 抓举

成绩	姓名	国籍	比赛时间	比赛地点
185.5	谢尔盖·阿拉盖洛夫	苏联	1979.8.2	列宁格勒
186	列昂尼德·塔拉年科	苏联	1979.9.16	塔林
187.5	列昂尼德·塔拉年科	苏联	1980.3.9	波多利斯克
188	维切斯纳夫·克罗科夫	苏联	1980.3.9	波多利斯克
190	列昂尼德·塔拉年科	苏联	1980.5.3	波多利斯克
190.5	维切斯纳夫·克罗科夫	苏联	1980.7.5	莫斯科
191	列昂尼德·塔拉年科	苏联	1981.5.17	顿涅茨克
193	列昂尼德·塔拉年科	苏联	1981.12.24	顿涅茨克
195.5	尤里·扎哈列维奇	苏联	1982.11.3	哈斯科沃
196	列昂尼德·塔拉年科	苏联	1982.12.12	莫斯科
196.5	列昂尼德·塔拉年科	苏联	1983.3.5	敖德萨
197.5	尤里·扎哈列维奇	苏联	1984.9.16	瓦尔那
200	尤里·扎哈列维奇	苏联	1984.9.16	瓦尔那
200.5	尤里·扎哈列维奇	苏联	1984.9.16	瓦尔那
201	尤里·扎哈列维奇	苏联	1986.11.15	索非亚
202.5	尤里·扎哈列维奇	苏联	1987.5.9	兰斯
203	尤里·扎哈列维奇	苏联	1987.9.13	俄斯特拉发
203.5	尤里·扎哈列维奇	苏联	1988.4.30	加的夫
205	尤里·扎哈列维奇	苏联	1988.9.27	汉城
210	尤里·扎哈列维奇	苏联	1988.9.27	汉城

2. 挺举

成绩	姓名	国籍	比赛时间	比赛地点
238	尤里·扎伊采夫	苏联	1980.3.9	波多利斯克
240	列昂尼德·塔拉年科	苏联	1980.7.29	莫斯科
240.5	瓦列里·库兹涅饮科	苏联	1981.12.24	顿涅茨克
241	亚历山大·鲍里赛诺克	苏联	1982.5.22	第聂伯彼得罗夫斯克
241.5	谢尔盖·阿扣盖洛夫	苏联	1982.9.25	卢布尔雅那
242	列昂尼德·塔拉年科	苏联	1983.3.5	敖德萨

续表

成绩	姓名	国籍	比赛时间	比赛地点
242.5	列昂尼德·塔拉年科	苏联	1983.7.30	莫斯科
243	维切斯纳夫·克罗科夫	苏联	1983.7.30	莫斯科
245	维切斯纳夫·克罗科夫	苏联	1983.10.30	莫斯科
247.5	维切斯纳夫·克罗科夫	苏联	1983.10.30	莫斯科
248	尤里·扎哈列维奇	苏联	1986.11.15	索非亚
250	斯特凡·博特夫	保加利亚	1988.3.13	布达佩斯
250.5	尤里·扎哈列维奇	苏联	1988.4.30	加的夫

3. 总成绩（抓挺两项）

成绩	姓名	国籍	比赛时间	比赛地点
420	列昂尼德·塔拉年科	苏联	1980.5.3	贝尔格莱德
422.5	列昂尼德·塔拉年科	苏联	1980.7.29	莫斯科
427.5	列昂尼德·塔拉年科	苏联	1981.12.24	顿涅茨克
432.5	尤里·扎哈列维奇	苏联	1982.11.3	哈斯科沃
435	列昂尼德·塔拉年科	苏联	1982.12.18	莫斯科
437.5	维切斯纳夫·克罗科夫	苏联	1983.10.30	莫斯科
440	维切斯纳夫·克罗科夫	苏联	1983.10.30	莫斯科
442.5	列昂尼德·塔拉年科	苏联	1984.9.16	瓦尔纳
445	尤里·扎哈列维奇	苏联	1986.11.15	索非亚
447.5	尤里·扎哈列维奇	苏联	1986.11.15	索非亚
450	尤里·扎哈列维奇	苏联	1988.4.30	加的夫
452.5	尤里·扎哈列维奇	苏联	1988.4.30	加的夫
455	尤里·扎哈列维奇	苏联	1988.9.27	汉城

（十三）110 公斤以上级（1969 年 1 月 1 日~1992 年 12 月 31 日）

1. 推举

成绩	姓名	国籍	比赛时间	比赛地点
210.5	瓦西里·阿列克谢耶夫	苏联	1970.1.24	维利基卢基
213	瓦西里·阿列克谢耶夫	苏联	1970.3.18	明斯克
214	斯坦尼斯拉夫·巴蒂谢夫	苏联	1970.3.18	明斯克

成绩	姓名	国籍	比赛时间	比赛地点
215	塞吉·雷丁	比利时	1970.4.18	埃尔伯蒙
216	瓦西里·阿列克谢耶夫	苏联	1970.4.26	维尔纽斯
218.5	塞吉·雷丁	比利时	1970.5.16	布伦特伍德
219.5	瓦西里·阿列克谢耶夫	苏联	1970.6.28	松博特海伊
220.5	瓦西里·阿列克谢耶夫	苏联	1970.11.17	伏尔加格勒
221	瓦西里·阿列克谢耶夫	苏联	1970.12.4	沙赫蒂
222	瓦西里·阿列克谢耶夫	苏联	1970.12.26	第聂伯罗彼得罗夫斯克
222.5	瓦西里·阿列克谢耶夫	苏联	1971.2.14	巴黎
223	瓦西里·阿列克谢耶夫	苏联	1971.3.26	维也那
223.5	瓦西里·阿列克谢耶夫	苏联	1971.4.7	莫斯科
225	瓦西里·阿列克谢耶夫	苏联	1971.6.27	索非亚
225.5	瓦西里·阿列克谢耶夫	苏联	1971.7.24	莫斯科
227.5	瓦西里·阿列克谢耶夫	苏联	1971.9.26	利马
228	塞吉·雷丁	比利时	1971.9.26	利马
230	瓦西里·阿列克谢耶夫	苏联	1971.9.26	利马
230.5	鲁道夫·曼格	联邦德国	1972.3.5	乌尔姆
231.5	瓦西里·阿列克谢耶夫	苏联	1972.3.19	博尔奈斯
235.5	瓦西里·阿列克谢耶夫	苏联	1972.3.19	博尔奈斯
236.5	瓦西里·阿列克谢耶夫	苏联	1972.4.15	塔林

2. 抓举

成绩	姓名	国籍	比赛时间	比赛地点
176.5	凯利夫·雷登拉塔	芬兰	1970.8.13	科特卡
177	瓦西里·阿列克谢耶夫	苏联	1970.12.4	沙赫蒂
177.5	瓦西里·阿列克谢耶夫	苏联	1971.2.14	巴黎
178	凯利夫·雷登拉塔	芬兰	1971.6.7	拉赫蒂
180	瓦西里·阿列克谢耶夫	苏联	171.7.24	莫斯科
181	凯利夫·雷登拉塔	芬兰	1973.4.8	维勒科克甚
182.5	塞吉·雷丁	比利时	1973.6.2	布鲁塞尔

续表

成绩	姓名	国籍	比赛时间	比赛地点
183	鲁道夫·曼格	联邦德国	1973.12.15	慕尼黑
183.5	列昂尼德·扎鲍京斯基	苏联	1973.12.18	图阿普谢
185	凯利夫·雷登拉塔	芬兰	1974.1.12	佛萨
185.5	列昂尼德·扎鲍京斯基	苏联	1974.2.21	莫斯科
187.5	瓦西里·阿列克谢耶夫	苏联	1974.6.6	维罗那
190	赫里斯托·普拉切科夫	保加利亚	1975.6.29	亚麻堡
192.5	赫里斯托·普拉切科夫	保加利亚	1975.6.29	亚麻堡
195	赫里斯托·普拉切科夫	保加利亚	1975.9.23	莫斯科
197.5	赫里斯托·普拉切科夫	保加利亚	1975.12.20	塞沃里杰沃
198	赫里斯托·普拉切科夫	保加利亚	1975.12.28	阿赛诺夫格勒
200	赫里斯托·普拉切科夫	保加利亚	1976.5.25	索非亚
200.5	苏尔坦·拉赫曼诺夫	苏联	1978.4.25	基辅
201	苏尔坦·拉赫曼诺夫	苏联	1981.5.27	顿涅茨克
201.5	阿纳托利·皮萨连科	苏联	1981.9.1	波多利斯克
202.5	阿纳托利·皮萨连科	苏联	1982.5.23	第聂伯罗彼得罗夫斯克
203	阿纳托利·皮萨连科	苏联	1983.3.5	敖德萨
205	阿纳托利·皮萨连科	苏联	1983.7.31	莫斯科
205.5	维克多·莫西比特	苏联	1983.7.31	莫斯科
206	阿纳托利·皮萨连科	苏联	1983.10.31	莫斯科
207.5	亚历山大·古尼亚绍夫	苏联	1983.12.18	列宁格勒
208	亚历山大·古尼亚绍	苏联	1984.3.18	明斯克
208.5	亚历山大·古尼亚绍	苏联	1984.6.2	兰斯
210	亚历山大·库尔洛维奇	苏联	1984.6.2	兰斯
211	亚历山大·古尼亚绍	苏联	1984.6.2	兰斯
212.5	安东尼奥·克拉斯特夫	保加利亚	1986.11.15	索非亚
215	安东尼奥·克拉斯特夫	保加利亚	1986.11.15	索非亚
215.5	安东尼奥·克拉斯特夫	保加利亚	1987.5.9	兰斯
216	安东尼奥·克拉斯特夫	保加利亚	1987.9.13	俄斯特拉发

3. 挺举

成绩	姓名	国籍	比赛时间	比赛地点
221.5	瓦西里·阿列克谢耶夫	苏联	1970.1.24	维利基卢基
222	塞吉·雷丁	比利时	1970.4.18	埃尔伯蒙
223.5	瓦西里·阿列克谢耶夫	苏联	1970.4.26	维尔纽斯
225.5	瓦西里·阿列克谢耶夫	苏联	1970.6.28	松博特海伊
226.5	塞吉·雷丁	比利时	1970.8.23	拉罗什
227.5	瓦西里·阿列克谢耶夫	苏联	1970.9.20	哥伦布
228	瓦西里·阿列克谢耶夫	苏联	1970.11.17	伏尔加格勒
228.5	瓦西里·阿列克谢耶夫	苏联	1970.12.4	沙赫蒂
229.5	瓦西里·阿列克谢耶夫	苏联	1970.12.26	第聂伯罗彼得罗夫斯克
230	瓦西里·阿列克谢耶夫	苏联	1971.2.14	巴黎
230.5	瓦西里·阿列克谢耶夫	苏联	1971.4.18	塔甘罗格
231	瓦西里·阿列克谢耶夫	苏联	1971.6.27	索非亚
232.5	瓦西里·阿列克谢耶夫	苏联	1971.6.27	索非亚
233	瓦西里·阿列克谢耶夫	苏联	1971.7.24	莫斯科
235	瓦西里·阿列克谢耶夫	苏联	1971.7.24	莫斯科
235.5	瓦西里·阿列克谢耶夫	苏联	1971.9.26	利马
236	瓦西里·阿列克谢耶夫	苏联	1972.4.15	塔林
237.5	瓦西里·阿列克谢耶夫	苏联	1972.4.15	塔林
238	瓦西里·阿列克谢耶夫	苏联	1973.4.29	顿涅茨克
240	瓦西里·阿列克谢耶夫	苏联	1973.6.18	马德里
240.5	瓦西里·阿列克谢耶夫	苏联	1974.3.20	埃里森
241	瓦西里·阿列克谢耶夫	苏联	1974.4.28	第比利斯
241.5	瓦西里·阿列克谢耶夫	苏联	1974.9.29	马尼拉
242	瓦西里·阿列克谢耶夫	苏联	1974.11.3	格拉佐夫
242.5	瓦西里·阿列克谢耶夫	苏联	1974.11.27	伦敦
243	瓦西里·阿列克谢耶夫	苏联	1974.12.14	札波罗结
243.5	瓦西里·阿列克谢耶夫	苏联	1974.12.29	利佩茨克
245	瓦西里·阿列克谢耶夫	苏联	1975.7.11	维尔纽斯
245.5	瓦西里·阿列克谢耶夫	苏联	1975.9.23	莫斯科
246	瓦西里·阿列克谢耶夫	苏联	1975.11.11	阿尔汉格尔斯克

续表

成绩	姓名	国籍	比赛时间	比赛地点
246.5	格德·邦克	民主德国	1975.11.28	卡尔·马克恩城
247.5	瓦西里·阿列克谢耶夫	苏联	1975.12.7	蒙特利尔
252.5	格德·邦克	民主德国	1976.4.11	伯林
255	瓦西里·阿列克谢耶夫	苏联	1976.7.27	蒙特利尔
255.5	瓦西里·阿列克谢耶夫	苏联	1977.9.1	波多利斯克
256	瓦西里·阿列克谢耶夫	苏联	1977.11.1	莫斯科
257.5	弗拉迪米尔·马尔丘克	苏联	1981.3.22	利沃克
258	阿纳托利·皮萨连科	苏联	1982.3.7	伏龙茨
258.5	阿纳托利·皮萨连科	苏联	1982.5.23	第聂伯罗彼得罗夫斯克
260	弗拉迪米尔·马尔丘克	苏联	1982.12.19	莫斯科
260.5	阿纳托利·皮萨连科	苏联	1983.3.26	阿伦敦
261	谢尔盖·戴迪克	苏联	1983.7.31	莫斯科
265	阿纳托利·皮萨连科	苏联	1984.9.16	瓦尔纳
265.5	列昂尼德·塔拉年科	苏联	1987.9.13	俄斯特拉发
266	列昂尼德·塔拉年科	苏联	1988.11.26	堪培拉

4. 总成绩（推抓挺 3 项）

成绩	姓名	国籍	比赛时间	比赛地点
592.5	瓦西里·阿列克谢耶夫	苏联	1970.1.24	维利基卢基
595	瓦西里·阿列克谢耶夫	苏联	1970.1.14	维利基卢基
600	瓦西里·阿列克谢耶夫	苏联	1970.3.18	明斯克
602.5	瓦西里·阿列克谢耶夫	苏联	1970.4.26	维尔纽斯
607.5	瓦西里·阿列克谢耶夫	苏联	1970.4.26	维尔纽斯
610	瓦西里·阿列克谢耶夫	苏联	1970.6.28	松博特海伊
612.5	瓦西里·阿列克谢耶夫	苏联	1970.6.28	松博特海伊
615	瓦西里·阿列克谢耶夫	苏联	1970.12.4	沙赫蒂
620	瓦西里·阿列克谢耶夫	苏联	1970.12.4	沙赫蒂
622.5	瓦西里·阿列克谢耶夫	苏联	1970.12.26	第聂伯罗彼得罗夫斯克
625	瓦西里·阿列克谢耶夫	苏联	1970.12.26	第聂伯罗彼得罗夫斯克
627.5	瓦西里·阿列克谢耶夫	苏联	1971.6.27	索非亚

成绩	姓名	国籍	比赛时间	比赛地点
630	瓦西里·阿列克谢耶夫	苏联	1971.6.27	索非亚
632.5	瓦西里·阿列克谢耶夫	苏联	1971.7.24	莫斯科
637.5	瓦西里·阿列克谢耶夫	苏联	1971.7.24	莫斯科
640	瓦西里·阿列克谢耶夫	苏联	1971.7.24	莫斯科
642.5	瓦西里·阿列克谢耶夫	苏联	1972.4.15	塔林
645	瓦西里·阿列克谢耶夫	苏联	1972.4.15	塔林

5. 总成绩（抓挺两项）

成绩	姓名	国籍	比赛时间	比赛地点
415	瓦西里·阿列克谢耶夫	苏联	–	–
417.5	瓦西里·阿列克谢耶夫	苏联	1973.6.18	马德里
420	瓦西里·阿列克谢耶夫	苏联	1974.4.28	第比利斯
422.5	瓦西里·阿列克谢耶夫	苏联	1974.6.6	维罗那
425	瓦西里·阿列克谢耶夫	苏联	1974.9.29	马尼拉
427.5	瓦西里·阿列克谢耶夫	苏联	1975.9.23	莫斯科
430	瓦西里·阿列克谢耶夫	苏联	1975.11.11	阿尔汉格尔斯克
432.5	赫里斯托·普拉切科夫	保加利亚	1975.12.28	阿赛诺夫格勒
435	瓦西里·阿列克谢耶夫	苏联	1976.5.15	卡拉干达
442.5	赫里斯托·普拉切科夫	保加利亚	1976.5.25	索非亚
445	瓦西里·阿列克谢耶夫	苏联	1977.9.1	波多利斯克
447.5	阿纳托利·皮萨连科	苏联	1981.9.1	波多利斯克
450	阿纳托利·皮萨连科	苏联	1982.3.7	伏龙茨
455	阿纳托利·皮萨连科	苏联	1982.3.7	伏龙茨
457.5	阿纳托利·皮萨连科	苏联	1982.5.23	第聂伯彼得罗夫斯克
460	亚历山大·库尔洛维奇	苏联	1983.7.31	莫斯科
462.5	亚历山大·古尼亚绍夫	苏联	1983.12.18	列宁格勒
465	亚历山大·古尼亚绍夫	苏联	1984.6.2	兰斯
467.5	安东尼奥·克拉斯特夫	保加利亚	1987.5.9	兰斯
472.5	亚历山大·库尔洛维奇	苏联	1987.9.13	俄斯特拉发
475	列昂尼德·塔拉年科	苏联	1988.11.26	堪培拉

（十四）54 公斤级（1993 年 1 月 1 日 ~1997 年 12 月 31 日）

1. 抓举

122.5	World Standard（国际举联制定的世界标准）			
123	威廉·瓦尔加斯	古巴	1993.11.23	墨尔本
125	塞夫达林·明切夫	保加利亚	1994.5.3	索科洛夫
127.5	哈里尔·穆特鲁	土耳其	1994.11.18	伊斯坦布尔
130	哈里尔·穆特鲁	土耳其	1994.11.18	伊斯坦布尔
130.5	哈里尔·穆特鲁	土耳其	1995.5.3	华沙
132.5	哈里尔·穆特鲁	土耳其	1996.7.21	亚特兰大

2. 挺举

157.5	World Standard（国际举联制定的世界标准）			
158	哈里尔·穆特鲁	土耳其	1994.11.18	伊斯坦布尔
160	哈里尔·穆特鲁	土耳其	1994.11.18	伊斯坦布尔
160.5	兰世章	中国	1997.12.6	泰国清迈

3. 总成绩

275	World Standard（国际举联制定的世界标准）			
277.5	伊万·伊万诺夫	保加利亚	1993.11.12	墨尔本
282.5	哈里尔·穆特鲁	土耳其	1994.11.18	伊斯坦布尔
287.5	哈里尔·穆特鲁	土耳其	1994.11.18	伊斯坦布尔
290	哈里尔·穆特鲁	土耳其	1994.11.18	伊斯坦布尔

（十五）59 公斤级（1993 年 1 月 1 日 ~1997 年 12 月 31 日）

1. 抓举

137.5	World Standard（国际举联制定的世界标准）			
138	哈菲斯苏莱曼诺古尔	土耳其	1995.5.3	华沙
138.5	塞夫达标·明切夫	保加利亚	1995.5.3	华沙
140	哈菲斯苏莱曼诺古尔	土耳其	1995.5.3	华沙

2. 挺举

160	World Standard(国际举联制定的世界标准)			
167.5	尼科莱·佩沙罗夫	保加利亚	1993.11.13	墨尔本
168	尼科莱·佩沙罗夫	保加利亚	1994.11.19	伊斯坦布尔
170	尼科莱·佩沙罗夫	保加利亚	1995.5.3	华沙

3. 总成绩

295	World Standard（国际举联制定的世界标准）			
305	尼科莱·佩沙罗夫	保加利亚	1993.11.13	墨尔本
307.5	唐灵生	中国	1996.7.22	亚特兰大

（十六）64 公斤级（1993 年 1 月 1 日~1997 年 12 月 31 日）

1. 抓举

145	World Standard（国际举联制定的世界标准）			
145.5	奈伊姆·苏莱马诺尔古	土耳其	1994.5.3	索科洛夫
146.5	瓦列里奥斯·列奥尼迪斯	希腊	1994.11.20	伊斯坦布尔
147.5	萘伊姆·苏莱马诺尔古	土耳其	1994.11.20	伊斯坦布尔
148	瓦列里奥斯·列奥尼迪斯	希腊	1995.11.19	广州
148.5	王国华	中国	1996.4.5	千叶
150	王国华	中国	1997.5.13	釜山

2. 挺举

175	World Standard（国际举联制定的世界标准）			
177.5	奈伊姆·苏莱马诺尔古	土耳其	1993.11.14	墨尔本
180	奈伊姆·苏莱马诺尔古	土耳其	1994.5.4	索科洛夫
180.5	瓦列里奥斯·列奥尼迪斯	希腊	1994.11.20	伊斯坦布尔
181	奈伊姆·苏莱马诺尔古	土耳其	1994.11.20	伊斯坦布尔
182.5	奈伊姆·苏莱马诺尔古	土耳其	1994.11.20	伊斯坦布尔
183	瓦列里奥斯·列奥尼迪斯	希腊	1995.5.4	华沙
185	奈伊姆·苏莱马诺尔古	土耳其	1996.7.23	亚特兰大
187.5	瓦列里奥斯·列奥尼迪斯	希腊	1996.7.23	亚特兰大

3. 总成绩

315	World Standard（国际举联制定的世界标准）			
317.5	李希奉	朝鲜	1993.11.14	墨尔本
322.5	奈伊姆·苏莱马诺尔古	土耳其	1993.11.14	墨尔本
325	奈伊姆·苏莱马诺尔古	土耳其	1994.5.4	索科洛夫
327.5	奈伊姆·苏莱马诺尔古	土耳其	1994.11.20	伊斯坦布尔
330	奈伊姆·苏莱马诺尔古	土耳其	1994.11.20	伊斯坦布尔
332.5	奈伊姆·苏莱马诺尔古	土耳其	1996.7.23	亚特兰大
335	奈伊姆·苏莱马诺尔古	土耳其	1996.7.23	亚特兰大

（十七）70公斤级（1993年1月1日~1997年12月31日）

1. 抓举

155	World Standard（国际举联制定的世界标准）			
155.5	菲达尔·古勒	土耳其	1994.5.4	索科洛夫
157.5	伊斯莱尔·米利托希扬	亚美尼亚	1994.5.4	索科洛夫
160	菲达尔·古勒	土耳其	1994.11.24	伊斯坦布尔
160.5	占旭刚	中国	1996.4.5	东京
161	金明菊	朝鲜	1996.4.5	东京
162.5	占旭刚	中国	1996.7.24	亚特兰大
163	万建辉	中国	1997.7.9	扬州

2. 挺举

190	World Standard(国际举联制定的世界标准）			
192.5	约托·约托夫	保加利亚	1994.5.4	索科洛夫
193	菲达尔·古勒	土耳其	1995.5.4	华沙
193.5	全明南	朝鲜	1996.4.5	东京
195	占旭刚	中国	1996.7.24	亚特兰大
195.5	占旭刚	中国	1997.12.9	清迈

3. 总成绩

342.5	World Standard(国际举联制定的世界标准）			
342.5	菲达尔·古勒	土耳其	1994.5.4	索科洛夫

342.5	World Standard(国际举联制定的世界标准)			
345	约托·约托夫	保加利亚	1994.5.4	索科洛夫
350	菲达尔·古勒	土耳其	1994.11.24	伊斯坦布尔
352.5	金明南	朝鲜	1996.4.5	东京
357.5	占阳刚	中国	1996.7.24	亚特兰大

（十八）76 公斤级（1993 年 1 月 1 日~1997 年 12 月 31 日）

1. 抓举

167.5	World Standard(国际举联制定的世界标准)			
170	鲁斯兰·萨夫钦科	乌克兰	1993.11.16	墨尔本

2. 挺举

200	World Standard(国际举联制定的世界标准)			
202.5	阿尔蒂穆拉特·奥拉祖耶夫	土库曼斯坦	1993.11.16	墨尔本
205	帕勃罗·拉腊	古巴	1993.11.25	波多黎各
207.5	帕勃罗·拉腊	古巴	1995.3.14	马德普拉塔
208	帕勃罗·拉腊	古巴	1996.4.20	塞克萨得

3. 总成绩

362.5	World Standard(国际举联制定的世界标准)			
370	鲁斯兰·萨夫钦科	乌克兰	1993.11.16	墨尔本
372.5	帕勃罗·拉腊	古巴	1996.4.20	塞克萨得

（十九）83 公斤级（1993 年 1 月 1 日~1997 年 12 月 31 日）

1. 抓举

175	World Standard(国际举联制定的世界标准)			
175.5	谢尔盖·恰卡扬	亚美尼西	1994.11.23	伊斯坦布尔
176	皮尔罗斯·迪马斯	希腊	1995.5.5	华沙
177.5	皮尔罗斯·迪马斯	希腊	1995.5.5	华沙
180	皮尔罗斯·迪马斯	希腊	1996.7.27	亚特兰大

2. 挺举

207.5	World Standard(国际举联制定的世界标准)			
210	马克·胡斯特	德国	1993.11.17	墨尔本
210.5	苏纳亚·布鲁特	土耳其	1994.11.23	伊斯坦布尔
211	皮尔罗斯·迪马斯	希腊	1995.5.5	华沙
212.5	皮尔罗斯·迪马斯	希腊	1995.11.22	广州
213	皮尔罗斯·迪马斯	希腊	1996.7.27	亚特兰大
213.5	马克·胡斯特	德国	1996.7.27	亚特兰大
214	张勇	中国	1997.7.11	扬州

3. 总成绩

380	World Standard(国际举联制定的世界标准)			
382.5	马克·胡斯特尔	德国	1994.11.23	伊斯坦布尔
385	皮尔罗斯·迪马斯	希腊	1995.5.5	华沙
387.5	皮尔罗斯·迪马斯	希腊	1995.5.5	华沙
392.5	皮尔罗斯·迪马斯	希腊	1996.7.27	亚特兰大

（二十）91 公斤级（1993 年 1 月 1 日~1997 年 12 月 31 日）

1. 抓举

180	World Standard(国际举联制定的世界标准)			
185.5	伊万·恰卡罗夫	保加利亚	1993.11.18	墨尔本
186	阿列克谢·佩特罗夫	俄罗斯	1994.11.24	但斯坦布尔
187.5	阿列克谢·佩特罗夫	俄罗斯	1996.7.28	亚特兰大

2. 挺举

220	World Standard(国际举联制定的世界标准)			
227.5	阿列克谢·佩特罗夫	俄罗斯	1994.5.6	索科洛夫
228	阿列克谢·佩特罗夫	俄罗斯	1994.11.24	伊斯坦布尔
228.5	卡基·卡基亚斯维利	希腊	1995.5.6	华沙

3. 总成绩

402.5	World Standard(国际举联制定的世界标准)			
407.5	伊万·恰卡罗夫	保加利亚	1993.11.18	墨尔本
412.5	阿列克谢·佩特罗夫	俄罗斯	1994.5.6	索科洛夫

（二十一）99 公斤级（1993 年 1 月 1 日~1997 年 12 月 31 日）

1. 抓举

187.5	World Standard(国际举联制定的世界标准)			
190	尼库·夫拉德	澳大利亚	1993.11.19	墨尔本
190.5	谢尔盖·希拉索夫	俄罗斯	1994.5.6	索科洛夫
192.5	谢尔盖·希拉索夫	俄罗斯	1994.11.25	伊斯坦布尔

2. 挺举

220	World Standard(国际举联制定的世界标准)			
222.5	维克多·特雷古博夫	俄罗斯	1993.11.19	墨尔本
225	谢尔盖·希尔特索夫	俄罗斯	1994.5.6	索科尼夫
225.5	谢尔盖·希尔特索夫	俄罗斯	1994.11.25	伊斯坦布尔
227.5	卡基·卡基亚什维利斯	希腊	1995.3.26	奥胡斯
228	阿纳托得·赫拉帕蒂	哈萨克斯坦	1996.5.8	八千代
235	阿·卡基亚计维利斯	希腊	1996.7.29	亚特兰大

3. 总成绩

407.5	World Standard(国际举联制定的世界标准)			
410	谢尔盖·希尔特索夫	俄罗斯	1994.5.6	索科洛夫
415	谢尔盖·希尔特索夫	俄罗斯	1994.5.6	索科洛夫
417.5	谢尔盖·希尔特索夫	俄罗斯	1994.11.25	伊斯坦布尔
420	卡基·卡基亚什维利斯	希腊	1996.7.29	亚特兰大

（二十二）108 公斤级（1993 年 1 月 1 日 ~1997 年 12 月 31 日）

1. 抓举

197.5	World Standard(国际举联制定的世界标准)			
198	蒂穆尔·泰马佐夫	乌克兰	1994.11.26	伊斯坦布尔
200	蒂穆尔·泰马佐夫	乌克兰	1994.11.26	伊斯坦布尔

2. 挺举

235	World Standard(国际举联制定的世界标准)			
235.5	蒂穆尔·泰马佐夫	乌克兰	1994.11.26	伊斯坦布尔
236	蒂穆尔·泰马佐夫	乌克兰	1996.7.30	亚特兰大

3. 总成绩

427.5	World Standard(国际举联制定的世界标准)			
430	蒂穆尔·泰马佐夫	乌克兰	1994.5.7	索科洛夫
435	蒂穆尔·泰马佐夫	乌克兰	1994.11.26	伊斯坦布尔

（二十三）108 公斤以上级（1993 年 1 月 1 日 ~1997 年 12 月 31 日）

1. 抓举

197.5	World Standard(国际举联制定的世界标准)			
200	罗尼·维勒	德国	1993.11.21	墨尔本
200.5	安德列·切梅尔金	俄罗斯	1994.5.8	索科洛夫
203	亚历山大·库尔洛维奇	白俄罗斯	1994.11.27	伊斯坦布尔
205	亚历山大·库尔洛维奇	白俄罗斯	1994.11.27	伊斯坦布尔

2. 挺举

240	World Standard(国际举联制定的世界标准)			
247.5	曼弗雷德·内林格尔	德国	1993.11.21	墨尔本
250	安德列·切梅尔金	俄罗斯	1994.5.8	索科洛夫
250.5	亚历山大·库尔洛维奇	白俄罗斯	1994.11.27	伊斯坦布尔
252.5	安德列·切梅尔金	俄罗斯	1994.11.27	伊斯坦布尔
253	亚历山大·库尔洛维奇	白俄罗斯	1994.11.27	伊斯坦布尔

240	World Standard(国际举联制定的世界标准)			
253.5	安德列·切梅尔金	俄罗斯	1995.5.7	华沙
255	罗尼·维勒	德国	1996.7.31	亚特兰大
260	安德列·切梅尔金	俄罗斯	1996.7.31	亚特兰大
262.5	安德列·切梅尔金	俄罗斯	1997.12.14	清迈

3. 总成绩

427.5	World Standard(国际举联制定的世界标准)			
442.5	罗尼·维勒	德国	1993.11.21	墨尔本
450	安德列·切梅尔金	俄罗斯	1994.5.8	索科洛夫
455	亚历山大·库尔洛维奇	白俄罗斯	1994.11.27	伊斯坦布尔
457.5	亚历山大·库尔洛维奇	白俄罗斯	1994.11.27	伊斯坦布尔
460	安德列·切梅尔金	俄罗斯	1997.12.14	清迈
462.5	安德列·切梅尔金	俄罗斯	1997.12.14	清迈

（二十四）56公斤级（1998年1月1日~2018年7月31日）

1. 抓举

135	World Standard(国际举联制定的世界标准)			
135.5	哈里尔·穆特鲁	土耳其	1999.4.14	拉科鲁尼亚
136	哈里尔·穆特鲁	土耳其	1999.11.22	雅典
137.5	哈里尔·穆特鲁	土耳其	1999.11.22	雅典
138	哈里尔·穆特鲁	土耳其	2000.9.16	悉尼
138.5	哈里尔·穆特鲁	土耳其	2001.11.4	安塔利亚
139	吴锦彪	中国	2015.11.21	休斯顿

2. 挺举

165	World Standard(国际举联制定的世界标准)			
165.5	兰世章	中国	1998.5.9	匈牙利塞克萨德
166	哈里尔·穆特鲁	土耳其	1999.11.22	雅典
166.5	哈里尔·穆特鲁	土耳其	2000.4.27	索非亚

续表

165	World Standard(国际举联制定的世界标准)			
167.5	哈里尔·穆特鲁	土耳其	2000.9.16	悉尼
168	哈里尔·穆特鲁	土耳其	2001.4.24	斯洛伐克特伦钦克市
169	欧云哲	朝鲜	2013.9.13	平壤
170	欧云哲	朝鲜	2014.9.20	仁川
171	欧云哲	朝鲜	2015.11.21	休斯顿

3、总成绩

300	World Standard(国际举联制定的世界标准)			
302.4	哈里尔·穆特鲁	土耳其	1999.11.22	雅典
305	哈里尔·穆特鲁	土耳其	2000.9.16	悉尼
307	龙清泉	中国	2016.8.7	里约热内卢

（二十五）62 公斤级（1998 年 1 月 1 日 ~2018 年 7 月 31 日）

1. 抓举

145	World Standard(国际举联制定的世界标准)			
147.5	萨巴尼斯	希腊	1998.11.11	拉赫蒂
148.5	石智勇	中国	1999.7.4	萨凡纳
150	石智勇	中国	1999.7.4	萨凡纳
152.5	石智勇	中国	2000.5.3	大阪
153	石智勇	中国	2002.6.28	土耳其伊兹未尔
154	金恩国	朝鲜	2014.9.21	仁川

2. 挺举

180	World Standard(国际举联制定的世界标准)			
180.5	乐茂盛	中国	1999.11.23	雅典
181	根·奥列什巨克	白俄罗斯	2001.11.5	安塔利亚
182.5	乐茂盛	中国	2002.10.2	釜山
183	谌利军	中国	2015.11.22	休斯顿

3、总成绩

325	World Standard(国际举联制定的世界标准)			
326	张杰	中国	2008.4.28	金泽
327	金恩国	朝鲜	2012.7.30	伦敦
328	金恩国	朝鲜	2014.9.21	仁川
332	金恩国	朝鲜	2014.9.21	仁川
333	谌利军	中国	2015.11.22	休斯顿

（二十六）69 公斤级（1998 年 1 月 1 日 ~ 2018 年 7 月 31 日）

1. 抓举

157.5	World Standard(国际举联制定的世界标准)			
158	万建辉	中国	1998.11.12	拉赫蒂
160	普·热利亚兹科夫	保加利亚	1998.11.12	拉赫蒂
160.5	加·博维斯基	保加利亚	1999.11.24	雅典
162.5	加·博维斯基	保加利亚	1999.11.24	雅典
165	马尔科夫	保加利亚	2000.9.20	悉尼
166	廖辉	中国	2014.1110	阿尔马塔

2. 挺举

190	World Standard(国际举联制定的世界标准)			
195	金鹤奉	韩国	1998.12.9	曼谷
196	加·博维斯基	保加利亚	1999.11.24	雅典
196.5	加·博维斯基	保加利亚	2000.9.20	悉尼
197.5	张国政	中国	2003.9.11	秦皇岛
198	廖辉	中国	2013.10.23	弗罗茨瓦夫

3. 总成绩

347.5	World Standard(国际举联制定的世界标准)			
350	普·热利亚兹科夫	保加利亚	1998.11.12	拉赫蒂
352.5	勃·加拉宾	保加利亚	1999.4.16	拉科鲁尼亚
357.5	加·博维斯基	保加利亚	1999.11.24	雅典

347.5	World Standard(国际举联制定的世界标准)			
358	廖辉	中国	2013.10.23	弗罗茨瓦夫
359	廖辉	中国	2014.11.10	阿尔马塔

（二十七）77 公斤级（1998 年 1 月 1 日～2018 年 7 月 31 日）

1. 抓举

167.5	World Standard(国际举联制定的世界标准)			
168	乔·阿沙尼兹	格鲁吉亚	1998.11.12	拉赫蒂
168.5	雅巴拉克兹扬	亚美尼亚	1999.4.16	拉科鲁尼亚
170	泽列雅斯科夫	保加利亚	1999.11.25	雅典
170.5	雅巴拉克兹扬	亚美尼亚	1999.11.25	雅典
172.5	泽列雅斯科夫	保加利亚	2002.3.27	多哈
173	谢·费里莫诺夫	哈萨克斯坦	2002.10.4	釜山
173.5	谢·费里莫诺夫	哈萨克斯坦	2004.4.9	阿尔马塔
174	吕小军	中国	2009.11.25	高阳市
175	吕小军	中国	2012.8.1	伦敦
176	吕小军	中国	2013.10.24	弗罗茨瓦夫
177	吕小军	中国	2016.8.10	里约热内卢

2. 挺举

205	World Standard(国际举联制定的世界标准)			
205.5	伊达尔伯托	古巴	1999.8.5	温尼佩格
206	占旭刚	中国	1999.9.2	武汉
207.5	瓦内夫	保加利亚	2000.4.28	索非亚
210	别列别切诺夫	俄罗斯	2001.4.28	特伦钦克
214	拉希莫夫·尼贾特	哈萨克斯坦	2016.8.10	里约热内卢

3. 总成绩

372.5	World Standard(国际举联制定的世界标准)			
375	别列别切诺夫	俄罗斯	2001.4.28	特伦钦克

372.5	World Standard(国际举联制定的世界标准)			
377.5	泽雅斯科夫	保加利亚	2002.3.27	多哈
378	吕小军	中国	2009.11.25	高阳市
379	吕小军	中国	2012.8.1	伦敦
380	吕小军	中国	2013.10.24	弗罗茨瓦夫

（二十八）85 公斤级（1998 年 1 月 1 日 ~2018 年 7 月 31 日）

1. 抓举

177.5	World Standard(国际举联制定的世界标准)			
178	皮尔罗斯·季马斯	希腊	1998.11.14	拉赫蒂
180	谢尔盖·加尔迪夫	保加利亚	1999.4.17	拉科鲁尼亚
180.5	皮尔罗斯·季马斯	希腊	1999.11.26	雅典
181	阿萨尼泽	格鲁吉亚	2000.4.29	索非亚
182.5	安德列·里巴科夫	白俄罗斯	2002.6.2	捷克哈夫罗夫
183	安德列·里巴科夫	白俄罗斯	2005.11.14	多哈
185	安德列·里巴科夫	白俄罗斯	2005.11.14	多哈
186	安德列·里巴科夫	白俄罗斯	2006.5.6	瓦斯瓦沃沃
187	安德列·里巴科夫	白俄罗斯	2007.9.22	清迈

2、挺举

217.5	World Standard(国际举联制定的世界标准)			
218	张勇	中国	1998.4.25	特拉维夫
220	罗斯塔米	伊朗	2016.5.31	德黑兰

3、总成绩

390	World Standard(国际举联制定的世界标准)			
393	安德列·里巴科夫	白俄罗斯	2007.9.22	清迈
394	陆勇	中国	2008.8.15	北京
395	罗斯塔米	伊朗	2016.5.31	德黑兰
396	罗斯塔米	伊朗	2016.6.12	里约热内卢

（二十九）94 公斤级（1998 年 1 月 1 日～2018 年 7 月 31 日）

1. 抓举

187.5	World Standard(国际举联制定的世界标准)			
188	卡基亚斯维利斯	希腊	1999.11.27	比雷埃夫斯市
189	莫拉迪·索赫拉布	伊朗	2018.8.25	雅加达

2、挺举

230	World Standard(国际举联制定的世界标准)			
232.5	科莱茨基	波兰	2000.4.29	索非亚
233	莫拉迪·索赫拉布	伊朗	2017.12.3	阿纳海姆

3. 总成绩

410	World Standard(国际举联制定的世界标准)			
412	阿卡奇斯	希腊	1999.11.27	雅典
413	莫拉迪·索赫拉布	伊朗	2017.3.23	阿什哈巴德
417	莫拉迪·索赫拉布	伊朗	2017.12.3	阿纳海姆

（三十）105 公斤级（1998 年 1 月 1 日～2018 年 7 月 31 日）

1. 抓举

197.5	World Standard(国际举联制定的世界标准)			
198	斯莫尔钦科	俄罗斯	2001.11.10	安塔利亚
198.5	杜列加	波兰	2002.6.4	捷克哈夫罗夫
200	安德烈	白俄罗斯	2008.8.18	北京

2. 挺举

242.5	World Standard(国际举联制定的世界标准)			
237	特萨加耶夫．艾伦	保加利亚	2004.4.25	基辅
238	戴维	俄罗斯	2011.12.17	别尔哥罗德
239	鲁斯兰	乌兹别克斯坦	2014.11.15	阿尔马塔
240	戴维	俄罗斯	2014.11.15	阿尔马塔
242	伊琳．伊利亚	哈萨克斯坦	2014.11.15	阿尔马塔
246	伊琳．伊利亚	哈萨克斯坦	2015.12.12	格罗兹尼

3. 总成绩

428	World Standard(国际举联修定的世界标准)			
430	戈菲·丹尼斯	乌克兰	1999.11.28	雅典
436	安德烈	白俄罗斯	2008.8.18	北京
437	伊芙琳伊利亚	哈萨克斯坦	2015.12.12	格罗兹尼

（三十一）105 以上公斤级（1998 年 1 月 1 日 ~ 2018 年 7 月 31 日）

1. 抓举

205	World Standard(国际举联制定的世界标准)			
205.5	罗尼·韦勒	德国	1998.5.3	里萨
206	雷札札德	伊朗	1999.11.28	雅典
210	罗尼·韦勒	德国	2000.9.26	悉尼
212.5	雷札札德	伊朗	2000.9.26	悉尼
213	雷札札德	伊朗	2003.9.14	秦皇岛
214	萨利米	伊朗	2011.11.13	巴黎
215	塔拉克哈泽	格鲁吉亚	2016.6.16	里约热内卢
216	萨利米	伊朗	2016.6.16	里约热内卢
217	塔拉克哈泽	格鲁吉亚	2017.4.8	斯普利特
220	塔拉克哈泽	格鲁吉亚	2017.12.5	阿纳海姆

2. 挺举

262.5	World Standard(国际举联制定的世界标准)			
263	雷札札德	伊朗	2002.11.26	华沙
263.5	雷札札德	伊朗	2004.8.25	雅典

3、总成绩

462.5	World Standard(国际举联制定的世界标准)			
465	罗尼·韦勒	德国	1998.5.3	里萨
467.5	雷札札德	伊朗	2000.9.26	悉尼
472.5	雷札札德	伊朗	2000.9.26	悉尼
473	塔拉克哈泽	格鲁吉亚	2016.6.16	里约热内卢
477	塔拉克哈泽	格鲁吉亚	2017.12.5	阿纳海姆

（三十二）55 公斤级（2018 年 8 月 ~2018 年 12 月 31 日）

1. 抓举

135	世界标准	2018.11.01	国际举联	世界标准	2018.11.01

2. 挺举

161	世界标准	2018.11.01	国际举联	阿什巴哈德	2018.11.01
162	欧云哲	1991.11.18	朝鲜	阿什巴哈德	2018.11.02

3. 总成绩

293	世界标准	2018.11.01	世界标准	世界标准	2018.11.02

（三十三）61 公斤级（2018 年 8 月 ~ 2018 年 7 月 31 日）

1. 抓举

144	世界标准	2018.11.01	国际举联	世界标准	2018.11.01

2. 挺举

173	世界标准	2018.11.01	国际举联	世界标准	2018.11.01
174	伊拉万	1989.07.24	印度尼西亚	阿什哈巴德	2018.11.03

3. 总成绩

312	世界标准	2019.11.01	国际举联	世界标准	2018.11.01
313	伊拉万	1989.07.24	印度尼西亚	阿什巴哈德	2018.11.03
317	伊拉万	1989.07.24	印度尼西亚	阿什巴哈德	2018.11.03

（三十四）67 公斤级（2018 年 8 月 ~2018 年 12 月 31 日）

1. 抓举

153	世界标准	2018.11.01	国际举联	世界标准	2018.11.01

2. 挺举

184	世界标准	2018.11.01	国际举联	世界标准	2018.11.01

3. 总成绩

331	世界标准	2018.11.01	国际举联	世界标准	2018.11.01
332	谌利军	1993.02.08	中国	阿什巴哈德	2018.11.04

（三十五）73 公斤级（2018 年 8 月 ~2018 年 12 月 31 日）

1. 抓举

160	世界标准	2018.11.01	国际举联	世界标准	2018.11.01
161	石智勇	1993.01.01	中国	阿什巴哈德	2018.11.04
164	石智勇	1993.01.01	中国	阿什巴哈德	2018.11.04

2. 挺举

194	世界标准	2018.11.01	国际举联	世界标准	2018. 11.01
195	文俊熙	1990.12.09	韩国	阿什巴哈德	2018.11.04
196	石智勇	1993.01.01	中国	阿什巴哈德	2018.11.04

3. 总成绩

348	世界标准	2018.11.01	国际举联	世界标准	2018.11.01
352	石智勇	1993.01.01	中国	阿什巴哈德	2018.11.04
360	石智勇	1993.01.01	中国	阿什巴哈德	2018.11.04

（三十六）81 公斤级（2018 年 8 月 ~2018 年 12 月 31 日）

1. 抓举

170	世界标准	2018.11.01	国际举联	世界标准	2018.11.01
172	吕小军	1984.07.27	中国	阿什巴哈德	2018.11.05
173	艾哈迈迪·慕罕默德	1989.11.21	埃及	阿什巴哈德	2018.11.05

2. 挺举

206	世界标准	2018.11.01	国际举联	阿什巴哈德	2018.11.01

3. 总成绩

368	世界标准	2018.11.01	国际举联	世界标准	2018.11.01
369	艾哈迈迪·慕罕默德	1989.11.21	埃及	阿什巴哈德	2018.11.05
373	艾哈迈迪·慕罕默德	1989.11.21	埃及	阿什巴哈德	2018.11.05
374	吕小军	1984.07.27	中国	阿什巴哈德	2018.11.05

（三十七）89 公斤级（2018 年 8 月 ~2018 年 12 月 31 日）

1. 抓举

179	世界标准	2018.11.01	国际举联	阿什巴哈德	2018.11.01

2. 挺举

216	世界标准	2018.11.01	国际举联	阿什巴哈德	2018.11.01

3. 总成绩

387	世界标准	2018，11.01	国际举联	阿什巴哈德	2018.11.01

（三十八）96 公斤级（2018 年 8 月 ~2018 年 12 月 31 日）

1. 抓举

世界标准	2018.11.01	国际举联	世界标准	2018.11.01
莫拉迪.苏赫	1988.09.22	伊朗	阿什巴哈德	2018.11.07

2. 挺举

225	世界标准	2018.11.01	国际举联	世界标准	2018.11.01
226	田涛	1994.04.08	中国	阿什巴哈德	2018.11.07
230	莫拉迪·苏赫拉布	1988.09.22	伊朗	阿什巴哈德	2018.11.07

3. 总成绩

401	世界标准	2018.11.01	国际举联	世界标准	2018.11.01
409	莫拉迪·苏赫拉布	1988.09.22	伊朗	阿什巴哈德	2018.11.07
416	莫拉迪·苏赫拉布	1988.09.22	伊朗	阿什巴哈德	2018.11.07

（三十九）102 公斤级（2018 年 8 月 ~2018 年 12 月 31 日）

1. 抓举

| 191 | 世界标准 | 2018.11.01 | 国际举联 | 阿什巴哈德 | 2018.11.01 |

2. 挺举

| 231 | 世界标准 | 2018.11.01 | 国际举联 | 阿什巴哈德 | 2018.11.01 |

3. 总成绩

| 412 | 世界标准 | 2018.11.01 | 国际举联 | 阿什巴哈德 | 2018.11.01 |

（四十）109 公斤级（2018 年 8 月 ~2018 年 12 月 31 日）

1. 抓举

| 196 | 世界标准 | 2018.11.01 | 国际举联 | 世界标准 | 2018.11.01 |

2. 挺举

| 237 | 世界标准 | 2018.11.01 | 国际举联 | 世界标准 | 2018.11.01 |
| 240 | 马特·洛斯扬 | 1997.02.17 | 亚美尼亚 | 阿什巴哈德 | 2018.11.09 |

3. 总成绩

424	世界标准	2018.11.01	国际举联	世界标准	2018.11.01
425	马特·洛斯扬	1997.02.17	亚美尼亚	阿什巴哈德	2018.11.09
435	马特·洛斯扬	1997.02.17	亚美尼亚	阿什巴哈德	2018.11.09

（四十一）+109 公斤级（2018 年 8 月 ~2018 年 12 月 31 日）

1. 抓举

210	世界标准	2018.11.01	国际举联	世界标准	2018.11.01
212	拉沙·塔拉哈德兹	1993.01.02	格鲁尼亚	阿什巴哈德	2018.11.10
217	拉沙·塔拉哈德兹	1993.01.02	格鲁尼亚	阿什巴哈德	2018.11.10

2. 挺举

250	世界标准	2018.11.01	国际举联	世界标准	2018.11.01
252	拉沙·塔拉哈德兹	1993.01.02	格鲁尼亚	阿什巴哈德	2018.11.10
257	拉沙·塔拉哈德兹	1993.01.02	格鲁尼亚	阿什巴哈德	2018.11.10

3. 总成绩

453	世界标准	2018.11.01	国际举联	世界标准	2018.11.01
462	拉沙·塔拉哈德兹	1993.01.20	格鲁尼亚	阿什巴哈德	2018.11.10
469	拉沙·塔拉哈德兹	1993.01.20	格鲁尼亚	阿什巴哈德	2018.11.10
474	拉沙·塔拉哈德兹	1993.01.20	格鲁尼亚	阿什巴哈德	2018.11.10

附录

1907~2018 年 12 月 31 日创破男子世界纪录统计

名次	国家或地区	右手抓举	左手抓举	右手挺举	左手挺举	推举	抓举	挺举	3项总成绩	2项总成绩	总计
1	苏联	3	3	4	14	226	253	272	128	97	1000
2	保加利亚	0	0	0	0	11	82	74	1	73	241
3	美国	0	0	0	0	37	30	30	24	0	121
4	德国	6	15	0	8	34	19	22	0	3	107
5	法国	13	9	6	11	6	27	24	0	0	96
6	中国	0	0	0	0	5	37	37	0	17	95
7	奥地利	14	5	14	5	16	13	14	0	0	81
8	埃及	0	0	0	0	16	16	25	1	2	60
9	日本	0	0	0	0	1	34	4	14	0	53
10	伊朗	0	0	0	0	4	11	19	3	10	47
11	土耳其	0	0	0	0	0	17	15	0	14	46
12	匈牙利	0	0	0	0	23	2	5	12	0	42
13	瑞士	0	7	10	2	5	8	4	0	0	36
14	爱沙尼亚	7	5	6	1	6	6	4	0	0	35
15	芬兰	0	0	0	0	4	20	2	5	0	31
16	俄罗斯	0	0	0	0	0	9	15	0	7	31

名次	国家或地区	右手抓举	左手抓举	右手挺举	左手挺举	推举	抓举	挺举	3项总成绩	2项总成绩	总计
17	瑞典	0	1	5	0	15	0	1	1	0	23
18	希腊	0	0	0	0	0	9	9	0	5	23
19	古巴	0	0	0	0	0	14	5	0	3	22
20	白俄罗斯	0	0	0	0	0	11	3	0	4	18
21	民主德国	0	0	0	0	0	4	8	0	5	17
22	比利时	1	3	0	4	3	1	3	0	0	15
23	格鲁吉亚	0	0	0	0	0	8	2	0	5	15
24	加拿大	1	0	0	0	9	0	0	0	0	10
25	捷克斯洛伐克	0	0	0	0	2	2	3	0	2	9
26	乌克兰	0	0	0	0	0	3	2	0	4	9
27	意大利	0	0	0	0	4	3	0	0	0	7
28	哈萨克斯坦	0	0	0	0	0	2	4	0	1	7
29	亚美尼亚	0	0	0	0	0	4	1	0	2	7
30	英国	0	0	0	0	0	2	1	1	0	4
31	黎巴嫩	0	0	0	0	0	4	0	0	0	4
32	阿根廷	0	2	0	0	1	0	0	0	0	3
33	葡萄牙	0	0	0	0	3	0	0	0	0	3
34	卢森堡	0	0	0	0	1	1	0	0	0	2
35	丹麦	0	0	0	0	0	1	1	0	0	2
36	缅甸	0	0	0	0	0	2	0	0	0	2
37	印度尼西亚	0	0	0	0	0	0	2	0	0	2
38	荷属安德列斯群岛	0	0	0	0	1	0	0	0	0	1
39	挪威	0	0	0	0	0	1	0	0	0	1
40	新加坡	0	0	0	0	0	0	1	0	0	1
41	澳大利亚	0	0	0	0	0	1	0	0	0	1
42	土库曼斯坦	0	0	0	0	0	0	1	0	0	1

名次	国家或地区	右手抓举	左手抓举	右手挺举	左手挺举	推举	抓举	挺举	3项总成绩	2项总成绩	总计
43	罗马尼亚	0	0	0	0	0	1	0	0	0	1
	合　计	46	50	45	45	432	678	626	201	260	2383

第二节　青年男子世界纪录（1962~2018 年 12 月 31 日）

　　青年男子世界纪录始于1962年1月1日，从那以后至1992年12月31日的体重级别为52、56、60、67.5、75、82.5、90、100、110、+110公斤级。1993年国际举重联合会将体重级别改为：54、59、64、70、76、83、91、99、108、+108公斤级10个级别。1998年国际举重联合会再次将体重级别改为56、62、69、77、85、94、105、+105公斤级8个级别。2018年8月，国际举重联合会再次实行新的体重级别，即：55、61、67、73、81、89、96、102、109、+109公斤级10个级别，并于2018年11月1日设立了上述10个级别的世界标准纪录。

（一）52 公斤级（1965 年 1 月 1 日 ~1992 年 12 月 31 日）

1. 抓举

成绩	姓名	国籍	比赛时间	比赛地点
95.5	弗·克里斯切辛	苏联	—	—
96	大野庄三	日本	1969.7.4	秋田
97.5	乔治·瓦希尔	澳大利亚	1969.11.29	悉尼
98.5	茂川俊郎	日本	1991.11.23	爱知
99	尤里·库比托维奇	苏联	1972.6.24	哈尔科夫

2. 抓举

成绩	姓名	国籍	比赛时间	比赛地点
90	藤原铃木	日本	—	—
92.5	三木功司	日本	1965.4.25	东京
95	三木功司	日本	1966.4.9	东京
100	三木功司	日本	1966.8.19	汤布院

成绩	姓名	国籍	比赛时间	比赛地点
100	蔡俊成	中国	1976.10.25	无锡
101	蔡俊成	中国	1976.10.31	常州
102.5	弗伦奇·霍恩雅克	匈牙利	1977.5.28	布达佩斯
105	弗伦奇·霍恩雅克	匈牙利	1977.5.28	布达佩斯
105.5	吴数德	中国	1978.10.7	杭州
107.5	吴数德	中国	1979.6.16	德布勒森
108	吴数德	中国	1979.9.19	北京
110	吴数德	中国	1979.11.3	萨洛尼卡
110.5	卢博米尔·赫德兹耶夫	保加利亚	1981.6.14	金沙
112.5	卢博米尔·赫德兹耶夫	保加利亚	1982.6.1	陶陶巴尼亚
115.5	尼罗·特尔津斯基	保加利亚	1983.5.9	圣马力诺
116	何灼强	中国	1986.5.26	多瑙艾兴根
116.5	何灼强	中国	1987.4.17	上尾市
117.5	何灼强	中国	1987.11.22	石龙
118.5	塞夫达林·马林诺夫	保加利亚	1988.4.26	加的夫
120	塞夫达林·马林诺夫	保加利亚	1988.9.18	汉城

3. 挺举

成绩	姓名	国籍	比赛时间	比赛地点
115	弗拉迪斯纳夫·克里斯切辛	苏联	–	–
115.5	今村俊郎	日本	1966.8.3	黑石
122	今村俊郎	日本	1966.10.24	赤塔
122.5	玉浩	朝鲜	1973.11.29	平壤
123	玉浩	朝鲜	1973.11.29	平壤
125	费伦奇·霍恩雅克	匈牙利	1976.4.23	柏林
125.5	陈伟强	中国	1977.5.3	巴格达
127.5	陈伟强	中国	1977.5.3	巴格达
128	陈伟强	中国	1977.7.8	广州
130	安东·科贾巴舍夫	保加利亚	1978.6.10	哈夫罗夫
130.5	张耀鑫	中国	1979.9.16	北京

成绩	姓名	国籍	比赛时间	比赛地点
132.5	伊戈尔·克里维特斯基	苏联	1979.10.15	波尔见斯克
135	奥克森·米尔佐扬	苏联	1980.4.24	莫斯科
135.5	奥克森·米尔佐扬	苏联	1980.5.24	蒙特利尔
136	哲尼亚·萨兰达利耶夫	保加利亚	1980.5.24	蒙特利尔
137.5	赫桑·赫沙诺夫	保加利亚	1980.5.24	蒙特利尔
138	哲尼亚·萨兰达利耶夫	保加利亚	1981.3.18	利沃夫
138.5	卢博米尔·赫德兹耶夫	保加利亚	1981.4.10	梅森
140	卢博米尔·赫德兹耶夫	保加利亚	1982.5.7	瓦尔那
144	尼罗·特尔津斯基	保加利亚	1983.5.9	圣马力诺
145	尼罗·特尔津斯基	保加利亚	1983.7.22	开罗
145.5	尼罗·特尔津斯基	保加利亚	1983.10.22	莫斯科
150	尼罗·特尔津斯基	保加利亚	1983.10.22	莫斯科
150.5	尼罗·特尔津斯基	保加利亚	1983.12.22	索非亚
152.5	尼罗·特尔津斯基	保加利亚	1984.4.27	维多利亚
153	何灼强	中国	1987.9.6	俄斯特拉发
155	伊万·伊万诺夫	保加利亚	1989.9.16	雅典
155.5	伊万·伊万诺夫	保加利亚	1991.9.27	多瑙艾兴根

4. 总成绩（推抓挺3项）

成绩	姓名	国籍	比赛时间	比赛地点
397.5	弗·克里斯切辛	苏联	—	—
305	三菱	日本	1965.6.6	东京

5. 总成绩（抓挺两项）

成绩	姓名	国籍	比赛时间	比赛地点
210	三菱	日本	—	—
212.5	玉浩	朝鲜	1973.11.29	平壤
217.5	小尤达	日本	1974.10.21	茨城
222.5	费伦奇·霍恩雅克	匈牙利	1976.4.23	柏林
225	费伦奇·霍恩雅克	匈牙利	1977.5.28	布达佩斯

成绩	姓名	国籍	比赛时间	比赛地点
227.5	陈伟强	中国	1977.7.8	广州
232.5	安东·科贾巴舍夫	保加利亚	1978.6.10	哈维罗夫
235	吴毅德	中国	1979.9.19	北京
237.5	吴毅德	中国	1979.11.3	萨洛尼卡
242.5	卢博米尔·赫德兹耶夫	保加利亚	1981.4.10	梅森
250	卢博米尔·赫德兹耶夫	保加利亚	1982.5.7	瓦尔那
252.5	卢博米尔·赫德兹耶夫	保加利亚	1982.6.11	陶陶巴尼亚
255	尼罗·特尔津斯基	保加利亚	1983.5.9	圣马力诺
257.5	尼罗·特尔津斯基	保加利亚	1983.7.22	开罗
260	尼罗·特尔津斯基	保加利亚	1983.10.22	莫斯科
262.5	尼罗·特尔津斯基	保加利亚	1984.4.27	维多利亚
265	何灼强	中国	1987.11.22	石龙
270	塞夫达林·马林诺夫	保加利亚	1988.9.18	汉城
272.5	伊万·伊万诺夫	保加利亚	1989.9.16	雅典

（二）56公斤级（1962年1月1日~1992年12月31日）

1. 推举

成绩	姓名	国籍	比赛时间	比赛地点
92.5	加利·汉森	美国	-	-
94.5	加利·汉森	美国	1962.3.24	斯克内克塔迪
95	一关史朗	日本	1962.10.23	冈山
100	一关史朗	日本	1963.7.21	东京
102.5	三菱	日本	1965.3.14	东京
103	桑多·霍尔奇莱特	匈牙利	1966.6.4	松博特海伊
103.5	曼纽尔·马蒂奥斯	墨西哥	1966.7.9	西帕特森
105	曼纽尔·马蒂奥斯	墨西哥	1966.12.14	墨西哥城
107.5	安藤谦吉	日本	1968.5.26	东京
110	安藤谦吉	日本	1968.7.29	府中市
110.5	安藤谦吉	日本	1969.4.10	东京
115	安藤谦吉	日本	1969.10.27	松浦

2. 抓举

成绩	姓名	国籍	比赛时间	比赛地点
87.5	加利·汉森	美国	-	-
92.5	一关史朗	日本	1962.6.4	东京
95	川崎竹石	日本	1962.8.18	泰然
100	一关史朗	日本	1962.10.23	冈山
102.5	一关史朗	日本	1962.11.16	大阪
107.5	一关史朗	日本	1963.3.24	诺乌特
108	一关史朗	日本	1963.10.29	山口
108.5	平井一正	日本	1969.10.27	马特苏恩
110	斯特凡·迪米托夫	保加利亚	1975.9.6	普列文
110.5	文森特·昆塔那	古巴	1976.10.27	哈瓦那
111	文森特·昆塔那	古巴	1977.7.10	索非亚
113	丹尼尔·努涅斯	古巴	1977.11.11	哈瓦那
115	丹尼尔·努涅斯	古巴	1977.11.11	哈瓦那
115.5	丹尼尔·努涅斯	古巴	1978.5.12	瓜纳亚
117.5	丹尼尔·努涅斯	古巴	1978.10.4	葛底斯堡
121.5	安东·科贾巴舍夫	保加利亚	1979.7.9	索非亚
122.5	安德雷阿斯·列兹	民主德国	1981.4.10	梅森
123	奈伊姆·苏莱马诺夫	保加利亚	1983.2.25	克尔贾利州
125	奈伊姆·苏莱马诺夫	保加利亚	1983.3.26	阿伦敦
125.5	赖润明	中国	1983.8.30	上海
127.5	奈伊姆·苏莱马诺夫	保加利亚	1983.10.23	莫斯科
130	奈伊姆·苏莱马诺夫	保加利亚	1983.10.23	莫斯科
131.5	奈伊姆·苏莱马诺夫	保加利亚	1984.5.12	瓦尔那
132.5	奈伊姆·苏莱马诺夫	保加利亚	1984.9.12	瓦尔那

3. 挺举

成绩	姓名	国籍	比赛时间	比赛地点
117.5	加利·汉森	美国	-	-
123.5	加利·汉森	美国	1962.2.10	帕塞伊克
125	一关史朗	日本	1962.6.22	东京

成绩	姓名	国籍	比赛时间	比赛地点
130	一关史朗	日本	1962.11.16	大阪
132.5	一关史朗	日本	1963.6.28	卡托维兹
137.5	一关史朗	日本	1962.10.29	山口
138	刘航远	中国	1977.7.8	广州
140	马雷克·塞维林	波兰	1977.11.24	卡托维兹
140.5	奥列格·卡拉扬尼迪	苏联	1977.12.14	梁赞
142.5	迪米特里·波斯佩洛夫	苏联	1978.3.17	莫斯科
143	迪米特里·波斯佩洛夫	苏联	1978.7.16	雅典
143.5	丹尼尔·努涅斯	古巴	1978.10.21	哈瓦那
145	安东·科贾巴舍夫	保加利亚	1979.5.20	瓦尔那
147.5	安东·科贾巴舍夫	保加利亚	1979.5.20	瓦尔那
152	安东·科贾巴舍夫	保加利亚	1979.7.9	索非亚
152.5	尤里·萨尔基扬	苏联	1979.10.27	奥克腾贝尔
153.5	尤里·萨尔基扬	苏联	1980.3.9	波多利斯克
155	尤里·萨尔基扬	苏联	1980.3.9	波多利斯克
157.5	尤里·萨尔基扬	苏联	1980.7.21	莫斯科
160	奈伊姆·苏莱马诺夫	保加利亚	1983.3.26	阿伦敦
168	奈伊姆·苏莱马诺夫	保加利亚	1984.4.27	维多利亚
170	奈伊姆·苏莱马诺夫	保加利亚	1984.5.12	瓦尔那
170.5	奈伊姆·苏莱马诺夫	保加利亚	1984.9.12	瓦尔那

4. 总成绩（推抓挺3项）

成绩	姓名	国籍	比赛时间	比赛地点
305	加利·汉森	美国	–	–
307.5	加利·汉森	美国	1962.3.24	斯克内克塔迪
320	一关史朗	日本	1962.10.23	冈山
322.5	一关史朗	日本	1962.11.16	大阪
330	一关史朗	日本	1963.5.5	东京
332.5	一关史朗	日本	1963.6.12	东京
345	一关史朗	日本	1963.10.29	山口

成绩	姓名	国籍	比赛时间	比赛地点
352.5	安藤谦吉	日本	1969.10.27	松浦
357.5	安藤谦吉	日本	1970.3.15	明斯克

5. 总成绩（抓挺两项）

成绩	姓名	国籍	比赛时间	比赛地点
245	一关史朗	日本	–	–
247.5	丹尼尔·努涅斯	古巴	1977.11.11	哈瓦那
252.5	丹尼尔·努涅斯	古巴	1977.11.11	哈瓦那
255	丹尼尔·努涅斯	古巴	1978.5.12	瓜纳亚
260	丹尼尔·努涅斯	古巴	1978.10.4	葛底斯堡
262.5	安东·科贾巴舍夫	保加利亚	1979.5.20	瓦尔那
265	安东·科贾巴舍夫	保加利亚	1979.7.9	索非亚
267.5	尤里·萨尔基扬	苏联	1979.10.27	奥克腾贝尔
272.5	尤里·萨尔基扬	苏联	1980.3.9	波多利斯克
277.5	安德雷阿斯·列兹	民主德国	1981.4.10	梅森
285	奈伊姆·苏莱马诺夫	保加利亚	1983.3.26	爱伦敦
290	奈伊姆·苏莱马诺夫	保加利亚	1983.10.23	莫斯科
292.5	奈伊姆·苏莱马诺夫	保加利亚	1984.4.27	维多利亚
297.5	奈伊姆·苏莱马诺夫	保加利亚	1984.4.27	维多利亚
300	奈伊姆·苏莱马诺夫	保加利亚	1984.5.11	瓦尔那

（三）60 公斤级（1962 年 1 月 1 日~1992 年 12 月 31 日）

1. 推举

成绩	姓名	国籍	比赛时间	比赛地点
105	巴拉斯·菲特日	罗马尼亚	–	–
116.5	鲁塞尔·克尼普	美国	1992.4.14	匹兹堡
117.5	曼纽尔·马蒂奥斯	墨西哥	1967.12.9	墨西哥城
120	曼纽尔·马蒂奥斯	墨西哥	1968.10.14	墨西哥城
122.5	安滕谦吉	日本	1969.9.14	托卡伊
125	安滕谦吉	日本	1970.4.16	东京

2. 抓举

成绩	姓名	国籍	比赛时间	比赛地点
100	巴拉斯·菲特日	罗马尼亚	–	–
102.5	福田广岛	日本	1962.4.21	东京
104	格约吉·福德列维奇	匈牙利	1963.6.1	布达佩斯
104.5	格约吉·福德列维奇	匈牙利	1964.5.10	奥波莱
105.5	格约吉·福德列维奇	匈牙利	1964.11.14	布达佩斯
106	格约吉·福德列维奇	匈牙利	1964.12.6	布达佩斯
107	佩塔·耶内夫	保加利亚	1965.9.1	索非亚
107.5	利科·弗罗诺夫	保加利亚	1965.9.4	维丁
108.5	山本宫川	日本	1966.4.9	东京
109	山本宫川	日本	1966.10.25	赤塔
109.5	亚历山大·古利亚耶夫	苏联	1966.11.12	莫斯科
110	藤波孝生	日本	1967.4.9	东京
112.5	藤波孝生	日本	1967.9.3	大阪
115	加藤正夫	日本	1969.4.10	东京
118	加藤正夫	日本	1969.9.22	华沙
118.5	埃森万·科瓦奇斯	匈牙利	1973.5.11	布达佩斯
120	尤里·卡普丘戈夫	苏联	1975.12.12	车里雅宾斯克
122.5	杨科·鲁谢夫	保加利亚	1977.9.19	斯图加特
123	埃森万·列莱特	匈牙利	1978.10.5	葛底斯堡
123.5	埃森万·列莱特	匈牙利	1978.10.26	布达佩斯
124	安德拉尼克·帕皮基扬	苏联	1979.12.12	伏龙茨
125	雷德扎波·雷德扎波夫	保加利亚	1979.12.16	索非亚
127.5	尤里·萨尔基扬	苏联	1981.3.19	利沃夫
130	尤里·萨尔基扬	苏联	1981.3.19	利沃夫
133.5	尤里·萨尔基扬	苏联	1981.3.19	利沃夫
135	安德雷亚斯·贝姆	民主德国	1982.9.20	卢布尔雅那
135.5	普拉曼·彭切夫	保加利亚	1983.5.10	圣马力诺
137.5	斯特凡·托普罗夫	保加利亚	1984.4.28	维多利亚
140	斯特·托普罗夫	保加利亚	1984.9.13	瓦尔那
140.5	奈伊姆·苏莱马诺夫	保加利亚	1984.11.24	萨拉热窝

续表

成绩	姓名	国籍	比赛时间	比赛地点
142.5	奈伊姆·苏莱马诺夫	保加利亚	1984.11.24	萨拉热窝
143	奈伊姆·苏莱马诺夫	保加利亚	1985.8.24	南特耶
145	奈伊姆·苏莱马诺夫	保加利亚	1985.11.9	蒙特卡洛
145.5	奈伊姆·苏莱马诺夫	保加利亚	1986.5.8	卡尔·马克思城
147.5	奈伊姆·苏莱马诺夫	保加利亚	1986.11.9	索非亚
148	奈伊姆·苏莱马诺夫	保加利亚	1986.12.7	墨尔本

3. 挺举

成绩	姓名	国籍	比赛时间	比赛地点
135	巴拉斯·菲特日	罗马尼亚	–	–
140	库马塔君一	日本	1965.7.8	瀚峪
142.5	库马塔君一	日本	1965.10.25	土岐
143	加藤正夫	日本	1968.5.10	名古屋
145	加藤正夫	日本	1968.7.14	东京
147.5	加藤正夫	日本	1969.4.10	东京
150	加藤正夫	日本	1969.7.5	秋田
150.5	斯特凡·迪米特洛夫	保加利亚	1976.6.7	格但斯克
152.5	扬科·鲁谢夫	保加利亚	1976.10.17	迪米特洛夫格勒
155	扬科·鲁谢夫	保加利亚	1977.9.19	斯图加特
165	杨科·鲁谢夫	保加利亚	1977.9.19	斯图加特
167.5	尤里·萨尔基扬	苏联	1981.3.19	利沃夫
168	尤里·萨尔基扬	苏联	1981.6.16	金沙
171	斯特凡·托普罗夫	保加利亚	1982.10.31	哈斯科沃
173	斯特凡·托普罗夫	保加利亚	1983.5.10	圣马力诺
180	斯特凡·托普罗夫	保加利亚	1983.10.24	莫斯科
182.5	斯特凡·托普罗夫	保加利亚	1984.9.13	瓦尔那
185	斯特凡·托普罗夫	保加利亚	1984.9.13	瓦尔那
185.5	奈伊姆·苏莱马诺夫	保加利亚	1984.11.24	萨拉热窝
186	奈伊姆·苏莱马诺夫	保加利亚	1985.11.9	蒙特卡洛
187.5	奈伊姆·苏莱马诺夫	保加利亚	1986.5.8	卡尔·马克思城

成绩	姓名	国籍	比赛时间	比赛地点
188	奈伊姆·苏莱马诺夫	保加利亚	1986.11.9	索非亚

4. 总成绩（推抓挺3项）

成绩	姓名	国籍	比赛时间	比赛地点
340	巴拉斯·菲特日	罗马尼亚	–	–
347.5	巴拉斯·菲特日	罗马尼亚	1962.4.20	布加勒斯特
350	巴拉斯·菲特日	罗马尼亚	1962.9.17	布达佩斯
352.5	库马塔君一	日本	1965.10.25	土岐
355	库马塔君一	日本	1966.7.3	秋田
357.5	藤波孝生	日本	1967.10.24	琦玉县
360	藤波孝生	日本	1967.11.18	大阪
365	藤波孝生	日本	1968.5.18	汉城
367.5	加藤正夫	日本	1969.4.10	东京
377.5	加藤正夫	日本	1969.5.11	东京
380	安藤谦吉	日本	1970.4.16	东京

5. 总成绩（抓挺两项）

成绩	姓名	国籍	比赛时间	比赛地点
262.5	加藤正夫	日本	–	–
267.5	斯特凡·迪米特洛夫	保加利亚	1976.6.8	格坦斯克
270	扬科·鲁谢夫	保加利亚	1977.9.19	斯图加特
277.5	扬科·鲁谢夫	保加利亚	1977.9.19	斯图加特
280	雷德扎波·雷德札波夫	保加利亚	1979.12.16	索非亚
287.5	尤里·萨尔基扬	苏联	1980.9.30	圣马力诺
290	尤里·萨尔基扬	苏联	1981.3.19	利沃夫
297.5	尤里·萨尔基扬	苏联	1981.3.19	利沃夫
300	安德雷亚斯·贝姆	民主德国	1982.9.20	卢布尔雅那
305	斯特凡·托普罗夫	保加利亚	1983.5.10	圣马力诺
312.5	斯特凡·托普罗夫	保加利亚	1983.10.24	莫斯科
315	斯特凡·托普罗夫	保加利亚	1984.4.29	瓦尔那

成绩	姓名	国籍	比赛时间	比赛地点
317.5	斯特凡·托普罗夫	保加利亚	1984.9.13	瓦尔那
322.5	斯特凡·托普罗夫	保加利亚	1984.9.13	瓦尔那
25	奈伊姆·苏莱马诺夫	保加利亚	1984.11.24	萨拉热窝
327.5	奈伊姆·苏莱马诺夫	保加利亚	1984.11.24	萨拉热窝
330	奈伊姆·苏莱马诺夫	保加利亚	1985.11.9	蒙特卡洛
332.5	奈伊姆·苏莱马诺夫	保加利亚	1986.5.8	卡尔·马克思城
335	奈伊姆·苏莱马诺夫	保加利亚	1986.11.9	索非亚

（四）67.5 公斤级（1962 年 1 月 1 日~1992 年 12 月 31 日）

1. 推举

成绩	姓名	国籍	比赛时间	比赛地点
115	卡尔·奥维·斯特兰德	瑞典	—	—
118	巴拉斯·菲特日	罗马尼亚	1963.5.18	巴黎
120	巴拉斯·菲特日	罗马尼亚	1963.10.26	锡比乌
121.5	约瑟夫·马瑟	匈牙利	1965.5.2	布达佩斯
123	小野洋杉	日本	1965.6.6	土岐
125	元申延	韩国	1965.10.7	卡万圭
125.5	亚塔那斯·安多诺夫	保加利亚	1967.6.25	索非亚
127	亚塔那斯·安多诺夫	保加利亚	1967.7.9	迪米特洛夫格勒
127.5	里科·弗罗洛夫	保加利亚	1968.3.31	格瑞温克
135	德·纳斯洛拉	伊朗	1969.4.5	基辅
140	德·纳斯洛拉	伊朗	1969.9.23	华沙

2. 抓举

成绩	姓名	国籍	比赛时间	比赛地点
108.5	简·德列巴雷	法国	—	—
109	洽迪姆·赫迪夫	伊朗	1962.8.1	德黑兰
110	雅纽斯·博津斯基	波兰	1963.3.30	卢布林
112.5	罗曼·阿瓦内索夫	苏联	1963.4.13	莫斯科
113	加博·斯赞瓦什	匈牙利	1963.5.5	布达佩斯

成绩	姓名	国籍	比赛时间	比赛地点
114	加博·斯赞瓦什	匈牙利	1963.6.1	布达佩斯
115	加博·斯赞瓦什	匈牙利	1963.7.28	巴尔奇克
115.5	贾诺斯·勃戈奇	匈牙利	1963.12.22	松博特海伊
118	贾诺斯·勃戈奇	匈牙利	1964.4.19	珍珠市
120	元申延	韩国	1965.5.9	汉城
120.5	小岛隆	日本	1967.5.21	京都
121	穆·特拉布西	黎巴嫩	1968.7.6	贝鲁特
121.5	穆·特拉布西	黎巴嫩	1968.10.15	墨西哥城
122.5	冈村富一郎	日本	1969.7.5	秋田
123	穆·特拉布西	黎巴嫩	1969.7.29	贝鲁特
123.5	穆·特拉布西	黎巴嫩	1969.7.31	阿曼
125	穆·特拉布西	黎巴嫩	1969.9.23	华沙
127.5	恩乔·恩切夫	保加利亚	1974.7.20	维丁
128	罗伯托·乌鲁蒂亚	古巴	1975.7.8	马赛
128.5	罗伯托·乌鲁蒂亚	古巴	1975.7.22	圣克拉拉市
129	达尼艾尔·赞耶斯	古巴	1975.7.22	圣克拉拉市
129.5	罗伯托·乌鲁蒂亚	古巴	1975.7.22	圣克拉拉市
132.5	罗伯托·乌鲁蒂亚	古巴	1975.10.15	墨西哥城
135	罗伯托·乌鲁蒂亚	古巴	1975.12.13	葛底斯堡
135.5	罗伯托·乌鲁蒂亚	古巴	1975.12.25	卡马圭
138.5	罗伯托·乌鲁蒂亚	古巴	1975.12.25	卡马圭
140	罗伯托·乌鲁蒂亚	古巴	1976.5.15	卡马圭
143	约奇姆·孔兹	民主德国	1979.4.6	梅森
145.5	约奇姆·孔兹	民主德国	1979.5.22	瓦尔那
145	弗拉迪米尔·格拉切夫	苏联	1972.6.17	金沙
153.5	弗拉迪米尔·格拉切夫	保加利亚	1982.8.11	圣保罗
154	伊斯莱尔·米利托希扬	苏联	1987.5.27	贝尔格莱德
155	伊斯莱尔·米利托希扬	苏联	1988.5.24	雅典
158.5	伊斯莱尔·米利托希扬	苏联	1988.5.24	雅典

3. 挺举

成绩	姓名	国籍	比赛时间	比赛地点
140	列昂·巴巴扬	苏联	–	–
142.5	巴拉斯·菲特兹	罗马尼亚	1962.11.3	朱尔朱
144.5	木村	日本	1963.4.11	东京
147.5	木村	日本	1963.5.5	东京
149	巴拉斯·菲特兹	罗马尼亚	1963.5.26	索非亚
150	木村	日本	1963.5.26	东京
152.5	木村	日本	1963.7.21	东京
153	日比格涅夫·卡奇马雷克	波兰	1966.5.28	华沙
154.5	杰克·希尔	美国	1968.8.30	约克.
155	德·纳斯洛拉	伊朗	1969.4.15	基辅
162.5	加藤正夫	日本	1969.12.7	名古屋
163	赞赫利·托多罗夫	保加利亚	1975.5.10	迪米特洛夫格勒
163.5	维克多·舒巴	苏联	1975.7.8	马赛
165	鲁曼·塔斯科夫	保加利亚	1975.7.8	马赛
165.5	罗伯托·乌鲁蒂亚	古巴	1975.7.22	圣克拉拉
167.5	罗伯托·乌鲁蒂亚	古巴	1975.10.15	墨西哥城
170	罗伯托·乌鲁蒂亚	古巴	1975.12.25	卡马圭
172.5	罗伯托·乌鲁蒂亚	古巴	1976.2.7	哈瓦那
173	杨科·鲁谢夫	保加利亚	1977.4.22	普列文
175	杨科·鲁谢夫	保加利亚	1978.3.17	莫斯科
179	杨科·鲁谢夫	保加利亚	1978.7.18	雅典
180	杨科·鲁谢夫	保加利亚	1978.10.5	葛底斯堡
182.5	约奇姆·孔兹	民主德国	1979.6.19	德布勒森
183	明乔·帕绍夫	保加利亚	1980.5.27	蒙特利尔
185	明乔·帕绍夫	保加利亚	1981.4.25	埃本塞
186	明乔·帕绍夫	保加利亚	1981.6.17	金沙
190	明乔·帕绍夫	保加利亚	1981.6.17	金沙
190.5	亚历山大·瓦尔巴诺夫	保加利亚	1982.10.31	哈斯科沃
200	亚历山大·瓦尔巴诺夫	保加利亚	1984.9.13	瓦尔那

4. 总成绩（推抓挺3项）

成绩	姓名	国籍	比赛时间	比赛地点
345	帕维尔·达尼罗夫	苏联	–	--
355	约翰·瓦格内尔	奥地利	1962.4.7	索特克柔
357.5	巴拉斯·菲特日	罗马尼亚	1962.11.3	朱尔朱
362.5	巴拉斯·菲特日	罗马尼亚	1963.5.26	索非亚
367.5	木村	日本	1963.5.26	东京
385	元申延	韩国	1965.5.9	汉城
390	元申延	韩国	1965.5.9	汉城
392.5	元申延	韩国	1965.10.7	卡万圭
395	里科·弗罗洛夫	保加利亚	1968.8.20	索非亚
410	纳斯诺尔·迪赫拉夫	伊朗	1969.4.15	基辅
415	纳斯诺尔·迪赫拉夫	伊朗	1969.9.23	华沙
420	纳斯诺尔·迪赫拉夫	伊朗	1970.3.16	明斯克
425	纳斯诺尔·迪赫拉夫	伊朗	1970.7.11	瑞扎基

5. 总成绩

成绩	姓名	国籍	比赛时间	比赛地点
285	纳斯诺尔·迪赫拉夫	伊朗	–	–
287.5	鲁曼·塔斯科夫	保加利亚	1975.7.8	马赛
290	罗伯托·乌鲁蒂亚	古巴	1975.7.22	圣克拉拉
292.5	罗伯托·乌鲁蒂亚	古巴	1975.7.22	圣克拉拉
295	罗伯托·乌鲁蒂亚	古巴	1975.10.15	墨西哥城
300	罗伯托·乌鲁蒂亚	古巴	1975.10.15	墨西哥城
302.5	罗伯托·乌鲁蒂亚	古巴	1975.12.13	葛底斯堡
305	罗伯托·乌鲁蒂亚	古巴	1975.12.25	卡马圭
310	罗伯托·乌鲁蒂亚	古巴	1976.5.15	卡马圭
312.5	杨科·鲁谢夫	保加利亚	1978.6.13	哈夫罗夫
317.5	约奇姆·孔兹	民主德国	1979.4.6	梅森
325	约奇姆·孔兹	民主德国	1979.11.6	萨洛尼卡
327.5	明乔·帕绍夫	保加利亚	1981.6.17	金沙
332.5	明乔·帕绍夫	保加利亚	1981.6.17	金沙

成绩	姓名	国籍	比赛时间	比赛地点
335	维塞林·加拉巴洛夫	保加利亚	1982.8.11	圣保罗
337.5	亚历山大·瓦尔巴诺夫	保加利亚	1982.10.31	哈斯科沃
340	亚历山大·瓦尔巴诺夫	保加利亚	1982.10.31	哈斯科沃
342.5	伊斯莱尔·米利托希扬	苏联	1988.5.24	雅典

（五）75 公斤级（1962 年 1 月 1 日~1997 年 12 月 31 日）

1. 推举

成绩	姓名	国籍	比赛时间	比赛地点
115.5	约瑟夫·普利奥	美国	－	－
124.5	约瑟夫·普利奥	美国	1962.3.17	底特律
127	约瑟夫·普利奥	美国	1962.4.28	底特律
127.5	大内仁	日本	1962.10.25	冈山
130	安东·皮埃特鲁斯克	波兰	1963.3.30	卢布林
132.5	安东·皮埃特鲁斯克	波兰	1963.5.5	华沙
133	兹维特科·佩特科夫	保加利亚	1965.11.6	维丁
133.5	阿罗·维蒂科	芬兰	1966.7.17	维勒科克甚
134	库尔本·迈阿蒂耶夫	苏联	1967.2.10	图阿普谢
136.5	克里斯托·雅科弗	德国	1968.2.23	雅典
139	克里斯托·雅科弗	德国	1968.4.7	伦敦
140	塔莫特苏·苏那米	日本	1968.10.4	小樽堺町
140.5	尤里·菲利莫诺夫	苏联	1969.2.5	雅罗斯拉夫尔
145	亚历山大·加尔金	苏联	1970.3.16	明斯克
147.5	亚历山大·加尔金	苏联	1970.4.4	辄特沃德
150.5	亚历山大·加尔金	苏联	1970.8.21	图林根
155.5	亚历山大·加尔金	苏联	1970.8.21	图林根

2. 抓举

成绩	姓名	国籍	比赛时间	比赛地点
120	雅克柯·凯拉雅维	芬兰	－	－
121.5	皮埃尔·St·吉恩	加拿大	1963.1.26	布鲁克林

成绩	姓名	国籍	比赛时间	比赛地点
122.5	安东·皮埃特鲁斯克	波兰	1963.5.5	华沙
130	大内仁	日本	1963.5.5	东京
131.5	鲁德米尔·斯特拉奇米洛夫	保加利亚	1968.3.2	索非亚
132.5	藤城季雄	日本	1968.12.15	兵库县
133	三石悦雄	日本	1969.4.10	东京
135	穆·特拉布西	黎巴嫩	1970.4.9	贝鲁特
137.5	穆·特拉布西	黎巴嫩	1970.5.30	贝鲁特
140	穆·特拉布西	黎巴嫩	1970.9.16	哥伦布斯
140.5	内德尔乔·科列夫	保加利亚	1972.6.3	阿赛诺夫格勒
142	内德尔乔·科列夫	保加利亚	1973.1.28	索非亚
142.5	内德尔乔·科列夫	保加利亚	1973.2.21	莫斯科
143	特伦达菲·斯托伊切夫	保加利亚	1973.2.24	阿赛诺夫格勒
143.5	约尔丹·米特科夫	保加利亚	1975.4.12	索非亚
145	约尔丹·迪尔科夫	保加利亚	1975.5.10	迪米特洛夫格勒
150	约尔丹·米特科夫	保加利亚	1975.9.19	莫斯科
151	朱利奥·埃切尼昆	古巴	1979.5.5	哈瓦那
153	维克多·布格洛夫	苏联	1979.11.13	阿尔马塔
155	亚历山大·佩尔维	苏联	1979.12.13	伏龙芝
158	亚森·兹拉特夫	保加利亚	1980.2.1	瓦尔那
160.5	亚森·兹拉特夫	保加利亚	1980.2.1	瓦尔那
162.5	弗拉迪米尔·库兹涅佐夫	苏联	1982.12.15	莫斯科
163.5	弗拉迪米尔·库兹涅佐夫	苏联	1983.3.3	敖德萨
165	弗拉迪米尔·库兹涅佐夫	苏联	1983.7.26	莫斯科
167.5	弗拉迪米尔·库兹涅佐夫	苏联	1983.10.26	莫斯科
170	安吉尔·刚切夫	保加利亚	1987.12.11	米什科尔茨

3. 挺举

成绩	姓名	国籍	比赛时间	比赛地点
150	埃杜阿尔德·拉特科夫斯基	波兰	—	—
151	约瑟夫·普利奥	美国	1962.4.28	底特律

续表

成绩	姓名	国籍	比赛时间	比赛地点
153.5	约瑟夫·普利奥	美国	1962.6.2	底特律
157.5	安东·皮埃特鲁斯克	波兰	1962.9.19	布达佩斯
160	尤里·菲利莫诺夫	苏联	1967.12.8	塔林
160.5	尤里·菲利莫诺夫	苏联	1968.3.1	基罗夫
161	鲁德米尔·斯特拉奇米洛夫	保加利亚	1968.3.2	索非亚
162.5	尤里·菲利莫诺夫	苏联	1968.9.18	古比雪夫
165	塔莫特苏·苏那米	日本	1968.10.4	小樽堺町
167.5	亚历山大·加尔金	苏联	1970.4.4	辋特沃德
170.5	亚历山大·加尔金	苏联	1970.8.21	图林根
175	亚历山大·加尔金	苏联	1971.7.20	莫斯科
180	亚历山大·加尔金	苏联	1971.12.6	埃里森
185	尤里·瓦尔达尼扬	苏联	1975.7.9	马赛
187.5	尤里·瓦尔达尼扬	苏联	1976.6.10	格但斯克
188	朱利奥·埃切尼昆	古巴	1978.5.13	瓜纳亚
188.5	朱利奥·埃切尼昆	古巴	1978.10.24	哈瓦那
190	朱利奥·埃切尼昆	古巴	1979.5.5	哈瓦那
192.5	亚森·兹拉特夫	保加利亚	1980.2.1	瓦尔那
195	亚森·兹拉特夫	保加利亚	1980.2.1	瓦尔那
197.5	亚森·兹拉特夫	保加利亚	1980.4.29	贝尔格莱德
200	亚历山大·佩尔维	苏联	1980.7.24	莫斯科
205	亚历山大·佩尔维	苏联	1980.7.24	莫斯科
205.5	亚森·兹拉特夫	苏联	1980.7.24	莫斯科
207.5	亚历山大·瓦尔巴诺夫	保加利亚	1983.5.13	里尔
210	亚历山大·瓦尔巴诺夫	保加利亚	1983.10.26	莫斯科
211	兹德拉夫柯·斯托伊奇科夫	保加利亚	1984.9.14	瓦尔那

4. 总成绩（推抓挺 3 项）

成绩	姓名	国籍	比赛时间	比赛地点
367.5	约瑟夫·普利奥	美国	—	—
385	约瑟夫·普利奥	美国	1962.3.17	底特律

成绩	姓名	国籍	比赛时间	比赛地点
395	约瑟夫·普利奥	美国	1962.6.2	底特律
400	安东·皮埃特鲁斯克	波兰	1962.9.19	布达佩斯
402.5	安东·皮埃特鲁斯克	波兰	1963.5.5	华沙
405	大内仁	日本	1963.5.5	东京
407.5	大内仁	日本	1963.7.21	东京
415	大内仁	日本	1963.9.10	斯德哥尔摩
417.5	鲁德米尔·斯特拉奇米洛夫	保加利亚	1968.3.2	索菲亚
427.5	塔莫特苏·苏那米	日本	1968.10.4	撒克玛琪
430	塔莫特苏·苏那米	日本	1968.11.17	大阪
440	亚历山大·加尔金	苏联	1970.8.21	图林根
450	亚历山大·加尔金	苏联	1970.8.21	图林根
455	亚历山大·加尔金	苏联	1971.7.20	莫斯科
465	亚历山大·加尔金	苏联	1971.12.6	埃里森
470	亚历山大·加尔金	苏联	1971.12.6	埃里森

5. 总成绩（抓挺两项）

成绩	姓名	国籍	比赛时间	比赛地点
315	亚历山大·加尔金	苏联	–	–
320	约尔丹·米特科夫	保加利亚	1975.4.12	索菲亚
325	尤里·瓦尔达尼扬	苏联	1975.7.9	马赛
332.5	约尔丹·米特科夫	保加利亚	1975.9.19	莫斯科
335	尤里·瓦尔达尼扬	苏联	1976.6.10	格但斯克
337.5	朱利奥·埃切尼昆	古巴	1979.5.5	哈瓦那
340	朱利奥·埃切尼昆	古巴	1979.5.5	哈瓦那
345	亚历山大·佩尔维	苏联	1979.12.13	优龙芝
350	亚森·兹拉特夫	保加利亚	1980.2.1	瓦尔那
352.5	亚森·兹拉特夫	保加利亚	1980.2.1	瓦尔那
355	亚森·兹拉特夫	保加利亚	1980.4.29	贝尔格莱德
357.5	亚历山大·佩尔维	苏联	1980.7.24	莫斯科

成绩	姓名	国籍	比赛时间	比赛地点
360	亚森·兹拉特夫	保加利亚	1980.7.24	莫斯科
362.5	帕维尔·库兹涅佐夫	苏联	1983.3.3	敖德萨
367.5	亚历山大·瓦尔巴诺夫	保加利亚	1983.5.13	里尔
370	亚历山大·瓦尔巴诺夫	保加利亚	1983.10.26	莫斯科
375	兹德拉夫柯·斯托伊奇科夫	保加利亚	1984.9.14	瓦尔那
377.5	兹德拉夫柯·斯托伊奇科夫	保加利亚	1984.9.14	瓦尔那

（六）82.5 公斤级（1962 年 1 月 1 日~1992 年 12 月 31 日）

1. 推举

成绩	姓名	国籍	比赛时间	比赛地点
131	卡尔罗·肯加斯尼埃米	芬兰	-	-
132	维克多·斯奇莱内尔	美国	1963.4.20	纽约
134	威廉·札特蒂埃洛	美国	1963.11.9	林奇堡
138.5	弗拉迪米尔·基佐吉扬	苏联	1964.1.29	埃里森
139.5	安德列·尼古拉	波兰	1964.9.26	费勒纳格阿
140	罗伯特·奥什米克	波兰	1964.11.11	科沙林
140.5	弗兰克·霍尔顿	美国	1966.4.2	洛杉矶
141	兹维特柯·佩特科夫	保加利亚	1967.2.25	索非亚
142	兹维特柯·佩特科夫	保加利亚	1967.6.17	索非亚
142.5	兹维特柯·佩特科夫	保加利亚	1967.7.9	迪米特洛夫格勒
143	兹维特柯·佩特科夫	保加利亚	1967.10.28	索非亚
144.5	瓦列里·科奇也夫	苏联	1967.11.25	布加勒斯特
150	阿瑟·德雷切斯勒	美国	1970.5.16	布伦特伍德
150.5	菲力克斯·纳尼耶夫	苏联	1970.8.22	图林根
155	谢尔盖·格拉莫特金	苏联	1971.11.28	彻瑞坡韦特
160	谢尔盖·格拉莫特金	苏联	1971.11.28	彻瑞坡韦特
160.5	谢尔盖·格拉莫特金	苏联	1971.12.18	莫斯科
161.5	谢尔盖·格拉莫特金	苏联	1972.3.19	明斯克
162	谢尔盖·格拉莫特金	苏联	1972.4.23	哈尔科夫

2. 右手挺举

成绩	姓名	国籍	比赛时间	比赛地点
132.5	雅克科·凯拉雅维	芬兰	—	—
133	罗伯特·奥什米克	波兰	1964.3.22	松博特海伊
133.5	罗伯特·奥什米克	波兰	1964.4.15	华沙
135	罗伯特·奥什米克	波兰	1964.6.27	比亚韦斯托克
137.5	罗伯特·奥什米克	波兰	1964.9.21	霍达库夫
139.5	帕特里克·霍尔布鲁克	美国	1968.5.18	密尔沃基
140	莱内尔·多尔赞普夫	德国	1968.10.17	墨西哥城
140.5	尼柯莱·凯梅诺波尔斯基	保加利亚	1972.8.12	鲁塞
145.5	特伦达菲·斯托伊切夫	保加利亚	1973.6.23	斯利文
146	亚当·赛杜拉耶夫	苏联	1974.10.24	考那斯
146.5	赫里斯托·伯利乔夫斯基	保加利亚	1975.5.10	迪米特洛夫格勒
147.5	勃拉戈伊·勃拉戈耶夫	保加利亚	1975.7.10	马赛
150	约尔丹·米特科夫	保加利亚	1975.8.31	索非亚
150.5	勃拉戈伊·勃拉戈耶夫	保加利亚	1975.9.7	普列文
152.5	勃拉戈伊·勃拉戈耶夫	保加利亚	1975.12.28	索非亚
157.5	勃拉戈伊·勃拉戈耶夫	保加利亚	1976.3.6	加拉茨
160	勃拉戈伊·勃拉戈耶夫	保加利亚	1976.4.8	柏林
165	勃拉戈伊·勃拉戈耶夫	保加利亚	1976.4.8	柏林
170	勃拉戈伊·勃拉戈耶夫	保加利亚	1976.5.25	索非亚
170.5	伊斯莱尔·阿尔萨马科夫	苏联	1981.3.20	利沃夫
172.5	伊斯莱尔·阿尔萨马科夫	苏联	1981.5.15	顿涅茨克
173	伊斯莱尔·阿尔萨马科夫	苏联	1981.6.19	金沙
173.5	伊斯莱尔·阿尔萨马科夫	苏联	1981.12.22	顿涅茨克
179	伊斯莱尔·阿尔萨马科夫	苏联	1982.5.22	第聂伯彼得罗夫斯克

3. 抓举

成绩	姓名	国籍	比赛时间	比赛地点
162.5	雅克科·凯拉雅维	芬兰	—	—
163.5	罗伯特·奥什米克	波兰	1964.3.22	松博特海伊
165	罗伯特·奥什米克	波兰	1964.4.29	华沙

续表

成绩	姓名	国籍	比赛时间	比赛地点
167.5	罗伯特·奥什米克	波兰	1964.6.27	比亚韦斯托克
170	罗伯特·奥什米克	波兰	1964.9.21	霍达库夫
172.5	帕特里克·霍尔布鲁克	美国	1968.1.13	费城
177.5	帕特里克·霍尔布鲁克	美国	1968.5.18	密尔沃基
178	斯塔尼奥·马尔科夫	保加利亚	1973.4.7	克尔贾利州
180	特伦达菲·斯托伊切夫	保加利亚	1973.6.23	斯利文
182.5	根纳·伯斯索诺夫	苏联	1974.8.31	康斯坦察
185.5	亚当·赛杜拉耶夫	苏联	1974.10.24	考那斯
188	亚当·赛杜拉耶夫	苏联	1975.9.11	瑞博尼斯克
190	亚历山大·尤津	苏联	1975.12.13	车里雅宾斯克
190.5	勃拉戈伊·勃拉戈耶夫	保加利亚	1976.3.6	加拉茨
195	勃拉戈伊·勃拉戈耶夫	保加利亚	1976.4.8	柏林
200	勃拉戈伊·勃拉戈耶夫	保加利亚	1976.4.8	柏林
200.5	斯坦尼米尔·贝拉克塔洛夫	保加利亚	1979.6.21	德布勒森
201	帕维尔·帕夫洛夫	保加利亚	1980.5.29	蒙特利尔
202.5	伊斯莱尔·阿尔萨马科夫	苏联	1981.3.20	利沃夫
203	伊斯莱尔·阿尔萨马科夫	苏联	1981.5.15	顿涅茨克
205	伊斯莱尔·阿尔萨马科夫	苏联	1981.6.19	金沙
205.5	伊斯莱尔·阿尔萨马科夫	苏联	1981.9.1	波多利斯克
206	伊斯莱尔·阿尔萨马科夫	苏联	1982.8.13	圣保罗
215	伊斯莱尔·阿尔萨马科夫	苏联	1982.8.13	圣保罗

4. 总成绩（推抓挺 3 项）

成绩	姓名	国籍	比赛时间	比赛地点
400	雅克科·凯拉雅维	芬兰	–	–
405	卡尔·努欧蒂奥	芬兰	1963.2.24	豪基武奥里
407.5	罗伯特·奥什米克	波兰	1963.11.17	奥尔什丁
410	瓦塞尔·基佐格扬	苏联	1964.2.15	顿涅茨克
420	罗伯特·奥什米克	波兰	1964.3.10	华沙
422.5	罗伯特·奥什米克	波兰	1964.4.25	托伦

成绩	姓名	国籍	比赛时间	比赛地点
427.5	罗伯特·奥什米克	波兰	1964.4.29	华沙
435	罗伯特·奥什米克	波兰	1964.6.27	比亚韦斯托克
440	罗伯特·奥什米克	波兰	1964.9.21	霍达库夫
442.5	帕特里克·霍尔布鲁克	美国	1968.5.18	密尔沃基
445	弗拉迪米尔·科米沙洛夫	苏联	1968.11.28	里加
447.5	弗拉迪米尔·科米沙洛夫	苏联	1969.4.24	埃里森
450	阿瑟·德雷切斯勒	美国	1970.5.16	波特沃德
452.5	阿塔纳斯·肖波夫	保加利亚	1970.6.25	松博特海伊
455	阿塔纳斯·肖波夫	保加利亚	1970.9.17	哥伦布
460	谢尔盖·格拉莫特金	苏联	1971.12.18	莫斯科
462.5	谢尔盖·格拉莫特金	苏联	1972.3.19	明斯克

5. 总成绩（抓挺两项）

成绩	姓名	国籍	比赛时间	比赛地点
315	帕特里克·霍尔布鲁克	美国	–	–
322.5	特伦达菲·斯托伊切夫	保加利亚	1973.6.23	斯利文
325	弗里德里克·米斯	波兰	1974.11.8	格利维茨
327.5	勃拉戈伊·勃拉戈耶夫	保加利亚	1975.7.10	马赛
330	赫里斯托·伯利乔夫斯基	保加利亚	1975.7.10	马赛
332.5	约尔丹·米特科夫	保加利亚	1975.8.31	索非亚
345	勃拉戈伊·勃拉戈耶夫	保加利亚	1976.3.6	加拉茨
355	勃拉戈伊·勃拉戈耶夫	保加利亚	1976.4.8	柏林
360	勃拉戈伊·勃拉戈耶夫	保加利亚	1976.4.8	柏林
365	勃拉戈伊·勃拉戈耶夫	保加利亚	1976.4.8	柏林
370	勃拉戈伊·勃拉戈耶夫	保加利亚	1976.5.25	索非亚
372.5	伊斯莱尔·阿尔萨马科夫	苏联	1981.3.20	利沃夫
375	伊斯莱尔·阿尔萨马科夫	苏联	1981.5.15	顿涅茨克
377.5	伊斯莱尔·阿尔萨马科夫	苏联	1981.6.19	金沙
385	伊斯莱尔·阿尔萨马科夫	苏联	1982.8.13	圣保罗

（七）90公斤级（1962 年 1 月 11 日~1992 年 12 月 31 日）

1. 推举

成绩	姓名	国籍	比赛时间	比赛地点
127.5	维托尔德·科瓦尔斯基	波兰	–	–
131.5	卡尔·努欧蒂奥	芬兰	1962.10.14	黑诺拉
134	罗伯特·贝德纳尔斯基	美国	1963.6.1	布里斯托
137.5	罗伯特·贝德纳尔斯基	美国	1963.6.16	波塔基特
139	罗伯特·贝德纳尔斯基	美国	1963.6.28	卡托维兹
139.5	卡尔·努欧蒂奥	芬兰	1964.1.26	里希迈基
145.5	罗伯特·贝德纳尔斯基	美国	1964.3.7	布拉克顿
149.5	菲利普·格里帕尔迪	美国	1966.5.29	圣约瑟
152.5	菲利普·格里帕尔迪	美国	1966.6.17	约克
155	菲利普·格里帕尔迪	美国	1966.7.9	西帕特森
156.5	菲利普·格里帕尔迪	美国	1966.7.23	约克
161	菲利普·格里帕尔迪	美国	1966.9.10	约克
162.5	莱内尔·多尔赞普夫	德国	1970.2.14	穆特施塔特
163	安东·尼科罗夫	保加利亚	1971.2.27	大特尔诺沃
165	亚塔纳斯·肖波夫	保加利亚	1971.2.27	大特尔诺沃
168	亚塔纳斯·肖波夫	保加利亚	1971.2.27	大特尔诺沃
172.5	亚塔纳斯·肖波夫	保加利亚	1971.6.25	索非亚
175	亚塔纳斯·肖波夫	保加利亚	1971.9.24	利马

2. 抓举

成绩	姓名	国籍	比赛时间	比赛地点
125	卡尔·努欧蒂奥	芬兰	–	–
127.5	阿尔帕德·内梅萨尼	匈牙利	1962.9.29	布达佩斯
130	阿尔帕德·内梅萨尼	匈牙利	1962.9.29	布达佩斯
131.5	卡尔·努欧蒂奥	芬兰	1962.10.14	黑诺拉
133	阿尔帕德·内梅萨尼	匈牙利	1962.10.17	塔图
135	阿尔帕德·内梅萨尼	匈牙利	1962.11.25	赫尔辛基
140	阿尔帕德·内梅萨尼	匈牙利	1963.5.27	索非亚
142	阿尔帕德·内梅萨尼	匈牙利	1964.3.22	松博特海伊

成绩	姓名	国籍	比赛时间	比赛地点
145.5	莱内尔·多尔赞普夫	德国	1969.3.8	路德维希港
147.5	莱内尔·多尔赞普夫	德国	1970.2.14	穆特施塔特
151	阿拉布罕·阿拉布赫诺夫	苏联	1972.4.24	哈尔科夫
152.5	瓦列里·塞迪乌科夫	苏联	1974.10.3	莫斯科
155	亚当·赛杜拉耶夫	苏联	1975.3.23	乌里扬诺夫斯克
157.5	亚当·赛杜拉耶夫	苏联	1975.7.11	马赛
162.5	亚当·赛杜拉耶夫	苏联	1975.10.18	阔斯特姆
165	亚当·赛杜拉耶夫	苏联	1976.2.23	图拉
170	亚当·赛杜拉耶夫	苏联	1976.5.14	卡拉干达
170.5	阿列克谢·赫拉哲夫	苏联	1979.11.14	阿尔马塔
171	鲁曼·亚历山德罗夫	保加利亚	1980.2.2	瓦尔那
175	鲁曼·亚历山德罗夫	保加利亚	1980.5.1	贝尔格莱德
178	尤里·扎哈列维奇	苏联	1981.3.21	利沃夫
181	尤里·扎哈列维奇	苏联	1981.3.21	利沃夫
182	尤里·扎哈列维奇	苏联	1981.3.21	利沃夫
183.5	尤里·扎哈列维奇	苏联	1981.6.20	金沙

3. 挺举

成绩	姓名	国籍	比赛时间	比赛地点
155	卡尔·努欧蒂奥	芬兰	—	—
160	阿尔帕德·内梅萨尼	匈牙利	1962.9.29	布达佩斯
165	阿尔帕德·内梅萨尼	匈牙利	1962.9.29	布达佩斯
167.5	阿尔帕德·内梅萨尼	匈牙利	1962.10.17	塔图
170.5	阿尔帕德·内梅萨尼	匈牙利	1963.5.27	索非亚
173	阿尔帕德·内梅萨尼	匈牙利	1963.9.12	斯德哥尔摩
176	阿尔帕德·内梅萨尼	匈牙利	1963.9.12	斯德哥尔摩
177	阿尔帕德·内梅萨尼	匈牙利	1963.12.22	松博特海伊
178	尤里·科津	苏联	1968.8.25	莫斯科
180	尤里·科津	苏联	1968.9.15	莫斯科
181	瓦列里·科奇夫	苏联	1968.9.24	基辅

续表

成绩	姓名	国籍	比赛时间	比赛地点
183	弗拉迪米尔·科米沙洛夫	苏联	1969.8.24	利沃夫
185	亚塔纳斯·肖波夫	保加利亚	1970.12.24	伊斯坦布尔
191	亚塔纳斯·肖波夫	保加利亚	1970.12.24	伊斯坦布尔
195	亚塔纳斯·肖波夫	保加利亚	1971.6.25	索非亚
197.5	亚当·赛杜拉耶夫	苏联	1975.2.22	莫斯科
198	亚当·赛杜拉耶夫	苏联	1975.3.23	乌利扬诺夫斯克
207.5	亚当·赛杜拉耶夫	苏联	1975.10.5	格利维茨
210	亚当·赛杜拉耶夫	苏联	1976.2.23	图拉
210.5	帕维尔·塞辛	苏联	1974.4.2	奥德佐尼克德兹
211	鲁曼·亚历山德罗夫	保加利亚	1980.2.2	瓦尔那
212.5	鲁曼·亚历山德罗夫	保加利亚	1980.2.2	瓦尔那
215	鲁曼·亚历山德罗夫	保加利亚	1980.5.1	贝尔格莱德
217.5	尤里·扎哈列维奇	苏联	1981.3.21	利沃夫
220	尤里·扎哈列维奇	苏联	1981.5.15	顿涅茨克
222.5	尤里·扎哈列维奇	苏联	1981.6.20	金沙
223	迪泰宁·佩特洛夫	保加利亚	1982.11.2	哈斯科沃
225	卡基·卡基亚什维利	苏联	1989.5.28	劳德代尔堡

4. 总成绩（推抓挺 3 项）

成绩	姓名	国籍	比赛时间	比赛地点
405	卡尔·努欧蒂奥	芬兰	–	–
407.5	阿尔帕德·内梅萨尼	匈牙利	1962.9.29	布达佩斯
412.5	阿尔帕德·内梅萨尼	匈牙利	1962.9.29	布达佩斯
417.5	阿尔帕德·内梅萨尼	匈牙利	1962.9.29	布达佩斯
425	阿尔帕德·内梅萨尼	匈牙利	1962.10.17	塔图
435	阿尔帕德·内梅萨尼	匈牙利	1963.5.27	索非亚
442.5	阿尔帕德·内梅萨尼	匈牙利	1963.9.12	斯德哥尔摩
450	阿尔帕德·内梅萨尼	匈牙利	1963.9.12	斯德哥尔摩
452.5	阿尔帕德·内梅萨尼	匈牙利	1963.9.12	斯德哥尔摩
460	阿尔帕德·内梅萨尼	匈牙利	1964.3.22	松博特海伊

续表

成绩	姓名	国籍	比赛时间	比赛地点
462.5	瓦列里·柯奇耶夫	苏联	1968.9.28	基辅
475	莱内尔·多尔赞普夫	德国	1969.3.29	奥伯豪森
477.5	亚塔纳斯·肖波夫	保加利亚	1970.12.24	伊斯坦布尔
485	亚塔纳斯·肖波夫	保加利亚	1970.12.24	伊斯坦布尔
490	亚塔纳斯·肖波夫	保加利亚	1970.12.24	伊斯坦布尔
492.5	亚塔纳斯·肖波夫	保加利亚	1971.2.27	大特尔诺沃
507.5	亚塔纳斯·肖波夫	保加利亚	1971.6.25	索非亚
512.5	亚塔纳斯·肖波夫	保加利亚	1971.6.25	索非亚

5. 总成绩（抓挺两项）

成绩	姓名	国籍	比赛时间	比赛地点
340	亚塔纳斯·肖波夫	保加利亚	–	–
347.5	亚当·赛杜拉耶夫	苏联	1975.3.23	乌利扬诺夫斯克
350	亚当·赛杜拉耶夫	苏联	1975.7.11	马赛
355	亚当·赛杜拉耶夫	苏联	1975.10.5	格利维茨
360	亚当·赛杜拉耶夫	苏联	1975.10.18	阔斯特姆
365	亚当·赛杜拉耶夫	苏联	1976.2.23	图拉
370	亚当·赛杜拉耶夫	苏联	1976.2.23	图拉
380	亚当·赛杜拉耶夫	苏联	1976.5.14	卡拉干达
382.5	鲁曼·亚历山德罗夫	保加利亚	1980.2.2	瓦尔那
390	鲁曼·亚历山德罗夫	保加利亚	1980.5.1	贝尔格莱德
397.5	尤里·扎哈列维奇	苏联	1981.3.21	利沃夫
400	尤里·扎哈列维奇	苏联	1981.5.15	顿涅茨克
405	尤里·扎哈列维奇	苏联	1981.6.20	金沙

（八）90公斤以上级（1962年1月1日~1968年12月31日）

1. 推举

成绩	姓名	国籍	比赛时间	比赛地点
136	D. 范兰科尔特	加拿大	–	–
168	加利·古布内尔	美国	1962.4.7	纽约

续表

成绩	姓名	国籍	比赛时间	比赛地点
175.5	加利·古布内尔	美国	1962.9.8	约克
176.5	约瑟夫·杜比	美国	1963.11.30	杰克逊维尔
181.5	约瑟夫·杜比	美国	1964.2.9	杰克逊维尔

2. 抓举

成绩	姓名	国籍	比赛时间	比赛地点
120	斯塔马蒂斯·普罗伊奥斯	美国	-	-
138.5	加利·古布内尔	美国	1962.4.7	纽约
146.5	加利·古布内尔	美国	1962.9.8	约克
148	瓦列里·雅库鲍夫斯基	苏联	1967.9.8	图阿普谢
150	瓦伦金·库日米恩	苏联	1968.7.12	弗拉吉米尔
152.5	鲁道夫·曼格	德国	1968.10.19	墨西哥城

3. 挺举

成绩	姓名	国籍	比赛时间	比赛地点
161	斯塔马蒂斯·普罗伊奥斯	美国	-	-
182	加利·古布内尔	美国	1962.4.7	纽约
192	加利·古布内尔	美国	1962.9.8	约克
193	瓦伦金·库日米恩	苏联	1968.8.31	布加勒斯特
195	鲁道夫·曼格	德国	1968.10.19	墨西哥城

4. 总成绩（推抓挺 3 项）

成绩	姓名	国籍	比赛时间	比赛地点
407.5	斯塔马蒂斯·普罗伊奥斯	美国	-	-
485	加利·古布内尔	美国	1962.4.7	纽约
510	加利·古布内尔	美国	1962.9.8	约克
515	鲁道夫·曼格	德国	1968.10.19	墨西哥城
520	鲁道夫·曼格	德国	1968.10.19	墨西哥城
525	鲁道夫·曼格	德国	1968.10.19	墨西哥城

（九）90公斤以上-110公斤级(1969年1月1日~1976年12月31日)

1. 推举

成绩	姓名	国籍	比赛时间	比赛地点
150	J. 斯图尔特	美国	–	–
152.5	蒂努·尤加	苏联	1969.8.24	利沃夫
167.5	亚历山大·克莱切夫	保加利亚	1969.9.27	华沙
172.5	亚历山大·克莱切夫	保加利亚	1969.9.27	华沙
185	亚历山大·克莱切夫	保加利亚	1970.4.19	索菲亚
185.5	亚历山大·克莱切夫	保加利亚	1970.9.19	哥伦布
187.5	亚历山大·克莱切夫	保加利亚	1970.9.19	哥伦布
191.5	亚历山大·克莱切夫	保加利亚	1971.2.27	大特尔诺沃
192.5	亚历山大·克莱切夫	保加利亚	1971.6.26	索菲亚

2. 抓举

成绩	姓名	国籍	比赛时间	比赛地点
127.5	E. 奥布里恩	美国	–	–
131	蒂努·尤加	苏联	1969.8.24	利沃夫
132.5	亚历山大·克莱切夫	保加利亚	1969.9.27	华沙
137.5	亚历山大·克莱切夫	保加利亚	1969.9.27	华沙
140.5	亚历山大·科诺瓦罗夫	苏联	1969.11.28	图阿普谢
145.5	亚历山大·科诺瓦罗夫	苏联	1969.11.28	图阿普谢
146	鲁道尔夫·斯特雷杰西克	捷克斯洛伐克	1970.5.10	赛德哈门
148	亚历山大·科诺瓦罗夫	苏联	1970.5.27	切尔西尼夫
150	亚历山大·克莱切夫	保加利亚	1970.6.27	松博特海伊
152.5	亚历山大·克莱切夫	保加利亚	1970.9.19	哥伦布
156	亚历山大·克莱切夫	保加利亚	1970.12.24	伊斯坦布尔
160	亚历山大·克莱切夫	保加利亚	1971.6.26	索菲亚
162.5	瓦伦金·赫里斯托夫	保加利亚	1974.3.19	埃里森
167.5	瓦伦金·赫里斯托夫	保加利亚	1974.6.5	维罗那
170	瓦伦金·赫里斯托夫	保加利亚	1975.4.13	多瑙艾兴根
177.5	瓦伦金·赫里斯托夫	保加利亚	1975.4.13	多瑙艾兴根
178	瓦伦金·赫里斯托夫	保加利亚	1975.7.12	马赛

成绩	姓名	国籍	比赛时间	比赛地点
180	瓦伦金·赫里斯托夫	保加利亚	1975.9.22	莫斯科

3. 挺举

成绩	姓名	国籍	比赛时间	比赛地点
159	E.奥布里恩	美国	–	–
176	蒂努·尤加	苏联	1969.8.24	利沃夫
178	亚历山大·科诺瓦罗夫	苏联	1969.8.24	利沃夫
180	亚历山大·克莱切夫	保加利亚	1969.9.27	华沙
185.5	亚历山大·克莱切夫	保加利亚	1969.9.27	华沙
190.5	亚历山大·科诺瓦罗夫	苏联	1969.11.28	图阿普谢
195	亚历山大·克莱切夫	保加利亚	1969.6.27	松浦巴斯里
196	亚历山大·克莱切夫	保加利亚	1971.2.27	大特尔诺沃
197.5	亚历山大·克莱切夫	保加利亚	1971.6.26	索非亚
205	亚历山大·克莱切夫	保加利亚	1971.6.26	索非亚
207.5	瓦伦金·赫里斯托夫	保加利亚	1974.6.5	维罗那
215	瓦伦金·赫里斯托夫	保加利亚	1974.6.5	维罗那
220	瓦伦金·赫里斯托夫	保加利亚	1974.6.5	维罗那
225	瓦伦金·赫里斯托夫	保加利亚	1975.7.13	多瑙艾兴根
230	瓦伦金·赫里斯托夫	保加利亚	1975.7.12	马赛
237.5	瓦伦金·赫里斯托夫	保加利亚	1975.9.22	莫斯科

4. 总成绩（推抓挺 3 项）

成绩	姓名	国籍	比赛时间	比赛地点
425	J.斯图尔特	美国	–	–
447.5	蒂努·尤加	苏联	1969.8.24	利沃夫
490	亚历山大·克莱切夫	保加利亚	1969.9.27	华沙
495	亚历山大·克莱切夫	保加利亚	1969.9.27	华沙
520	亚历山大·克莱切夫	保加利亚	1970.6.27	松博特海伊
525	亚历山大·克莱切夫	保加利亚	1970.6.27	松博特海伊
530	亚历山大·克莱切夫	保加利亚	1970.9.19	哥伦布

成绩	姓名	国籍	比赛时间	比赛地点
535	亚历山大·克莱切夫	保加利亚	1970.9.19	哥伦布
537.5	亚历山大·克莱切夫	保加利亚	1971.2.27	大特尔诺沃
550	亚历山大·克莱切夫	保加利亚	1971.6.26	索非亚
557.5	亚历山大·克莱切夫	保加利亚	1971.6.26	索非亚

5. 总成绩（抓挺两项）

成绩	姓名	国籍	比赛时间	比赛地点
365	亚历山大·克莱切夫	保加利亚	-	-
375	瓦伦金·赫里斯托夫	保加利亚	1974.6.5	维罗那
382.5	瓦伦金·赫里斯托夫	保加利亚	1974.6.5	维罗那
387.5	瓦伦金·赫里斯托夫	保加利亚	1974.6.5	维罗那
390	瓦伦金·赫里斯托夫	保加利亚	1975.4.13	多瑙艾兴根
402.5	瓦伦金·赫里斯托夫	保加利亚	1975.4.13	多瑙艾兴根
405	瓦伦金·赫里斯托夫	保加利亚	1975.7.12	马赛
410	瓦伦金·赫里斯托夫	保加利亚	1975.9.22	莫斯科
417.5	瓦伦金·赫里斯托夫	保加利亚	1975.9.22	莫斯科

（十）100公斤以上级（1977年1月1日~1992年12月31日）

1. 推举

成绩	姓名	国籍	比赛时间	比赛地点
168	谢尔盖·阿拉盖洛夫	苏联	1977.4.2	奥德佐尼克德兹
168.5	谢尔盖·阿拉盖洛夫	苏联	1977.12.17	梁赞
170	根纳迪·克利曼丘科夫	苏联	1978.7.23	雅典
175	普拉曼·阿斯帕鲁霍夫	保加利亚	1980.2.2	瓦尔那
175.5	尤里·丹迪克	苏联	1980.10.2	圣马力诺
176	阿赫马德·阿奇查耶夫	苏联	1981.4.20	乌利扬诺夫斯克
176.5	安德拉斯·黑拉瓦蒂	匈牙利	1981.6.20	金沙
177.5	安德拉斯·黑拉瓦蒂	匈牙利	1981.9.19	里尔
192.5	尤里·扎哈列维奇	苏联	1981.12.24	顿涅茨克

续表

成绩	姓名	国籍	比赛时间	比赛地点
193.5	尤里·扎哈列维奇	苏联	1982.7.23	第聂伯罗彼得罗夫斯克
195	尤里·扎哈列维奇	苏联	1982.7.23	第聂伯罗彼得罗夫斯克
195.5	尤里·扎哈列维奇	苏联	1982.9.25	卢布尔雅那
200	尤里·扎哈列维奇	苏联	1983.3.4	敖德萨

2. 挺举

成绩	姓名	国籍	比赛时间	比赛地点
205.5	谢尔盖·阿拉盖洛夫	苏联	1977.4.2	奥德佐尼克德兹
210	谢尔盖·阿拉盖洛夫	苏联	1977.4.2	奥德佐尼克德兹
215	谢尔盖·阿拉盖洛夫	苏联	1977.4.2	奥德佐尼克德兹
215.5	谢尔盖·阿拉盖洛夫	苏联	1977.7.16	索非亚
218	谢尔盖·阿拉盖洛夫	苏联	1977.12.17	梁赞
218.5	阿赫马德·阿奇查耶夫	苏联	1981.3.21	利沃夫
220	阿赫马德·阿奇查耶夫	苏联	1981.3.21	利沃夫
220.5	阿赫马德·阿奇查耶夫	苏联	1981.4.20	乌利扬诺夫斯克
222.5	维塞林·奥希科夫斯基	保加利亚	1981.6.20	金沙
232.5	尤里·扎哈列维奇	苏联	1981.12.24	顿涅茨克
234	尤里·扎哈列维奇	苏联	1982.7.23	第聂伯罗彼得罗夫斯克
235	尤里·扎哈列维奇	苏联	1982.7.23	第聂伯罗彼得罗夫斯克
240	尤里·扎哈列维奇	苏联	1983.3.4	敖德萨

3. 总成绩（抓挺两项）

成绩	姓名	国籍	比赛时间	比赛地点
362.5	谢尔盖·阿拉盖洛夫	苏联	1977.7.16	索非亚
372.5	谢尔盖·阿拉盖洛夫	苏联	1977.7.16	索非亚
380	谢尔盖·阿拉盖洛夫	苏联	1977.7.16	索非亚
382.5	谢尔盖·阿拉盖洛夫	苏联	1977.12.17	梁赞
385	普拉曼·阿斯帕鲁霍夫	保加利亚	1980.2.2	瓦尔那
390	阿赫马德·阿奇查也夫	苏联	1981.3.21	利沃夫
392.5	阿赫马德·阿奇查也夫	苏联	1981.3.21	利沃夫

395	阿赫马德·阿奇查也夫	苏联	1981.4.20	乌利扬诺夫斯基
425	尤里·扎哈列维奇	苏联	1981.12.24	顿涅茨克
427.5	尤里·扎哈列维奇	苏联	1982.7.23	第聂伯罗彼得罗夫斯克
430	尤里·扎哈列维奇	苏联	1982.7.23	第聂伯罗彼得罗夫斯克
432.5	尤里·扎哈列维奇	苏联	1983.3.4	敖德萨
440	尤里·扎哈列维奇	苏联	1983.3.4	敖德萨

（十一）110 公斤级（1977 年 1 月 1 日~1992 年 12 月 31 日）

1. 抓举

成绩	姓名	国籍	比赛时间	比赛地点
180	瓦伦金·赫里斯托夫	保加利亚	–	–
181	列昂·卡普伦	苏联	1980.5.31	蒙特利尔
181.5	列昂·卡普伦	苏联	1980.10.3	圣马利诺
190	尤里·扎哈列维奇	苏联	1982.11.3	哈斯科沃
195.5	尤里·扎哈列维奇	苏联	1982.11.3	哈斯科沃
196	迪米塔·谢泰雷夫	保加利亚	1988.5.28	雅典
200	罗尼·维勒	民主德国	1989.5.29	劳德代尔堡
205	罗尼·维勒	民主德国	1989.5.29	劳德代尔堡

2. 挺举

成绩	姓名	国籍	比赛时间	比赛地点
237.5	瓦伦金·赫里斯托夫	保加利亚	–	–
238	维塞林·奥希科夫斯基	保加利亚	1982.11.3	哈斯科沃
238.5	尤里·扎哈列维奇	苏联	1982.11.3	哈斯科沃
242.5	斯特凡·博特夫	保加利亚	1987.5.9	兰斯
245	斯特凡·博特夫	保加利亚	1988.2.21	普罗夫迪夫
250	斯特凡·博特夫	保加利亚	1988.3.13	布达佩斯

3. 总成绩（抓挺两项）

成绩	姓名	国籍	比赛时间	比赛地点
417.5	瓦伦金·赫里斯托夫	保加利亚	–	–

续表

成绩	姓名	国籍	比赛时间	比赛地点
425	尤里·扎哈列维奇	苏联	1982.11.3	哈斯科沃
432.5	尤里·扎哈列维奇	苏联	1982.11.3	哈斯科沃
440	斯特凡·博特夫	保加利亚	1988.2.21	普罗夫迪夫
445	斯特凡·博特夫	保加利亚	1988.3.13	布达佩斯

（十二）110公斤以上级（1969 年 1 月 1 日 ~1992 年 12 月 31 日）

1. 推举

成绩	姓名	国籍	比赛时间	比赛地点
186.5	鲁道夫·曼格	德国	1969.6.17	纽伦堡
190.5	鲁道夫·曼格	德国	1970.1.3	北莱茵
200.5	鲁道夫·曼格	德国	1970.1.3	北莱茵

2. 抓举

成绩	姓名	国籍	比赛时间	比赛地点
155	鲁道夫·曼格	德国	1969.6.17	纽伦堡
160.5	鲁道夫·曼格	德国	1970.1.3	北莱茵
162.5	赫里斯托·普拉切科夫	保加利亚	1973.7.27	佩尔尼克
165	瓦伦金·赫里斯托夫	保加利亚	1975.2.23	斯利文
170	帕维尔·基克	捷克斯洛伐克	1976.11.28	哈维罗夫
177.5	维切斯拉夫·克罗科夫	苏联	1979.3.11	波多利斯克
180	安东尼奥·克拉斯特夫	保加利亚	1979.7.15	斯利文
185.5	安东尼奥·克拉斯特夫	保加利亚	1980.2.3	瓦尔那
187.5	维克多·莫希比特	苏联	1980.7.4	莫斯科
190	安东尼奥·克拉斯特夫	保加利亚	1981.6.21	金沙
190.5	谢尔盖·科列瓦托夫	苏联	1984.4.18	明斯克
191	安德烈·切梅尔金	俄罗斯	1992.11.28	加的夫

3. 挺举

成绩	姓名	国籍	比赛时间	比赛地点
200	鲁道夫·曼格	德国	1969.6.17	纽伦堡

成绩	姓名	国籍	比赛时间	比赛地点
210.5	鲁道夫·曼格	德国	1970.1.3	北莱茵
212	吉尔德·邦克	民主德国	1971.7.3	卡尔·马克恩城
212.5	安东尼奥·克拉斯特夫	保加利亚	1979.6.23	德布勒森
220	弗朗西斯科·门德什	古巴	1979.6.23	德布勒森
220.5	安东尼奥·克拉斯特夫	保加利亚	1979.7.15	斯利文
225	安东尼奥·克拉斯特夫	保加利亚	1980.2.3	瓦尔那
225.5	维克多·莫希比特	苏联	1980.7.4	莫斯科
226	卢博米尔·迪米特洛夫	保加利亚	1980.10.3	圣马力诺
226.5	安德烈·慕斯特里科夫	苏联	1981.3.22	利沃夫
230	安东尼奥·克拉斯特夫	保加利亚	1981.6.21	金沙
230.5	弗拉季米尔·佩内夫	保加利亚	1982.11.3	哈斯科沃
231	杰里·朱布里基	捷克斯洛伐克	1984.5.27	金沙
232.5	米特科·米特夫	保加利亚	1988.5.29	雅典
235	安德烈·切梅尔金	俄罗斯	1992.11.28	加的夫

4. 总成绩（推抓挺3项）

成绩	姓名	国籍	比赛时间	比赛地点
540	鲁道夫·曼格	德国	1969.6.17	纽伦堡
560	鲁道夫·曼格	德国	1970.1.3	北莱茵
570	鲁道夫·曼格	德国	1970.1.3	北莱茵

5. 总成绩（抓挺两项）

成绩	姓名	国籍	比赛时间	比赛地点
370	鲁道夫·曼格	德国	–	–
372.5	瓦伦金·赫里斯托夫	保加利亚	1975.2.23	斯利文
375	弗朗西斯科·门德什	古巴	1978.10.8	葛底斯堡
387.5	维切斯拉夫·克罗科夫	苏联	1979.3.11	波多利斯克
400	安东尼奥·克拉斯特夫	保加利亚	1979.7.15	斯利文
410	安东尼奥·克拉斯特夫	保加利亚	1980.2.3	瓦尔那
412.5	维克多·莫希比特	苏联	1980.7.4	莫斯科

成绩	姓名	国籍	比赛时间	比赛地点
417.5	米特科·米特夫	保加利亚	1988.5.29	雅典
425	安德烈·切梅尔金	俄罗斯	1992.11.28	加的夫

（十三）54 公斤级（1993 年 1 月 1 日~1997 年 12 月 31 日）

1. 抓举

122.5	World Standard（国际举联制定的世界标准）			
125	明切夫	保加利亚	1994.5.4	索科洛夫

2. 挺举

152.5	World Standard（国际举联制定的世界标准）			
153	兰世章	中国	1994.7.26	雅加达

3. 总成绩

275	World Standard（国际举联制定的世界标准）

（十四）59 公斤级（1933 年 1 月 1 日~1997 年 12 月 31 日）

1. 抓举

127.5	World Standard（国际举联制定的世界标准）			
130	徐栋	中国	1995.7.10	华沙
130.5	廖伟啸	中国	1996.5.4	华沙
132.5	徐栋	中国	1996.7.22	亚特兰大
133	石智勇	中国	1996.11.21	汉城

2. 挺举

155	World Standard（国际举联制定的世界标准）			
165	吉奥尔吉奥斯·采利利斯	希腊	1993.11.13	墨尔本
167.5	李创欢	中国	1995.11.18	广州

3. 总成绩

280	World Standard（国际举联制定的世界标准）			
292.5	吉奥尔吉奥斯·采利利斯	希腊	1993.11.13	墨尔本
295	廖伟啸	中国	1996.5.4	华沙

（十五）64公斤级（1993年1月1日~1997年12月31日）

1. 抓举

135	World Standard（国际举联制定的世界标准）			
135.5	冯明	中国	1994.7.27	雅加达
137.5	佩达尔·佩特罗夫	保加利亚	1994.7.27	雅加达
142.5	佩达尔·佩特罗夫	保加利亚	1994.7.27	雅加达
143	王国华	中国	1995.7.11	华沙
145	王国华	中国	1995.11.19	广州

2. 挺举

165	World Standard（国际举联制定的世界标准）			
170	冯明	中国	1993.11.14	墨尔本
175	阿兰达	古巴	1995.3.13	马德普拉塔

3. 总成绩

300	World Standard（国际举联制定的世界标准）			
305	冯明	中国	1993.11.14	墨尔本
307.5	冯明	中国	1994.11.20	伊斯坦布尔
310	王国华	中国	1995.11.19	广州
315	彭颂	中国	1995.11.19	广州

（十六）70公斤级（1993年1月1日~1997年12月31日）

1. 抓举

147.5	World Standard（国际举联制定的世界标准）			

2. 挺举

180	World Standard（国际举联制定的世界标准）			
182.5	金鹤奉	韩国	1993.1.15	墨尔本
183	占旭刚	中国	1994.7.27	雅加达
183.5	达尔贝托·阿兰达	古巴	1994.11.24	伊斯坦布尔
190	达尔贝托·阿兰达	古巴	1995.9.12	斯佩里图斯

3. 总成绩

325	World Standard（国际举联制定的世界标准）			
327.5	金鹤奉	韩国	1993.11.15	墨尔本
330	占旭刚	中国	1994.10.7	广岛

（十七）76 公斤级（1993 年 1 月 1 日 ~1997 年 12 月 31 日）

1. 抓举

150	World Standard（国际举联制定的世界标准）			
152.5	维克多·米特鲁	希腊	1993.11.16	墨尔本
155	费里摩诺夫	俄罗斯	1995.6.12	贝尔谢巴
155.5	王宏宇	中国	1997.6.1	开普敦

2. 挺举

200	World Standard（国际举联制定的世界标准）			

3. 总成绩

350	World Standard（国际举联制定的世界标准）			

（十八）83 公斤级（1993 年 1 月 1 日 ~1997 年 12 月 31 日）

1. 抓举

160	World Standard（国际举联制定的世界标准）			
162.5	谢尔盖·阿萨尼泽	格鲁吉亚	1995.5.5	华沙

2. 挺举

190	World Standard（国际举联制定的世界标准）			
190.5	阿萨尼泽	格鲁吉亚	1994.11.23	伊斯坦布尔
197.5	斯维托斯纳夫·尼科罗夫	保加利亚	1995.6.13	贝尔谢巴

3. 总成绩

350	World Standard（国际举联制定的世界标准）			
352.5	斯维托斯纳夫·尼科罗夫	保加利亚	1995.6.13	贝尔谢巴

（十九）91 公斤级（1993 年 1 月 1 日~1997 年 12 月 31 日）

1. 抓举

180	World Standard（国际举联制定的世界标准）			
185	阿列克谢·佩特罗夫	俄罗斯	1994.5.7	索科洛夫
186	阿列克谢·佩特罗夫	俄罗斯	1994.11.24	伊斯坦布尔

2. 挺举

220	World Standard（国际举联制定的世界标准）			
222.5	阿列克谢·佩特罗夫	俄罗斯	1994.5.7	索科洛夫
227.5	阿列克谢·佩特罗夫	俄罗斯	1994.5.7	索科洛夫
228	阿列克谢·佩特罗夫	俄罗斯	1994.11.24	伊斯坦布尔

3. 总成绩

400	World Standard（国际举联制定的世界标准）			
407.5	阿列克谢·佩特罗夫	俄罗斯	1994.5.7	索科洛夫
412.5	阿列克谢·佩特罗夫	俄罗斯	1994.5.7	索科洛夫

（二十）99 公斤级（1993 年 1 月 1 日~1997 年 12 月 31 日）

1. 抓举

175	World Standard（国际举联制定的世界标准）			
177.5	赛斯兰尼科夫	俄罗斯	1994.7.29	雅加达
180	赛斯兰尼科夫	俄罗斯	1994.7.29	雅加达

2. 挺举

212.5	World Standard（国际举联制定的世界标准）			
213	马里奥·卡林科	德国	1994.7.29	雅加达
217.5	马里奥·卡林科	德国	1994.11.25	伊斯坦布尔

3. 总成绩

387.5	World Standard（国际举联制定的世界标准）			
390	迪尼斯·戈德弗雷德	乌克兰	1994.11.25	伊斯坦布尔
395	迪尼斯·戈德弗雷德	乌克兰	1995.5.7	华沙

（二十一）108 公斤级（1993 年 1 月 1 日~1997 年 12 月 31 日）

1. 抓举

177.5	World Standard（国际举联制定的世界标准）			
180	谢尔盖·鲁齐安切科夫	乌克兰	1994.7.30	雅加达
182.5	崔文华	中国	1994.10.10	广岛
185	谢尔盖·鲁齐安切科夫	乌克兰	1994.11.26	伊斯坦布尔

2. 挺举

215	World Standard（国际举联制定的世界标准）			
220	瓦尔达尼扬	亚美尼亚	1994.10.8	罗马

3. 总成绩

385	World Standard（国际举联制定的世界标准）			
390	谢尔盖·鲁齐安切科夫	乌克兰	1994.7.30	雅加达
392.5	崔文华	中国	1994.10.10	广岛
395	谢尔盖·鲁齐安切科夫	乌克兰	1994.11.26	伊斯坦布尔
400	谢尔盖·鲁齐安切科夫	乌克兰	1994.11.26	伊斯坦布尔

（二十二）108 公斤以上级（1993 年 1 月 1 日~1997 年 12 月 31 日）

1. 抓举

170	World Standard（国际举联制定的世界标准）			
171	阿谢特·达尼耶连	亚美尼亚	1994.7.30	雅加达

170	World Standard（国际举联制定的世界标准）			
175	阿谢特·达尼耶连	亚美尼亚	1994.11.27	伊斯坦布尔
177.5	阿谢特·达尼耶连	亚美尼亚	1994.11.27	伊斯坦布尔
178	皮特·索博特卡	捷克	1995.6.15	贝尔谢巴

2. 挺举

207.5	World Standard（国际举联制定的世界标准）			
208	姜凯	中国	1994.7.30	雅加达
210	阿谢特·达尼耶连	亚美尼亚	1994.7.30	雅加达
217.5	阿谢特·达尼耶连	亚美尼亚	1994.11.27	伊斯坦布尔
218	帕维尔·帕夫罗夫	保加利亚	1995.5.7	华沙

3. 总成绩

372.5	World Standard（国际举联制定的世界标准）			
375	阿谢特·达尼耶连	亚美尼亚	1994.7.30	雅加达
380	阿谢特·达尼耶连	亚美尼亚	1994.7.30	雅加达
387.5	阿谢特·达尼耶连	亚美尼亚	1994.11.27	伊斯坦布尔
395	阿谢特·达尼耶连	亚美尼亚	1994.11.27	伊斯坦布尔

（二十三）56公斤级（1998年1月1日~2018年7月31日）

1. 抓举

157.5	World Standard（国际举联制定的世界标准）			
130	楚希望	中国	2000.7.2	布拉格
130.5	李争 （1986.1.18）	中国	2004.5.24	明斯克
131	李争 （1986.1.18）	中国	2006.5.28	杭州
132	龙清泉 （1990.12.3）	中国	2008.8.10	北京
133	蔡金团 （1994.1.15）	越南	2014.6.21	喀山
134	蔡金团 （1994.1.15）	越南	2014.9.20	仁川
135	蔡金团 （1994.1.15）	越南	2014.11.08	阿尔马塔

2. 挺举

157.5	World Standard（国际举联制定的世界标准）			
162.5	张湘祥 （1983.7.16）	中国	2000.9.18	悉尼
165	吴文雄 （1981.2.11）	中国	2001.5.20	大阪

3. 总成绩

285	World Standard（国际举联制定的世界标准）				
287.5	张祥翔（1983.7.16）	中国	2000.9.16	悉尼	2000.9.16
288	埃·伊拉万（1989.7.24）	印尼	2008.8.10	北京	2008.8.10
292	龙清泉（1990.12.3）	中国	2008.8.10	北京	2008.8.10
293	蔡金团（1994.1.15）	越南	2014.6.21	喀山	2014.6.21
294	蔡金团（1994.1.15）	越南	2014.9.20	仁川	2014.9.20
296	蔡金团（1994.1.15）	越南	2014.11.8	阿尔马塔	2014.11.8

（二十四）62 公斤级（1998 年 1 月 1 日~2018 年 7 月 31 日）

1. 抓举

135	World Standard（国际举联制定的世界标准）			
140	乐茂盛	中国	1998.5.18	索非亚
142.5	石智勇（1980.2.10）	中国	1999.7.4	萨凡纳
148.5	石智勇（1980.2.10）	中国	1999.7.4	萨凡纳
150	石智勇（1980.2.10）	中国	1999.7.4	萨凡纳
152.5	石智勇（1980.2.10）	中国	2000.5.3	大阪

2、挺举

170	World Standard（国际举联制定的世界标准）			
175	乐茂盛	中国	1998.5.18	索非亚
175.5	彭崇栋（1978.1.1）	中国	1998.9.17	重庆
177	杨帆（1994.1.15）	中国	2007.4.22	泰安

3. 总成绩

305	World Standard（国际举联制定的世界标准）			
315	乐茂盛	中国	1998.5.18	索非亚
317.5	石智勇（1980.2.10）	中国	1999.7.4	萨凡纳
320	石智勇（1980.2.10）	中国	1999.8.30	武汉
322.5	石智勇（1980.2.10）	中国	2000.5.3	大阪

（二十五）69 公斤级（1998 年 1 月 1 日 ~2018 年 7 月 31 日）

1. 抓举

145	World Standard（国际举联制定的世界标准）			
145.5	郭冠	中国	1998.5.19	索非亚
147.5	斯·卡尔曼	罗马尼亚	1999.7.5	萨凡纳
150	尤里·拉夫林（1982.1.1）	乌克兰	2001.7.2	萨洛尼卡
152.5	尤里·拉夫林（1982.1.1）	乌克兰	2001.7.2	萨洛尼卡
155	尤里·拉夫林（1982.1.1）	乌克兰	2001.9.6	卡尔马
156	姚岳伟（1985.2.20）	中国	2005.9.27	迪拜
158	尤里.拉夫琴科	亚美尼亚	2008.4.17	Lignano Sabbiadoro

2. 挺举

182.5	World Standard（国际举联制定的世界标准）			
185	杨存康	中国	1998.11.12	拉赫蒂
187.5	佩特罗斯扬 （1980.1.1）	亚美尼亚	2000.9.20	悉尼
190	廖辉 　（1987.10.5）	中国	2007.11.28	阿皮亚

3. 总成绩

327.5	World Standard（国际举联制定的世界标准）			
330	杨存康	中国	1998.11.12	拉赫蒂
335	佩特罗斯扬（1980.1.1）	亚美尼亚	2000.9.20	悉尼
338	马蒂洛斯扬（1988.6.9）	亚美尼亚	2008.4.17	萨比亚多罗
343	马蒂洛斯扬（1988.6.9）	亚美尼亚	2008.4.17	萨比亚多罗
346	马蒂洛斯扬（1988.6.9）	亚美尼亚	2008.4.17	萨比亚多罗

（二十六）77 公斤级（1998 年 1 月 1 日 ~2018 年 7 月 31 日）

1. 抓举

155	World Standard（国际举联制定的世界标准）			
155.5	马尔科夫	保加利亚	1998.5.20	索非亚
157.5	马尔科夫	保加利亚	1998.5.20	索非亚
162.5	李宏利	中国	1999.7.5	萨凡纳
163	尤里·拉夫林（1982.1.1）	乌克兰	2002.6.1	捷克哈夫罗夫
165	尤里·拉夫林（1982.1.1）	乌克兰	2002.6.1	捷克哈夫罗夫
165.5	萨吉尔 （1985.3.13）	土耳其	2003.10.9	瓦伦西亚
167.5	萨吉尔 （1985.3.13）	土耳其	2004.4.23	基辅
170	萨吉尔 （1985.3.13）	土耳其	2004.8.19	雅典
172.5	萨吉尔 （1985.3.13）	土耳其	2004.8.19	雅典

2. 挺举

195	World Standard（国际举联制定的世界标准）			
195.5	萨吉尔 （1985.3.13）	土耳其	2003.6.4	埃莫西约
200	萨吉尔 （1985.3.13）	土耳其	2003.10.9	瓦伦西亚
202.5	萨吉尔 （1985.3.13）	土耳其	2004.8.19	雅典

3. 总成绩

350	World Standard（国际举联制定的世界标准）			
352.5	李宏利	中国	1999.7.5	Savannan
355	萨吉尔 （1985.3.13）	土耳其	2003.6.4	埃莫西约
365	萨吉尔 （1985.3.13）	土耳其	2003.10.9	瓦伦西亚
375	萨吉尔 （1985.3.13）	土耳其	2004.8.19	雅典

（二十七）85 公斤级（1998 年 1 月 1 日 ~2018 年 7 月 31 日）

1. 抓举

165	World Standard（国际举联制定的世界标准）			
165.5	帕绍夫·莱沙米	阿塞拜疆	2000.7.6	布拉格
166	安·里巴科夫（1982.3.4）	白俄罗斯	2001.7.4	萨洛尼卡

续表

165	World Standard（国际举联制定的世界标准）			
167.5	蒋海龙	中国	2001.7.4	萨洛尼卡
168	安·里巴科夫（1982.3.4）	白俄罗斯	2002.6.2	捷克哈夫罗夫
170	蒋海龙	中国	2002.6.2	捷克哈夫罗夫
175	安·里巴科夫（1982.3.4）	白俄罗斯	2002.6.2	捷克哈夫罗夫
180	安·里巴科夫（1982.3.4）	白俄罗斯	2002.6.2	捷克哈夫罗夫
182.5	安·里巴科夫（1982.3.4）	白俄罗斯	2002.6.2	捷克哈夫罗夫

2. 挺举

202.5	World Standard（国际举联制定的世界标准）			
203	帕绍耶夫	阿塞拜疆	1999.11.26	雅典
203.5	帕绍耶夫	阿塞拜疆	2000.9.23	悉尼
205	瓦列里·凯伦斯	罗马尼亚	2000.9.23	悉尼
206	伊林·伊利亚（1988.5.24）	哈萨克斯坦	2005.5.25	釜山
211	伊林·伊利亚（1988.5.24）	哈萨克斯坦	2005.11.14	多哈
216	伊林·伊利亚（1988.5.24）	哈萨克斯坦	2005.11.14	多哈
218	田涛　（1994.4.8）	中国	2014.9.24	仁川

3. 总成绩（抓挺两项）

367.5	World Standard（国际举联制定的世界标准）			
370	安·里巴科夫（1982.3.4）	白俄罗斯	2002.6.2	捷克哈夫罗夫
372.5	安·里巴科夫（1982.3.4）	白俄罗斯	2002.10.4	努奥尼
374	伊林·伊利亚（1988.5.24）	哈萨克斯坦	2005.5.22	釜山
375	卢永（1986.1.1）	中国	2005.11.14	多哈
380	卢永（1986.1.1）	中国	2005.11.14	多哈
385	卢永（1986.1.1）	中国	2005.11.14	多哈
386	伊林·伊利亚（1988.5.24）	哈萨克斯坦	2005.11.14	多哈

（二十八）94 公斤级（1998 年 1 月 1 日~2018 年 7 月 31 日）

1. 抓举

175	World Standard（国际举联制定的世界标准）			
177.5	科列茨基（1985.3.23）	波兰	1999.4.17	拉科鲁尼亚
180	科列茨基（1985.3.23）	波兰	2000.4.17	拉科鲁尼亚
182.5	科列茨基（1985.3.23）	波兰	2000.9.24	悉尼
185	阿凯耶夫（1985.3.23）	俄罗斯	2004.5.29	明斯克

2. 挺举

215	World Standard（国际举联制定的世界标准）			
218	科列茨基（1985.3.23）	波兰	1998.11.14	拉赫蒂
222.5	科列茨基（1985.3.23）	波兰	1999.4.17	拉科鲁尼亚
225	科列茨基（1985.3.23）	波兰	1999.4.17	拉科鲁尼亚
232.5	科莱茨基（1985.3.23）	波兰	2000.4.29	索非亚

3. 总成绩

390	World Standard（国际举联制定的世界标准）			
397.5	科列茨基（1985.3.23）	波兰	1999.4.17	拉科鲁尼亚
402.5	科列茨基（1985.3.23）	波兰	1999.4.17	拉科鲁尼亚
405	科列茨基（1985.3.23）	波兰	1999.4.17	拉科鲁尼亚
412.5	科列茨基（1985.3.23）	波兰	2000.4.29	索非亚

（二十九）105 公斤级（1998 年 1 月 1 日～2018 年 7 月 31 日）

1. 抓举

185	World Standard（国际举联制定的世界标准）			
185.5	特钦库切夫	俄罗斯	1999.7.7	萨凡纳
187.5	斯莫尔奇科夫	俄罗斯	2000.7.8	布拉格
192.5	斯莫尔奇科夫	俄罗斯	2000.7.8	布拉格
193.5	斯莫尔奇科夫	俄罗斯	2000.10.15	里耶卡
198.5	马·多列加（1982.7.18）	波兰	2000.6.4	捷克哈夫罗夫
200	阿·安德列（1988.4.17）	白俄罗斯	2008.8.18	北京

2. 挺举

222.5	World Standard（国际举联制定的世界标准）			
225	科列兹基 （1985.3.23）	波兰	1999.9.26	斯帕拉
232.5	科列兹基 （1985.3.23）	波兰	1999.9.26	斯帕拉
236	阿·安德列 （1988.4.17）	白俄罗斯	2008.8.18	北京

3. 总成绩

407.5	World Standard（国际举联制定的世界标准）			
410	科列兹基（1985.3.23）	波兰	1999.9.26	斯帕拉
412.5	斯莫尔奇科夫	俄罗斯	2000.7.8	布拉格
415	马·多列加（1982.7.18）	波兰	2002.6.4	捷克哈夫罗夫
420	阿·安德列（1988.4.17）	白俄罗斯	2007.9.25	清迈
423	阿·安德列（1988.4.17）	白俄罗斯	2007.9.25	清迈
425	阿·安德列（1988.4.17）	白俄罗斯	2008.8.18	北京
430	阿·安德列（1988.4.17）	白俄罗斯	2008.8.18	北京
436	阿·安德列（1988.4.17）	白俄罗斯	2008.8.18	北京

（三十）105 公斤以上级（1998 年 1 月 1 日 ~2018 年 7 月 31 日）

1. 抓举

192.5	World Standard（国际举联制定的世界标准）			
195	阿·尤达钦（1980.3.26）	乌克兰	1999.11.28	雅典
197	埃·皮萨雷夫（1988.8.17）	俄罗斯	2008.9.20	杜雷斯
200	萨·阿利霍赛尼（1988.2.2）	伊朗	2008.11.3	高阳
205	萨·阿利霍赛尼（1988.2.2）	伊朗	2008.11.3	高阳
206	萨·阿利霍赛尼（1988.2.2）	伊朗	2008.12.8	全州

2. 挺举

227.5	World Standard（国际举联制定的世界标准）			
228	哈辛·雷札札德	伊朗	1998.12.14	曼谷
230	阿·尤达钦（1980.3.26）	乌克兰	1999.11.28	雅典
230.5	阿·尤达钦（1980.3.26）	乌克兰	2000.7.9	布拉格
240	阿·尤达钦（1980.3.26）	乌克兰	2000.7.9	布拉格

227.5	World Standard（国际举联制定的世界标准）			
241	萨·阿利霍赛尼（1988.2.2）	伊朗	2008.11.3	高阳
242	萨·阿利霍赛尼（1988.2.2）	伊朗	2008.11.6	高阳
245	萨·阿利霍赛尼（1988.2.2）	伊朗	2008.12.8	全州

3. 总成绩

420	World Standard（国际举联制定的世界标准）			
425	阿·尤达钦（1980.3.26）	乌克兰	1999.11.28	雅典
430	阿·尤达钦（1980.3.26）	乌克兰	2000.7.9	布拉格
431	埃·皮萨雷夫（1988.8.17）	俄罗斯	2008.9.20	杜雷斯
435	萨·阿利霍赛尼（1988.2.2）	伊朗	2008.11.3	高阳
446	萨·阿利霍赛尼（1988.2.2）	伊朗	2008.11.3	高阳
451	萨·阿利霍赛尼（1988.2.2）	伊朗	2008.12.8	全州

（三十一）55 公斤级（2018 年 8 月 ~2018 年 12 月 31 日）

1. 抓举

122	世界标准	2018.11.01	国际举联	世界标准	2018.11.01

2. 挺举

146	世界标准	2018.11.01	国际举联	世界标准	2018.11.01

3. 总成绩

264	世界标准	2018.11.01	国际举联	世界标准	2018.11.01

（三十二）61 公斤级（2018 年 8 月 ~2018 年 12 月 31 日）

1. 抓举

132	世界标准	2018.11.01	国际举联	世界标准	2018.11.01
133	埃尔加舍夫	1999.03.12	乌兹别克斯坦	阿什巴哈德	2018.11.03
136	埃尔加舍夫	1999.03.12	乌兹别克斯坦	阿什巴哈德	2018.11.03

2. 挺举

158	世界标准	2018.11.01	国际举联	世界标准	2018.11.01

3. 总成绩

| 285 | 世界标准 | 2018.11.01 | 国际举联 | 世界标准 | 2018.11.01 |
| 293 | 埃尔加舍夫 | 1999.03.12 | 乌兹别克斯坦 | 阿什巴哈德 | 2018.11.03 |

（三十三）67 公斤级（2018 年 8 月 ~2018 年 12 月 31 日）

1. 抓举

| 141 | 世界标准 | 2018.11.01 | 国际举联 | 世界标准 | 2018.11.01 |

2. 挺举

| 169 | 世界标准 | 2018.11.01 | 国际举联 | 世界标准 | 2018.11.01 |

3. 总成绩

| 305 | 世界标准 | 2018.11.01 | 国际举联 | 世界标准 | 2018.11.01 |

（三十四）73 公斤级（2018 年 8 月 ~2018 年 12 月 31 日）

1. 抓举

| 149 | 世界标准 | 2018.11.01 | 国际举联 | 世界标准 | 2018.11.01 |

2. 挺举

179	世界标准	2018.11.01	国际举联	世界标准	2018.11.01
181	克拉伦斯	2000.06.06	美国	阿什巴哈德	2018.11.04
187	克拉伦斯	2000.06.06	美国	阿什巴哈德	2018.11.04

3. 总成绩

323	世界标准	2018.11.01	国际举联	世界标准	2018.11.01
329	克拉伦斯	2000.06.06	美国	阿什巴哈德	2018.11.04
335	克拉伦斯	2000.06.06	美国	阿什巴哈德	2018.11.04

（三十五）81 公斤级（2018 年 8 月 ~2018 年 12 月 31 日）

1. 抓举

| 158 | 世界标准 | 2018.11.01 | 国际举联 | 世界标准 | 2018.11.01 |
| 159 | 舒·里特瓦尔斯 | 1999.01.11 | 瑞典 | 阿什巴哈德 | 2018.11.05 |

158	世界标准	2018.11.01	国际举联	世界标准	2018.11.01
163	李大银	1998.02.12	中国	阿什巴哈德	2018.11.05
168	李大银	1998.02.12	中国	阿什巴哈德	2018.11.05

2. 挺举

190	世界标准	2018.11.01	国际举联	世界标准	2018.11.01
191	詹·哈里森	2000.02.26	美国	阿什巴哈德	2018.11.05
193	李大银	1998.02.12	中国	阿什巴哈德	2018.11.05
195	詹·哈里森	2000.02.26	美国	阿什巴哈德	2018.11.05
198	李大银	1998.02.12	中国	阿什巴哈德	2018.11.05
200	詹·哈里森	2000.02.26	美国	阿什巴哈德	2018.11.05
204	李大银	1998.02.12	中国	阿什巴哈德	2018.11.05

3. 总成绩

344	李大银	1998.02.12	中国	阿什巴哈德	2018.11.05
348	詹·哈里森	2000.02.26	美国	阿什巴哈德	2018.11.05
361	李大银	1998.02.12	中国	阿什巴哈德	2018.11.05
366	李大银	1998.02.12	中国	阿什巴哈德	2018.11.05
372	李大银	1998.02.12	中国	阿什巴哈德	2018.11.05

（三十六）89 公斤级（2018 年 8 月 ~2018 年 12 月 31 日）

1. 抓举

166	世界标准	2018.11.01	国际举联	世界标准	2018.11.01
168	达维塔泽	1998.01.16	格鲁吉亚	阿什哈巴德	2018.11.06

2. 挺举

200	世界标准	2018.11.01	国际举联	世界标准	2018.11.01
201	桑切斯	1999.01.08	委内瑞拉	阿什哈巴德	2018.11.06
203	达维塔泽	1998.01.16	格鲁吉亚	阿什哈巴德	2018.11.06
204	桑切斯	1999.01.08	委内瑞拉	阿什哈巴德	2018.11.06

3. 总成绩

362	世界标准	2018.11.01	国际举联	世界标准	2018.11.01
366	桑切斯	1999.01.08	委内瑞拉	阿什哈巴德	2018.11.06
371	达维塔泽	1998.01.16	格鲁吉亚	阿什哈巴德	2018.11.06

（三十七）96 公斤级（2018 年 8 月 ~2018 年 12 月 31 日）

1. 抓举

172	世界标准	2018.11.01	国际举联	世界标准	2018.11.01
173	特希克汉索	1998.11.04	白俄罗斯	阿什巴哈德	2018.11.07
176	里.莫斯克拉	1998.07.11	西班牙	阿什巴哈德	2018.11.07
180	特希克汉索	1998.11.04	白俄罗斯	阿什巴哈德	2018.11.07

2. 挺举

210	特希克汉索	1998.11.04	白俄罗斯	阿什巴哈德	2018.11.07
217	埃.法瑞斯	1988.06.04	白俄罗斯	阿什巴哈德	2018.11.07

3. 总成绩

376	世界标准	2018.11.01	国际举联	世界标准	2018.11.01
377	里.莫斯克拉	1998.07.11	西班牙	阿什巴哈德	2018.11.07
390	特希克汉索	1998.11.04	白俄罗斯	阿什巴哈德	2018.11.07

（三十八）102 公斤级（2018 年 8 月 ~2018 年 12 月 31 日）

1. 抓举

177	世界标准	2018.11.01	国际举联	世界标准	2018.11.01
178	达勒耶夫	1999.10.08	乌兹别克斯坦	阿什巴哈德	2018.11.08
180	达勒耶夫	1999.10.08	乌兹别克斯坦	阿什巴哈德	2018.11.08

2. 挺举

212	世界标准	2018.11.01	国际举联	世界标准	2018.11.01

3. 总成绩

385	世界标准	2018.11.01	国际举联	世界标准	2018.11.01
387	达勒耶夫	1999.10.08	乌兹别克斯坦	阿什巴哈德	2018.11.08
392	达勒耶夫	1999.10.08	乌兹别克斯坦	阿什巴哈德	2018.11.08

（三十九）109 公斤级（2018 年 8 月 ~2018 年 12 月 31 日）

1. 抓举

181	世界标准	2018.11.01	国际举联	世界标准	2018.11.01

2. 挺举

217	世界标准	2018.11.01	国际举联	世界标准	2018.11.01

3. 总成绩

394	世界标准	2018.11.01	国际举联	世界标准	2018.11.01

（四十）+109 公斤级（2018 年 8 月 ~2018 年 12 月 31 日）

1. 抓举

186	世界标准	2018.11.01	国际举联	世界标准	2018.11.01
189	爱德华	1998.01.29	挪威	阿什巴哈德	2018.11.10
192	达乌迪.阿里	1999.03.22	冰岛	阿什巴哈德	2018.11.10
193	爱德华	1998.01.29	挪威	阿什巴哈德	2018.11.10
197	达乌迪.阿里	1999.03.22	挪威	阿什巴哈德	2018.11.10

2. 挺举

221	世界标准	2018.11.01	国际举联	世界标准	2018.11.01
222	爱德华	1998.01.29	挪威	阿什巴哈德	2018.11.10
227	达乌迪.阿里	1999.03.22	冰岛	阿什巴哈德	2018.11.10
228	爱德华	1998.01.29	挪威	阿什巴哈德	2018.11.10

3.总成绩

407	世界标准	2018.11.01	国际举联	世界标准	2018.11.01
415	齐亚齐乌林·爱德华	1998.01.29	挪威	阿什巴哈德	2018.11.10
424	达乌迪.阿里	1999.03.22	冰岛	阿什巴哈德	2018.11.10

附录

1962~2018 年 12 月 31 日创破青年男子世界纪录统计

名次	国家或地区	推举	抓举	挺举	3 项总成绩	2 项总成绩	总计
1	保加利亚	20	78	92	17	75	284
2	苏联	16	58	67	12	41	194
3	日本	14	22	18	22	1	77
4	中国	0	32	22	0	13	67
5	古巴	0	16	14	0	14	44
6	匈牙利	2	22	8	9	2	43
7	波兰	4	10	13	8	7	42
8	美国	21	3	13	7	3	47
9	俄罗斯	0	12	5	0	6	23
10	德国	4	6	5	7	0	22
11	白俄罗斯	0	8	3	0	8	19
12	亚美尼亚	0	5	4	0	9	18
13	伊朗	2	4	5	4	3	18
14	乌克兰	0	8	3	0	6	17
15	民主德国	0	6	3	0	4	13
16	罗马尼亚	2	2	3	4	0	11
17	黎巴嫩	0	8	0	0	0	8
18	韩国	1	1	1	3	1	7
19	土耳其	0	3	2	0	2	7
20	越南	0	3	0	0	3	6
21	挪威	0	3	2	0	1	6
22	格鲁吉亚	0	3	2	0	1	6
23	芬兰	3	1	0	1	0	5

续表

名次	国家或地区	推举	抓举	挺举	3 项总成绩	2 项总成绩	总计
1	保加利亚	20	78	92	17	75	284
24	希腊	2	1	1	0	1	5
25	墨西哥	4	0	0	0	0	4
26	哈萨克斯坦	0	0	2	0	2	4
27	阿塞拜疆	0	1	2	0	0	3
28	捷克	0	2	0	0	1	3
29	朝鲜	0	0	2	0	1	3
30	捷克斯洛伐克	0	2	1	0	0	3
31	委内瑞拉	0	0	2	0	1	3
32	乌兹别克斯坦	0	2	0	0	1	3
33	冰岛	0	1	1	0	1	3
34	西班牙	0	1	0	0	1	2
35	瑞典	0	1	0	0	0	1
36	奥地利	0	0	0	1	0	1
37	澳大利亚	1	0	0	0	0	1
38	加拿大	0	1	0	0	0	1
39	拉脱维亚	0	0	1	0	0	1
40	印度尼西亚	0	0	0	0	1	1
	合计	96	326	297	97	221	1037

第三节　少年男子世界纪录（1998~2018 年 12 月 31 日）

第 1 届世界少年举重锦标赛始于 2009 年，但是国际举重联合会关于少年男子举重世界纪录的注册却始于 1998 年 1 月 1 日，其体重级别为 50、56、62、69、77、85、94、+94 公斤级 8 个级别。2018 年 8 月，国际举重联合会实行了新的体重级别，即：49、55、61、67、73、81、89、96、102、+102 公斤级 10 个级别，并于 2018 年 11 月 1 日设立了上述 10 个级别的世界标准纪录。

（一）50公斤级（1998~2018年7月）

1. 抓举

成绩	姓名	出生日期	国籍	比赛地点	比赛时间
92	阮氏贡	1991.11.13	越南	阿曼	2007.10.26
93	陆云涛	1992.02.07	中国	清迈	2009.05.20
96	蒋浩	1995.01.30	中国	塔什干	2010.04.09
97	蒋浩	1995.01.30	中国	利马	2011.05.10
100	蒋浩	1995.01.30	中国	利马	2011.05.10
101	克鲁艾通	1995.08.22	泰国	芭提雅	2011.09.05
102	郑良润	1997.12.03	中国	邦盛	2014.03.04

2. 挺举

成绩	姓名	出生日期	国籍	比赛地点	比赛时间
116	奥索里奥	1991.01.01	哥伦比亚	莫约班巴	2008.09.11
120	陆云涛	1992.02.07	中国	清迈	2009.05.20
121	蒋浩	1995.01.30	中国	利马	2011.05.10
126	克鲁艾通	1995.08.22	泰国	芭提雅	2011.09.05
127	特拉帕特	2001.07.31	泰国	加德满都	2017.07.24
128	道图东	2004.01.10	越南	乌尔根奇	2018.04.23

3. 总成绩

成绩	姓名	出生日期	国籍	比赛地点	比赛时间
206	阿.伊斯梅特	1992.09.22	土耳其	亚眠	2008.07.22
208	陆云涛	1992.02.27	中国	清迈	2009.05.20
213	陆云涛	1992.02.27	中国	清迈	2009.05.20
214	蒋浩	1995.01.30	中国	利马	2011.05.10
221	蒋浩	1995.01.30	中国	利马	2011.05.10
227	克鲁艾通	1995.08.22	泰国	芭提雅	2011.09.05

（二）56 公斤级（1998~2018 年 7 月）

1. 抓举

成绩	姓名	出生日期	国籍	比赛地点	比赛时间
125	张湘祥	1983.07.16	中国	悉尼	2000.09.16
127	蔡金团	1994.01.15	越南	芭提雅	2011.09.05
128	蒙成	1997.12.03	中国	邦盛	2014.03.04

2. 挺举

成绩	姓名	出生日期	国籍	比赛地点	比赛时间
162	张湘祥	1983.07.16	中国	悉尼	2000.09.16

3. 总成绩

成绩	姓名	出生日期	国籍	比赛地点	比赛时间
287	张湘祥	1983.07.16	中国	悉尼	2000.09.16

（三）62 公斤级（1998~2018 年 7 月）

1. 抓举

成绩	姓名	出生日期	国籍	比赛地点	比赛时间
140	武超	1992.01.19	中国	高阳	2008.11.04

2. 挺举

成绩	姓名	出生日期	国籍	比赛地点	比赛时间
160	弗.卢卡宁	1984.10.28	俄罗斯	塞萨洛尼基	2001.07.01
161	钟启航	1993.03.24	中国	清迈	2009.05.21
165	谌利军	1993.02.08	中国	索菲亚	2010.06.15

3. 总成绩

成绩	姓名	出生日期	国籍	比赛地点	比赛时间
300	吴超	1992.01.19	中国	高阳	2008.11.04

（四）69公斤级（1998~2018年7月）

1. 抓举

成绩	姓名	出生日期	国籍	比赛地点	比赛时间
147	萨吉尔·塔纳	1985.03.13	土耳其	哈夫罗夫	2002.05.31

2. 挺举

成绩	姓名	出生日期	国籍	比赛地点	比赛时间
175	萨吉尔·塔纳	1985.03.13	土耳其	哈夫罗夫	2002.05.31
180	克拉伦斯	2000.06.06	美国	第比利斯	2016.06.27
182	克拉伦斯	2000.06.06	美国	槟榔屿	2016.10.22
185	克拉伦斯	2000.06.06	美国	曼谷	2017.04.07

3. 总成绩

成绩	姓名	出生日期	国籍	比赛地点	比赛时间
322	萨吉尔·塔纳	1985.03.13	土耳其	哈夫洛夫	2002.05.31

（五）77公斤级（1998~2018年7月）

1. 抓举

成绩	姓名	出生日期	国籍	比赛地点	比赛时间
153	塞多夫	1988.03.02	哈萨克斯坦	釜山	2005.05.21
154	卡拉佩特扬	1995.12.15	亚美尼亚	布加勒斯特	2012.08.30
155	卡拉佩特扬	1995.12.15	亚美尼亚	克思雀	2012.09.21
156	洛佩兹·耶森	1999.01.09	哥伦比亚	第比利斯	2016.06.28
157	洛佩兹·耶森	1999.01.09	哥伦比亚	槟榔屿	2016.10.23
160	洛佩兹·耶森	1999.01.09	哥伦比亚	槟榔屿	2016.10.23

2. 挺举

成绩	姓名	出生日期	国籍	比赛地点	比赛时间
185	卢长亮	1986.01.03	中国	埃莫西约	2003.06.01
186	洛佩兹·耶森	1999.01.09	哥伦比亚	圣萨尔瓦多	2016.04.27

续表

成绩	姓名	出生日期	国籍	比赛地点	比赛时间
190	洛佩兹·耶森	1999.01.09	哥伦比亚	第比利斯	2016.06.28
191	洛佩兹·耶森	1999.01.09	哥伦比亚	槟榔屿	2016.10.23
192	詹姆斯·哈里森	2000.02.26	美国	曼谷	2017.04.08
193	詹姆斯哈里森	2000.02.26	美国	阿纳海姆	2017.12.02

3. 总成绩

成绩	姓名	出生日期	国籍	比赛地点	比赛时间
329	弗·塞多夫	1988.03.02	哈萨克斯坦	釜山	2005.05.21
330	卡拉佩特扬	1995.12.15	亚美尼亚	布加勒斯特	2012.08.30
331	卡拉佩特扬	1995.12.15	亚美尼亚	克思雀	2012.09.21
334	洛佩兹·耶森	1999.01.09	哥伦比亚	圣萨尔瓦多	2016.04.27
341	洛佩兹·耶森	1999.01.09	哥伦比亚	第比利斯	2016.06.28
346	洛佩兹·耶森	1999.01.09	哥伦比亚	第比利斯	2016.06.28
351	洛佩兹·耶森	1999.01.09	哥伦比亚	槟榔屿	2016.10.23

（六）85 公斤级（1998~2018 年 7 月）

1. 抓举

成绩	姓名	出生日期	国籍	比赛地点	比赛时间
170	伊林·伊利亚	1988.05.24	哈萨克斯坦	多哈	2005.11.14

2. 挺举

成绩	姓名	出生日期	国籍	比赛地点	比赛时间
216	伊林·伊利亚	1988.05.24	哈萨克斯坦	多哈	2005.11.14

3. 总成绩

成绩	姓名	出生日期	国籍	比赛地点	比赛时间
386	伊林·伊利亚	1988.05.24	哈萨克斯坦	多哈	2005.11.14

（七）94公斤级（1998~2018年7月）

1. 抓举

成绩	姓名	出生日期	国籍	比赛地点	比赛时间
171	安·亚拉诺	1988.04.17	白俄罗斯	特伦钦	2005.10.07
172	科·阿列克谢	1994.07.29	俄罗斯	利马	2011.05.14
173	科·阿列克谢	1994.07.29	俄罗斯	布加勒斯特	2011.09.15
174	科·阿列克谢	1994.07.29	俄罗斯	别尔哥罗德	2011.12.17

2. 挺举

成绩	姓名	出生日期	国籍	比赛地点	比赛时间
218	西蒙·多列加	1981.10.12	波兰	拉赫蒂	1998.11.14

3. 总成绩

成绩	姓名	出生日期	国籍	比赛地点	比赛时间
385	西蒙·多列加	1981.10.12	波兰	拉赫蒂	1998.11.14

（八）+94公斤级（1998~2018年7月）

1. 抓举

成绩	姓名	出生日期	国籍	比赛地点	比赛时间
180	杨哲	1991.07.14	中国	全州	2008.12.08
181	米纳斯扬	1994.10.24	亚美尼亚	西恰罗	2011.08.28
182	马特诺斯扬	1997.02.17	亚美尼亚	西恰罗	2014.05.03
183	马特诺斯扬	1997.02.17	亚美尼亚	阿尔马塔	2014.11.15
184	马特诺斯扬	1997.02.17	亚美尼亚	莱梅索斯	2014.11.29

2. 挺举

成绩	姓名	出生日期	国籍	比赛地点	比赛时间
220	阿诺卡斯扬	1990.03.14	亚美尼亚	清迈	2007.09.26
221	马特诺斯扬	1997.02.17	亚美尼亚	南京	2014.08.22

3. 总成绩

成绩	姓名	出生日期	国籍	比赛地点	比赛时间
396	杨哲	1991.07.14	中国	全州	2008.12.08
397	马特诺斯扬	1997.02.17	亚美尼亚	西恰罗	2014.05.03

（十）49 公斤级（2018 年 8 月 ~2018 年 12 月 31 日）

1. 抓举

94	世界标准	2018.11.01	国际举联	世界标准	2018.11.01

2. 挺举

116	世界标准	2018.11.01	国际举联	世界标准	2018.11.01

3. 总成绩

206	世界标准	2018.11.01	国际举联	世界标准	2018.11.01

（十一）55 公斤级（2018 年 8 月 ~2018 年 12 月 31 日）

1. 抓举

107	世界标准	2018.11.01	国际举联	世界标准	2018.11.01
108	鲁谢夫	2001.07.13	保加利亚	阿什巴哈德	2018.11.02

2. 挺举

132	世界标准	2018.11.01	国际举联	世界标准	2018.11.01
133	特 . 乔楚恩	2001.07.31	泰国	阿什巴哈德	2018.11.02
135	鲁谢夫	2001.07.13	保加利亚	阿什巴哈德	2018.11.02
136	特 . 乔楚恩	2001.07.31	泰国	阿什巴哈德	2018.11.02
140	鲁谢夫	2001.07.13	保加利亚	阿什巴哈德	2018.11.02
141	特 . 乔楚恩	2001.07.31	泰国	阿什巴哈德	2018.11.02

3. 总成绩

236	世界标准	2018.11.01	国际举联	世界标准	2018.11.01
238	鲁谢夫	2001.07.13	保加利亚	阿什巴哈德	2018.11.02
243	鲁谢夫	2001.07.13	保加利亚	阿什巴哈德	2018.11.02
248	鲁谢夫	2001.07.13	保加利亚	阿什巴哈德	2018.11.02

（十二）61 公斤级（2018 年 8 月 ~2018 年 12 月 31 日）

1. 抓举

119	世界标准	2018.11.01	国际举联	世界标准	2018.11.01

2. 挺举

147	世界标准	2018.11.01	国际举联	世界标准	2018.11.01

3. 总成绩

263	世界标准	2018.11.01	国际举联	世界标准	2018.11.01

（十三）67 公斤级（2018 年 8 月 ~2018 年 12 月 31 日）

1. 抓举

129	世界标准	2018.11.01	国际举联	世界标准	2018.11.01

2. 挺举

160	世界标准	2018.11.01	国际举联	世界标准	2018.11.01

3. 总成绩

286	世界标准	2018.11.01	国际举联	世界标准	2018.11.01

（十四）73 公斤级（2018 年 8 月 ~2018 年 12 月 31 日）

1. 抓举

138	世界标准	2018.11.01	国际举联	世界标准	2018.11.01

2. 挺举

171	世界标准	2018.11.01	国际举联	世界标准	2018.11.01

3. 总成绩

306	世界标准	2018.11.01	国际举联	世界标准	2018.11.01

（十五）81 公斤级（2018 年 8 月 ~2018 年 12 月 31 日）

1. 抓举

148	世界标准	2018.11.01	国际举联	世界标准	2018.11.01

2. 挺举

183	世界标准	2018.11.01	国际举联	世界标准	2018.11.01

3. 总成绩

327	世界标准	2018.11.01	国际举联	世界标准	2018.11.01

（十六）89 公斤级（2018 年 8 月 ~2018 年 12 月 31 日）

1. 抓举

155	世界标准	2018.11.01	国际举联	世界标准	2018.11.01

2. 挺举

191	世界标准	2018.11.01	国际举联	世界标准	2018.11.01

3. 总成绩

342	世界标准	2018.11.01	国际举联	世界标准	2018.11.01

（十七）96 公斤级（2018 年 8 月 ~2018 年 12 月 31 日）

1. 抓举

159	世界标准	2018.11.01	国际举联	世界标准	2018.11.01

名次	国家或地区	抓举	挺举	总成绩	合计
2	亚美尼亚	7	2	3	12
3	哥伦比亚	3	3	4	10
4	泰国	1	5	1	7
5	保加利亚	1	2	3	6
6	美国	0	2	3	5
7	哈萨克斯坦	2	1	2	5
7	俄罗斯	3	1	0	4
8	土耳其	1	1	2	4
10	越南	2	2	0	4
11	波兰	0	1	1	2
12	白俄罗斯	1	0	0	1
	合计	29	26	26	81

第四节　女子世界纪录（1987~2018 年 12 月 31 日）

女子世界纪录的创立始于1987年在美国举行的第1届世界女子举重锦标赛。1987~1992年12月31日，国际举联设立的体重级别为44、48、52、56、60、67.5、75、82.5、+82.5公斤级共9个级别。1993年1月1日，国际举联将体重级别改为46、50、54、59、64、70、76、83、+83公斤级。1998年1月1日，国际举联将女子体重级别再次更改为48、53、58、63、69、75、+75公斤级7个级别。2017年国际举重联合会将女子体重级别修改为8个级别48、53、58、63、69、75、90、+90公斤级共8个级别。2018年7月，国际举重联合会再次实行了新的体重级别，即45、49、55、59、64、71、76、81、87、+87公斤级10个级别；2018年11月，国际举重联合会设立了上述10个新级别的世界标准纪录。

（一）44公斤级（1987年1月1日~1992年12月31日）

1. 抓举

成绩	姓名	国籍	比赛时间	比赛地点
70	蔡军	中国	1987.10.30	伐托那滩
70.5	邢芬	中国	1988.12.2	雅加达
72.5	邢芬	中国	1989.11.24	曼切斯特
73	关虹	中国	1992.5.6	瓦尔纳
75	关虹	中国	1992.5.6	瓦尔纳
75.5	邢芬	中国	1992.12.21	泰国清迈
77.5	邢芬	中国	1992.12.21	泰国清迈

2. 挺举

成绩	姓名	国籍	比赛时间	比赛地点
75	蔡军	中国	1987.10.30	伐托那滩
75.5	崔宽明	韩国	1988.12.2	雅加达
80	邢芬	中国	1988.12.2	雅加达
87.5	邢芬	中国	1988.12.2	雅加达
92.5	邢芬	中国	1989.11.24	曼切斯特
93	关虹	中国	1991.8.25	万鸦老市
93.5	邢芬	中国	1991.9.27	多瑙艾兴根
95.5	邢芬	中国	1991.9.27	多瑙艾兴根
96	关虹	中国	1992.5.16	瓦尔纳
100	关虹	中国	1992.5.16	瓦尔纳
100.5	邢芬	中国	1992.12.21	泰国清迈
102.5	邢芬	中国	1992.12.21	泰国清迈

3. 总成绩

成绩	姓名	国籍	比赛时间	比赛地点
14	蔡军	中国	1987.10.30	代托那滩
147.5	邢芬	中国	1988.12.2	雅加达
160	邢芬	中国	1989.11.24	曼切斯特
165	邢芬	中国	1989.11.24	曼切斯特

成绩	姓名	国籍	比赛时间	比赛地点
170	关虹	中国	1992.5.16	瓦尔纳
175	关虹	中国	1992.5.16	瓦尔纳
177.5	邢芬	中国	1992.12.21	泰国清迈
180	邢芬	中国	1992.12.21	泰国清迈

（二）48 公斤级（1987 年 1 月 1 日~1992 年 12 月 31 日）

1. 抓举

成绩	姓名	国籍	比赛时间	比赛地点
75	黄晓瑜	中国	1987.10.30	代托那滩
75.5	李玉英	中国	1991.8.25	万鸦老市
78	李玉英	中国	1991.8.25	万鸦老市
78.5	伊扎贝·里法托娃	保加利亚	1992.5.1	瓦尔纳
80	刘秀华	中国	1992.5.17	瓦尔纳
82.5	刘秀华	中国	1992.5.17	瓦尔纳
83	廖淑华	中国	1992.12.21	清迈

2. 挺举

成绩	姓名	国籍	比赛时间	比赛地点
95	黄晓瑜	中国	1987.10.30	伐托那滩
95.5	黄晓瑜	中国	1988.12.2	雅加达
97.5	黄晓瑜	中国	1989.11.24	曼彻斯特
98	廖淑华	中国	1991.9.28	多瑙艾兴根
98.5	伊扎贝拉·里法托娃	保加利亚	1992.5.17	瓦尔纳
100	刘秀华	中国	1992.5.17	瓦尔纳
102.5	刘秀华	中国	1992.5.17	瓦尔纳
105	刘秀华	中国	1992.5.17	瓦尔纳
105.5	廖淑萍	中国	1992.12.21	泰国清迈

3. 总成绩

成绩	姓名	国籍	比赛时间	比赛地点
170	黄晓瑜	中国	1987.10.30	代托那滩
172.5	黄晓瑜	中国	1989.11.24	曼彻斯特
175	伊·里法托娃	保加利亚	1992.5.17	瓦尔纳
182.5	刘秀华	中国	1992.5.17	瓦尔纳
185	刘秀华	中国	1992.5.17	瓦尔纳
187.5	刘秀华	中国	1992.5.17	瓦尔纳

（三）52 公斤级（1987 年 1 月 1 日~1992 年 12 月 31 日）

1. 抓举

成绩	姓名	国籍	比赛时间	比赛地点
67.5	严章群	中国	1987.10.30	代托那滩
68	杨素冠	中华台北	1988.12.2	雅加达
70	彭丽萍	中国	1988.12.2	雅加达
80	彭丽萍	中国	1988.12.2	雅加达
80.5	龙玉玲	中国	1991.8.25	万鸦老市
81	罗宾·伯德	美国	1991.12.7	巴塞罗那
82.5	彭丽萍	中国	1992.5.18	瓦尔纳
85	彭丽萍	中国	1992.5.18	瓦尔纳
87.5	彭丽萍	中国	1992.5.18	瓦尔纳

2. 挺举

成绩	姓名	国籍	比赛时间	比赛地点
90	严章群	中国	1987.10.30	代托那滩
95	彭丽萍	中国	1988.12.2	雅加达
100	彭丽萍	中国	1989.11.24	曼彻斯特
107.5	彭丽萍	中国	1989.11.24	曼彻斯特
108	彭丽萍	中国	1991.9.29	多瑙艾兴根
110	彭丽萍	中国	1992.5.18	瓦尔纳
112.5	彭丽萍	中国	1992.5.18	瓦尔纳
115	彭丽萍	中国	1992.5.18	瓦尔纳

3. 总成绩

成绩	姓名	国籍	比赛时间	比赛地点
157.5	严章群	中国	1987.10.30	代托那滩
175	彭丽萍	中国	1988.12.2	雅加达
177.5	彭丽萍	中国	1989.11.24	曼彻斯特
185	彭丽萍	中国	1989.11.24	曼彻斯特
187.5	彭丽萍	中国	1991.9.29	多瑙艾兴根
197.5	彭丽萍	中国	1992.5.18	瓦尔纳
200	彭丽萍	中国	1992.5.18	瓦尔纳
202.5	彭丽萍	中国	1992.5.18	瓦尔纳

（四）56 公斤级（1987 年 1 月 1 日~1992 年 12 月 31 日）

1. 抓举

成绩	姓名	国籍	比赛时间	比赛地点
75	崔爱红	中国	1987.10.31	代托那滩
82.5	马娜	中国	1988.12.3	雅加达
83	孙彩艳	中国	1991.9.30	多瑙艾兴根
85	孙彩艳	中国	1991.9.30	多瑙艾兴根
85.5	孙彩艳	中国	1991.12.7	巴塞罗那
87.5	孙彩艳	中国	1991.12.7	巴塞罗娜
90	孙彩艳	中国	1992.5.19	瓦尔纳
92.5	孙彩艳	中国	1992.5.19	瓦尔纳
93	张菊华	中国	1992.12.22	清迈
95	张菊华	中国	1992.12.22	清迈

2. 挺举

成绩	姓名	国籍	比赛时间	比赛地点
85	崔爱红	中国	1987.11.31	代托那滩
87.5	杨美子	中华台北	1988.12.3	雅加达
100	马娜	中国	1988.12.3	雅加达
105	马娜	中国	1988.12.3	雅加达

续表

成绩	姓名	国籍	比赛时间	比赛地点
107.5	伍海清	中国	1990.5.29	萨拉热窝
108	孙彩艳	中国	1991.9.30	多瑙艾兴根
108.5	孙彩艳	中国	1991.12.7	巴塞罗那
110	孙彩艳	中国	1992.5.19	瓦尔纳
115	孙彩艳	中国	1992.5.19	瓦尔纳
117.5	孙彩艳	中国	1992.5.19	瓦尔纳
118	张菊华	中国	1992.12.22	清迈
120	张菊华	中国	1992.12.22	清迈

3. 总成绩

成绩	姓名	国籍	比赛时间	比赛地点
160	崔爱红	中国	1987.11.31	代托那滩
175	马娜	中国	1988.12.3	雅加达
180	马娜	中国	1988.12.3	雅加达
182.5	伍海清	中国	1990.5.29	萨拉热窝
190	伍海清	中国	1990.5.29	萨拉热窝
192.5	孙彩艳	中国	1991.9.30	多瑙艾兴根
195	孙彩艳	中国	1991.12.7	巴塞罗那
202.5	孙彩艳	中国	1992.5.19	瓦尔纳
207.5	孙彩艳	中国	1992.5.19	瓦尔纳
210	孙彩艳	中国	1992.5.19	瓦尔纳
212.5	张菊华	中国	1992.12.22	清迈
215	张菊华	中国	1992.12.22	清迈

（五）60公斤级（1987年1月1日~1992年12月31日）

1. 抓举

成绩	姓名	国籍	比赛时间	比赛地点
75	曾新玲	中国	1987.10.31	代托那滩
80	杨静	中国	1988.12.3	雅加达
85	杨静	中国	1988.12.3	雅加达

成绩	姓名	国籍	比赛时间	比赛地点
87.5	卡米丽娅·尼科罗娃	保加利亚	1989.11.25	曼彻斯特
88	马丽娅·克里斯托弗里杜	德国	1991.7.26	瓦尔那
90	伍海清	中国	1991.8.26	万鸦老市
93	伍海清	中国	1991.8.26	万鸦老市
97.5	李红云	中国	1992.5.20	瓦尔迈
98	苏园红	中国	1992.12.22	清迈
100	苏园红	中国	1992.12.22	清迈

2. 挺举

成绩	姓名	国籍	比赛时间	比赛地点
105	曾新玲	中国	1987.10.31	代托那滩
105.5	杨静	中国	1988.12.3	雅加达
110	杨静	中国	1988.12.3	雅加达
112.5	马娜	中国	1989.11.25	曼彻斯特
115	卡米丽娅·尼科罗娃	保加利亚	1989.11.25	曼彻斯特
115.5	伍海清	中国	1991.8.26	万鸦老市
117.5	伍海清	中国	1991.8.26	万鸦老市
120	李红云	中国	1992.5.20	瓦尔纳
125	李红云	中国	1992.5.20	瓦尔纳

3. 总成绩

成绩	姓名	国籍	比赛时间	比赛地点
180	曾新玲	中国	1987.10.31	代托那滩
185	杨静	中国	1988.12.3	雅加达
190	杨静	中国	1988.12.3	雅加达
195	杨静	中国	1988.12.3	雅加达
197.5	卡米·尼科罗娃	尼科罗娃	1989.11.25	曼彻斯特
202.5	卡米·尼科罗娃	尼科罗娃	1989.11.25	曼彻斯特
207.5	伍海清	中国	1991.8.26	万鸦老市
210	伍海清	中国	1991.8.26	万鸦老市

成绩	姓名	国籍	比赛时间	比赛地点
212.5	李红云	中国	1992.5.20	瓦尔纳
217.5	李红云	中国	1992.5.20	瓦尔纳
222.5	李红云	中国	1992.5.20	瓦尔纳

（六）67.5公斤级（1987年1月1日~1992年12月31日）

1. 抓举

成绩	姓名	国籍	比赛时间	比赛地点
80	阿利斯·利瓦奇	美国	1987.10.31	代托那滩
82.5	阿·阿尔科斯	匈牙利	1988.12.3	雅加达
85	郭秋香	中国	1988.12.3	雅加达
87.5	玛丽娅·塔卡斯	匈牙利	1988.12.3	雅加达
90	郭秋香	中国	1988.12.3	雅加达
95	郭秋香	中国	1988.12.3	雅加达
97.5	郭秋香	中国	1989.11.25	曼彻斯特
98	米列娜·特伦达菲罗娃	保加利亚	1992.5.21	瓦尔那
100	雷丽	中国	1992.12.22	清迈
102.5	雷丽	中国	1992.12.22	清迈
105	雷丽	中国	1992.12.22	清迈

2. 挺举

成绩	姓名	国籍	比赛时间	比赛地点
102.5	高丽娟	中国	1987.10.31	代托那滩
107.5	玛丽娅·塔卡斯	匈牙利	1988.12.3	雅加达
110	郭秋香	中国	1988.12.3	雅加达
115	郭秋香	中国	1988.12.3	雅加达
117.5	郭秋香	中国	1989.11.25	曼彻斯特
122.5	郭秋香	中国	1989.11.25	曼彻斯特
123	高丽娟	中国	1992.5.21	瓦尔纳
123.5	米列娜·特伦达菲罗娃	保加利亚	1992.5.21	瓦尔那
130	高丽娟	中国	1992.5.21	瓦尔纳

续表

成绩	姓名	国籍	比赛时间	比赛地点
130.5	雷丽	中国	1992.12.22	清迈
132.5	雷丽	中国	1992.12.22	清迈

3. 总成绩

成绩	姓名	国籍	比赛时间	比赛地点
180	阿丽斯·科瓦奇	美国	1987.10.31	代托那滩
195	玛丽娅·塔卡斯	匈牙利	1988.12.3	雅加达
205	郭和香	中国	1988.12.3	雅加达
210	郭和香	中国	1988.12.3	雅加达
215	郭和香	中国	1989.11.25	曼彻斯特
220	郭和香	中国	1989.11.25	曼彻斯特
222.5	高丽竭	中国	1992.5.21	瓦尔纳
230	雷丽	中国	1992.12.22	清迈
235	雷丽	中国	1992.12.22	清迈
237.5	雷丽	中国	1992.12.22	清迈

（七）75 公斤级（1987 年 1 月 1 日~1992 年 12 月 31 日）

1. 抓举

成绩	姓名	国籍	比赛时间	比赛地点
92.5	塔·迪米特罗娃	保加利亚	1987.11.1	代托那滩
95	米·特伦达菲罗娃	保加利亚	1989.11.26	曼彻斯特
100	米·特伦达菲罗娃	保加利亚	1990.6.1	萨拉热窝
102.5	米·特伦达菲罗娃	保加利亚	1990.6.1	萨拉热窝
103	米·特伦达菲罗娃	保加利亚	1991.7.27	瓦尔那
105	米·特伦达菲罗娃	保加利亚	1991.10.3	多瑙艾兴根
105.5	花菊	中国	1992.5.22	瓦尔纳
107.5	花菊	中国	1992.5.22	瓦尔纳

2. 挺举

成绩	姓名	国籍	比赛时间	比赛地点
120	李红玲	中国	1987.11.1	代托那滩
122.5	李红玲	中国	1988.12.4	雅加达
125	张晓丽	中国	1989.11.26	曼彻斯特
130	米·特伦达菲罗娃	保加利亚	1990.6.1	萨拉热窝
135	米·特伦达菲罗娃	保加利亚	1990.6.1	萨拉热窝
135.5	张晓丽	中国	1991.10.3	多瑙艾兴根
137.5	张晓丽	中国	1991.10.3	多瑙艾兴根
138	邢淑文	中国	1992.12.23	清迈
140	邢淑文	中国	1992.12.23	清迈

3. 总成绩

成绩	姓名	国籍	比赛时间	比赛地点
210	李红玲	中国	1987.11.1	代托那滩
212.5	李红玲	中国	1988.12.4	雅加达
220	米·特伦达菲罗娃	保加利亚	1989.11.26	曼彻斯特
227.5	米·特伦达菲罗娃	保加利亚	1990.6.1	萨拉热窝
232.5	米·特伦达菲罗娃	保加利亚	1990.6.1	萨拉热窝
237.5	米·特伦达菲罗娃	保加利亚	1990.6.1	萨拉热窝
240	张晓丽	中国	1991.10.3	多瑙艾兴根
242.5	张晓丽	中国	1991.10.3	多瑙艾兴根

（八）82.5 公斤级（1987 年 1 月 1 日~1992 年 12 月 31 日）

1. 抓举

成绩	姓名	国籍	比赛时间	比赛地点
95	卡丽恩·马歇尔	美国	1987.11.1	代托那滩
97.5	李艳霞	中国	1988.12.4	雅加达
100	李红玲	中国	1989.11.26	曼彻斯特
102.5	李红玲	中国	1989.11.26	曼彻斯特
103	藏丽娜	中国	1991.8.26	万鸦老市
107.5	玛·伊·乌鲁蒂娅	哥伦比亚	1991.10.4	多瑙艾兴根

成绩	姓名	国籍	比赛时间	比赛地点
108	张晓丽	中国	1992.5.23	瓦尔纳
110	张晓丽	中国	1992.5.23	瓦尔纳
110.5	藏丽娜	中国	1992.12.23	清迈

2. 挺举

成绩	姓名	国籍	比赛时间	比赛地点
125	卡丽恩·马歇尔	美国	1987.11.1	代托那滩
127.5	李红玲	中国	1989.11.26	曼彻斯特
130	玛·伊沙贝尔·乌鲁蒂娅	哥伦比亚	1989.11.26	曼彻斯特
132.5	李红玲	中国	1989.11.26	曼彻斯特
137.5	李红玲	中国	1989.11.26	曼彻斯特
138	李红玲	中国	1991.10.4	多瑙艾兴根
140	张晓丽	中国	1992.5.23	瓦尔纳
142.5	张晓丽	中国	1992.5.23	瓦尔纳
143	藏丽娜	中国	1992.12.23	清迈
145	藏丽娜	中国	1992.12.23	清迈

3. 总成绩

成绩	姓名	国籍	比赛时间	比赛地点
220	卡丽恩·马歇尔	中国	1987.11.1	代托那滩
230	李红玲	中国	1989.11.26	曼彻斯特
235	李红玲	中国	1989.11.26	曼彻斯特
240	李红玲	中国	1989.11.26	曼彻斯特
245	张晓丽	中国	1992.5.23	瓦尔纳
250	张晓丽	中国	1992.5.23	瓦尔纳
252.5	张晓丽	中国	1992.5.23	瓦尔纳
255	藏丽娜	中国	1992.12.23	清迈

（九）82.5 公斤以上级（1987 年 1 月 1 日~1992 年 12 月 31 日）

1. 抓举

成绩	姓名	国籍	比赛时间	比赛地点
90	韩长美	中国	1987.11.1	代托那滩
92.5	韩长美	中国	1988.12.4	雅加达
97.5	卡丽恩·马歇尔	美国	1988.12.4	雅加达
100	韩长美	中国	1988.12.4	雅加达
105	卡丽恩·马歇尔	美国	1989.11.26	曼彻斯特
110	卡丽恩·马歇尔	美国	1989.11.26	曼彻斯特
112.5	卡丽恩·马歇尔	美国	1990.6.3	萨拉热窝
113	李亚娟	中国	1991.10.5	多瑙艾兴根
115	李亚娟	中国	1992.5.24	瓦尔纳

2. 挺举

成绩	姓名	国籍	比赛时间	比赛地点
120	韩长美	中国	1987.11.1	代托那滩
125	韩长美	中国	1988.12.4	雅加达
127.5	卡丽恩·马歇尔	美国	1988.12.4	雅加达
132.5	韩长美	中国	1988.12.4	雅加达
137.5	韩长美	中国	1989.11.26	曼彻斯特
142.5	李亚娟	中国	1990.6.3	萨拉热窝
143	李亚娟	中国	1991.10.5	多瑙艾兴根
145	李亚娟	中国	1992.5.24	瓦尔纳
150	李亚娟	中国	1992.5.24	瓦尔纳

3. 总成绩

成绩	姓名	国籍	比赛时间	比赛地点
210	韩长美	中国	1987.11.1	代托那滩
225	韩长美	中国	1988.12.4	雅加达
232.5	韩长美	中国	1988.12.4	雅加达
240	卡丽恩·马歇尔	美国	1989.11.26	曼彻斯特
242.5	韩长美	中国	1989.11.26	曼彻斯

成绩	姓名	国籍	比赛时间	比赛地点
245	李亚娟	中国	1990.6.3	萨拉热窝
247.5	韩长美	中国	1991.8.26	万雅老市
255	李亚娟	中国	1991.10.5	多瑙艾兴根
260	李亚娟	中国	1992.5.24	瓦尔纳
265	李亚娟	中国	1992.5.24	瓦尔纳

（十）46 公斤级（1993~1997 年 12 月 31 日）

1. 抓举

67.5	World Standard（国际举联制定的世界标准）			
68	罗红卫	中国	1993.12.15	石龙
70	王金妮	泰国	1993.12.15	石龙
72.5	罗红卫	中国	1993.12.15	石龙
75	关虹	中国	1994.10.3	广岛
77.5	关虹	中国	1994.10.3	广岛
80	王金妮	泰国	1994.10.3	广岛
80.5	云艳红	中国	1994.11.18	伊斯坦布尔
81	关虹	中国	1995.11.17	广州
81.5	蒋银苏	中国	1997.5.11	釜山

2. 挺举

82.5	World Standard（国际举联制定的世界标准）			
85	余秀芬	中华台北	1993.11.12	墨尔本
87.5	罗红卫	中国	1993.12.15	石龙
90	昆加拉妮	印度	1993.12.15	石龙
92.5	罗红卫	中国	1993.12.15	石龙
95	关虹	中国	1994.10.3	广岛
97.5	关虹	中国	1994.10.3	广岛
100	昆贾拉妮	印度	1994.10.3	广岛
102.5	关虹	中国	1994.10.3	广岛
103.5	关虹	中国	1996.4.4	日本千叶

82.5	World Standard（国际举联制定的世界标准）			
105	关虹	中国	1996.4.4	日本千叶
105.5	邢芬	中国	1997.7.8	杨州

3. 总成绩

150	World Standard（国际举联制定的世界标准）			
152.5	朱南美	中华台北	1993.11.23	墨尔本
157.5	昆加拉尼	印度	1993.12.15	石龙
160	罗红卫	中国	1993.12.15	石龙
165	罗红卫	中国	1993.12.15	石龙
175	关虹	中国	1994.10.3	广岛
177.5	关虹	中国	1994.10.3	广岛
182.5	关虹	中国	1994.10.3	广岛
185	关虹	中国	1996.4.4	千叶

（十一）50 公斤级（1993~1997 年 12 月 31 日）

1. 抓举

72.5	World Standard（国际举联制定的世界标准）			
77.5	刘秀华	中国	1993.11.23	墨尔本
80	刘秀华	中国	1994.10.3	广岛
85	刘秀华	中国	1994.10.3	广岛
87.5	刘秀华	中国	1994.10.3	广岛
88	江宝玉	中国	1995.7.3	釜山

2. 挺举

87.5	World Standard（国际举联制定的世界标准）			
110	刘秀华	中国	1993.11.13	墨尔本
110.5	刘秀华	中国	1994.10.3	广岛

3. 总成绩

160	World Standard（国际举联制定的世界标准）			
187.5	刘秀华	中国	1993.11.13	墨尔本
192.5	刘秀华	中国	1994.10.3	广岛
195	刘秀华	中国	1994.10.3	广岛
197.5	刘秀华	中国	1994.10.3	广岛

（十二）54 公斤级（1993 年 1 月 1 日 ~1997 年 12 月 31 日）

1. 抓举

82.5	World Standard（国际举联制定的世界标准）			
90	陈晓敏	中国	1993.11.14	墨尔本
90.5	张菊华	中国	1994.10.3	广岛
92.5	张菊华	中国	1994.10.3	广岛
93	郭惠冰	中国	1997.5.31	釜山
93.5	杨霞	中国	1997.7.9	杨州

2. 挺举

95	World Standard（国际举联制定的世界标准）			
110	陈晓敏	中国	1993.11.14	墨尔本
112.5	龙玉玲	中国	1993.12.16	石龙
113	玛勒斯瓦丽	印度	1995.11.19	广州
113.5	张惜香	中国	1996.4.5	东京千叶
115	杨霞	中国	1997.7.9	杨州
115.5	刘秀华	中国	1997.7.9	杨州
117.5	孟宪娟	中国	1997.12.8	清迈

3. 总成绩

177.5	World Standard（国际举联制定的世界标准）			
200	陈晓敏	中国	1993.11.14	墨尔本
202.5	张菊华	中国	1994.10.3	广岛
207.5	杨霞	中国	1997.7.9	杨州

2. 挺举

195	世界标准	2018.11.01	国际举联	世界标准	2018.11.01

3. 总成绩

350	世界标准	2018.11.01	国际举联	世界标准	2018.11.01

（十八）102 公斤级（2018 年 8 月 ~2018 年 12 月 31 日）

1. 抓举

162	世界标准	2018.11.01	国际举联	世界标准	2018.11.01

2. 挺举

197	世界标准	2018.11.01	国际举联	世界标准	2018.11.01

3. 总成绩

353	世界标准	2018.11.01	国际举联	世界标准	2018.11.01

（十九）+102 公斤级（2018 年 8 月 ~2018 年 12 月 31 日）

1. 抓举

162	世界标准	2018.11.01	国际举联	世界标准	2018.11.01

2. 挺举

196	世界标准	2018.11.01	国际举联	世界标准	2018.11.01

3. 总成绩

352	世界标准	2018.11.01	国际举联	世界标准	2018.11.01

附录

1998~2018 年 12 月 31 日创破少年男子世界纪录统计

名次	国家或地区	抓举	挺举	总成绩	合计
1	中国	8	6	7	21

（十三）59公斤级（1993年1月1日~1997年12月31日）

1. 抓举

90	World Standard（国际举联制定的世界标准）			
97.5	孙彩艳	中国	1993.11.15	墨尔本
98	陈晓敏	中国	1994.10.4	广岛
98.5	邹飞娥	中国	1994.10.4	广岛
99	陈晓敏	中国	1996.5.6	华沙
100	邹飞娥	中国	1996.5.13	釜山

2. 挺举

110	World Standard（国际举联制定的世界标准）			
120	孙彩艳	中国	1993.11.15	墨尔本
121	陈小敏	中国	1994.10.4	广岛
122.5	陈小敏	中国	1994.10.4	广岛
123	邹飞峨	中国	1994.11.21	伊斯坦布尔
123.5	陈小敏	中国	1995.11.20	广州
124	许雄英	中国	1996.5.6	华沙
125	萨拉蓬·苏塔	泰国	1997.10.13	雅加达

3. 总成绩

200	World Standard（国际举联制定的世界标准）			
217.5	孙彩艳	中国	1993.11.15	墨尔本
220	陈晓敏	中国	1994.10.4	广岛

（十四）64公斤级（1993年1月1日~1997年12月31日）

1. 抓举

90	World Standard（国际举联制定的世界标准）			
102.5	李红云	中国	1993.11.16	墨尔本
103	雷丽	中国	1993.12.17	石龙
103.5	雷丽	中国	1994.10.4	广岛
105	李红云	中国	1994.11.22	伊斯坦布尔

续表

90	World Standard（国际举联制定的世界标准）			
105.5	陈瑞莲	中华台北	1996.4.6	东京
106	李红云	中国	1996.5.7	华沙
107.5	陈小敏	中国	1997.7.11	杨州

2. 挺举

107.5	World Standard（国际举联制定的世界标准）			
117.5	李红云	中国	1993.11.16	墨尔本
120	雷丽	中国	1994.12.17	石龙
122.5	雷丽	中国	1994.12.17	石龙
125	雷丽	中国	1994.12.17	石龙
125.5	李红云	中国	1994.11.22	伊斯坦布尔
130	李红云	中国	1994.11.22	伊斯坦布尔
130.5	史丽华	中国	1997.8.9	拉赫蒂
131	陈艳青	中国	1997.12.10	清迈

3. 总成绩

192.5	World Standard（国际举联制定的世界标准）			
220	李红云	中国	1993.11.16	墨尔本
222.5	雷丽	中国	1993.12.17	石龙
225	雷丽	中国	1993.12.17	石龙
227.5	雷丽	中国	1993.12.17	石龙
230	李红云	中国	1994.11.22	伊斯坦布尔
235	李红云	中国	1994.11.22	伊斯坦布尔

（十五）70 公斤级（1993 年 1 月 1 日 ~1997 年 12 月 31 日）

1. 抓举

95	World Standard（国际举联制定的世界标准）			
100	米·特伦达菲罗娃	保加利亚	1993.11.17	墨尔本
100.5	唐卫芳	中国	1994.10.4	广岛

95	World Standard（国际举联制定的世界标准）			
101	波特查卡恩	泰国	1994.10.4	广岛
102.5	唐卫芳	中国	1994.10.4	广岛
103	林伟宁	中国	1996.11.23	汉城
103.5	于文娱	中国	1997.5.14	釜山
105	于文娱	中国	1997.8.9	拉赫蒂
105.5	向凤兰	中国	1997.12.11	清迈

2. 挺举

115	World Standard（国际举联制定的世界标准）			
120	米列娜·特伦达菲罗娃	保加利亚	1993.12.17	墨尔本
122.5	文文貌	缅甸	1994.10.4	广岛
125	唐卫芳	中国	1994.10.4	广岛
127.5	文文貌	缅甸	1994.10.4	广岛
128	唐卫芳	中国	1994.10.4	广岛
128.5	周美虹	中国	1994.11.23	伊斯坦布尔
129	唐卫芳	中国	1995.11.22	广州
129.5	赵楠	中国	1997.6.1	开普敦
130	曲丽华	中国	1997.7.12	杨州
130.5	向凤兰	中国	1997.12.11	清迈

3. 总成绩

210	World Standard（国际举联制定的世界标准）			
220	米列娜·特伦达菲罗娃	保加利亚	1993.11.17	墨尔本
222.5	唐卫芳	中国	1994.10.4	广岛
227.5	唐卫芳	中国	1994.10.4	广岛
230	唐卫芳	中国	1994.10.4	广岛
232.5	于文娱	中国	1997.8.9	拉赫蒂
235	向凤兰	中国	1997.12.11	清迈

（十六）76 公斤级（1993 年 1 月 1 日~1997 年 12 月 31 日）

1. 抓举

100	World Standard（国际举联制定的世界标准）			
105	花菊	中国	1993.11.18	墨尔本
105.5	花菊	中国	1994.10.5	广岛
106	代亚男	中国	1996.5.9	华沙
106.5	高笑艳	中国	1996.11.24	汉城
107.5	花菊	中国	1997.12.12	清迈

2. 挺举

120	World Standard（国际举联制定的世界标准）			
127.5	李长萍	中国	1993.11.18	墨尔本
128	曲丽华	中国	1993.12.18	石龙
132.5	张桂梅	中国	1993.12.18	石龙
137.5	张桂梅	中国	1993.12.18	石龙
140	张桂梅	中国	1993.12.18	石龙
140.5	花菊	中国	1997.12.12	清迈

3. 总成绩

220	World Standard（国际举联制定的世界标准）			
230	花菊	中国	1993.11.18	墨尔本
232.5	张桂梅	中国	1993.12.18	石龙
235	张桂梅	中国	1993.12.18	石龙
237.5	花菊	中国	1997.12.12	清迈
245	花菊	中国	1997.12.12	清迈
247.5	花菊	中国	1997.12.12	清迈

（十七）83 公斤级（1993 年 1 月 1 日~1997 年 12 月 31 日）

1. 抓举

92.5	World Standard（国际举联制定的世界标准）			
107.5	邢淑文	中国	1993.11.19	墨尔本
108	张晓丽	中国	1994.10.5	广岛

92.5	World Standard（国际举联制定的世界标准）			
108.5	魏香颖	中国	1996.5.10	华沙
110	魏香颖	中国	1996.5.10	华沙
117.5	唐卫芳	中国	1997.12.13	清迈

2. 挺举

112.5	World Standard（国际举联制定的世界标准）			
127.5	陈淑枝	中华台北	1993.11.19	墨尔本
130	张晓丽	中国	1994.10.5	广岛
130.5	陈淑枝	中华台北	1994.11.25	伊斯坦布尔
132.5	玛丽亚·乌鲁蒂亚	哥伦比亚	1994.11.25	伊斯坦布尔
133.5	陈淑枝	中华台北	1995.11.24	广州
135	陈淑枝	中华台北	1995.11.24	广州
135.5	宋兆梅	中国	1997.5.15	釜山
142.5	德·阿齐克古兹	土耳其	1997.6.3	开普敦
143	唐卫芳	中国	1997.12.13	清迈

3. 总成绩

205	World Standard（国际举联制定的世界标准）			
230	陈淑枝	中华台北	1993.11.19	墨尔本
235	张晓丽	中国	1994.10.5	广岛
237.5	张晓丽	中国	1994.10.5	广岛
240	陈淑枝	中华台北	1995.11.24	广州
242.5	魏香颖	中国	1996.5.10	华沙
257.5	德·阿齐克古兹	土耳其	1997.6.3	开普敦
260	唐卫芳	中国	1997.12.13	清迈

（十八）83公斤以上级（1993年1月1日~1997年12月31日）

1. 抓举

100	World Standard（国际举联制定的世界标准）			
105	李亚娟	中国	1993.11.20	墨尔本

100	World Standard（国际举联制定的世界标准）			
105.5	李亚娟	中国	1994.10.5	广岛
106	单玉龙	中国	1995.7.7	釜山
106.5	魏香颖	中国	1995.7.7	釜山
107.5	单玉龙	中国	1995.7.7	釜山
108	万妮	中国	1995.11.25	广州
108.5	王艳梅	中国	1996.5.10	华沙
109	丁美媛	中国	1997.6.2	开普敦
110	陈小莲	中华台北	1997.7.13	杨州
112.5	王艳梅	中国	1997.7.13	杨州

2. 挺举

120	World Standard（国际举联制定的世界标准）			
155	李亚娟	中国	1993.11.20	墨尔本

3. 总成绩

220	World Standard（国际举联制定的世界标准）			
260	李亚娟	中国	1993.11.20	墨尔本

（十九）48 公斤级（1998 年 1 月 1 日~2018 年 7 月）

1. 抓举

82.5	World Standard（国际举联制定的世界标准）			
83	李卓	中国	1998.9.16	璧山
83.5	刘秀华	中国	1998.12.7	曼谷
84	李卓	中国	1999.8.29	武汉
85	明切娃	保加利亚	2000.4.28	索非亚
85.5	刘秀华	中国	2000.6.9	蒙特利尔
87.5	刘秀华	中国	2000.6.9	蒙特利尔
88	王明娟	中国	2002.6.1	捷克哈夫罗夫
90	王明娟	中国	2002.6.1	捷克哈夫罗夫

82.5	World Standard（国际举联制定的世界标准）			
90.5	王明娟	中国	2002.11.20	华沙
92.5	王明娟	中国	2002.11.20	华沙
93	李卓	中国	2003.7	意大利
93.5	李卓	中国	2003.9.10	秦皇岛
95	努·泰兰	土耳其	2004.8.14	雅典
97.5	努·泰兰	土耳其	2004.8.14	雅典
98	杨炼	中国	2006.10.1	圣多明各

2. 挺举

107.5	World Standard（国际举联制定的世界标准）			
108	李雪昭	中国	1998.4.24	特拉维夫
112.5	李雪昭	中国	1998.4.24	特拉维夫
113	李卓	中国	1999.8.29	武汉
113.5	明切娃	保加利亚	1999.11.21	雅典
115	李卓	中国	2002.6.28	土耳其伊兹末尔
115.5	王明娟	中国	2002.11.20	华沙
116	李卓	中国	2003.7	意大利
116.5	李卓	中国	2003.9.10	秦皇岛
117	杨炼	中国	2005.10.30	澳门
118	王明娟	中国	2005.11.9	多哈
119	杨炼	中国	2006.10.1	圣多明各
120	陈燮霞	中国	2007.4.21	泰安
121	塔兰·努尔坎	土耳其	2010.9.17	安塔利亚

3. 总成绩

190	World Standard（国际举联制定的世界标准）			
192.5	李雪昭	中国	1998.4.24	特拉维夫
195	李卓	中国	1999.8.29	武汉
197.5	刘秀华	中国	2000.6.9	蒙特利尔
200	王明娟	中国	2002.5.30	捷克

续表

190	World Standard（国际举联制定的世界标准）			
202.5	王明娟	中国	2002.11.20	华沙
205	王明娟	中国	2002.11.20	华沙
207.5	王明娟	中国	2002.11.20	华沙
210	塔伊兰.努尔坎	土耳其	2004.8.14	雅典
211	王明娟	中国	2005.11.9	多哈
213	王明娟	中国	2005.11.9	多哈
214	杨炼	中国	2006.10.1	圣多明各
217	杨炼	中国	2006.10.1	圣多明各

（二十）53 公斤级（1998 年 1 月 1 日 ~2018 年 7 月）

1. 抓举

90	World Standard（国际举联制定的世界标准）			
90.5	郭惠冰	中国	1998.5.19	索非亚
92.5	郭惠冰	中国	1998.5.19	索非亚
95	张惜香	中国	1998.9.17	璧山
95.5	孟宪娟	中国	1999.5.1	千叶
97.5	孟宪娟	中国	1999.5.1	千叶
98	黎锋英	中华台北	2000.9.18	悉尼
100	杨霞	中国	2000.9.18	悉尼
102.5	李顺姬	中国	2002.10.5	釜山
103	李平	中国	2010.11.14	广州

2. 挺举

112.5	World Standard（国际举联制定的世界标准）			
113	郭惠冰	中国	1998.5.19	索非亚
115	王秀芬	中国	1998.11.11	拉赫蒂
117.5	王秀芬	中国	1998.11.11	拉赫蒂
118	杨霞	中国	1998.12.8	曼谷
120	杨霞	中国	1998.12.8	曼谷

120.5	孟宪娟	中国	1999.5.1	千叶
121	黎锋英	中华台北	1999.8.30	武汉
121.5	黎锋英	中华台北	1999.11.22	雅典
122.5	杨霞	中国	2000.9.18	悉尼
125	场霞	中国	2000.9.18	悉尼
125.5	李顺姬	朝鲜	2002.11.21	华沙
127.5	李雪久	中国	2002.11.21	华沙
128	邱红霞	中国	2006.10.2	圣多明各
129	李平	中国	2007.4.22	泰安
130	钦 . 祖尔菲亚	哈萨克斯坦	2011.11.6	巴黎
132	钦 . 祖尔菲亚	哈萨克斯坦	2014.9.21	仁川
133	钦 . 祖尔菲亚	哈萨克斯坦	2014.11.10	阿尔马塔
134	钦 . 祖尔菲亚	哈萨克斯坦	2014.11.10	阿尔马塔

3. 总成绩

202.5	World Standard（国际举联制定的世界标准）			
205	郭惠冰	中国	1998.5.19	索非亚
207.5	张惜香	中国	1998.9.17	璧山
210	王秀芬	中国	1998.11.11	拉赫蒂
212.5	杨霞	中国	1998.12.8	曼谷
215	孟宪娟	中国	1999.5.1	千叶
217.5	孟宪娟	中国	1999.5.1	千叶
222.5	杨霞	中国	2000.9.18	悉尼
225	杨霞	中国	2000.9.18	悉尼
226	邱红霞	中国	2006.10.2	圣多明各
230	李平	中国	2010.11.14	广州
233	许淑静	中华台北	2014.9.21	仁川

（二十一）58 公斤级（1998 年 1 月 1 日~2018 年 7 月）

1. 抓举

95	World Standard（国际举联制定的世界标准）			
95.5	陈艳青	中国	1998.4.24	特拉维夫
97.5	陈艳青	中国	1998.4.24	特拉维夫
98	陈艳青	中国	1998.12.9	曼谷
98.5	宋治娟	中国	1999.5.1	千叶
100	陈艳青	中国	1999.7.4	萨凡纳
102.5	陈艳青	中国	1999.7.4	萨凡纳
105	陈艳青	中国	1999.11.22	雅典
105.5	孙彩艳	中国	2002.6.28	土耳其伊兹末尔
106	宋治娟	中国	2002.10.5	考津茨包尔齐考
107.5	王利	中国	2003.8.10	巴厘
110	王利	中国	2003.8.10	巴厘
111	陈艳青	中国	2006.12.3	多哈
112	科·博·明科娃	阿塞拜疆	2015.11.23	休斯顿

2. 挺举

120	World Standard（国际举联制定的世界标准）			
120.5	陈艳青	中国	1998.4.24	特拉维夫
122.5	陈艳青	中国	1998.4.24	特拉维夫
123	许雄英	中国	1998.5.20	索非亚
123.5	陈艳青	中国	1998.12.9	曼谷
125	李成姬	朝鲜	1998.12.9	曼谷
125.5	宋治娟	中国	1999.5.1	千叶
130	陈艳青	中国	1999.7.4	萨凡纳
131	李顺姬	朝鲜	1999.11.22	雅典
131.5	李顺姬	朝鲜	2000.5.3	大阪
132.5	周燕	中国	2002.4.25	孔敬
133	孙彩艳	中国	2002.6.28	伊兹末尔
135	卡美艾姆·万迪	泰国	2005.11.10	多哈

120	World Standard（国际举联制定的世界标准）			
136	顾薇	中国	2005.11.10	多哈
139	顾薇	中国	2005.11.10	多哈
140	陈艳青	中国	2006.12.3	多哈
141	邱红梅	中国	2007.4.23	泰安
142	郭贤春	中华台北	2017.8.21	台北

3. 总成绩

215	World Standard（国际举联制定的世界标准）			
217.5	陈艳青	中国	1998.4.24	特拉维夫
220	陈艳青	中国	1998.4.24	特拉维夫
222.5	宋治娟	中国	1999.5.1	千叶
227.5	陈艳青	中国	1999.7.4	萨凡纳
232.5	陈艳青	中国	1999.7.4	萨凡纳
235	陈艳青	中国	1999.11.22	雅典
237.5	孙彩艳	中国	2002.6.28	土耳其伊兹末尔
240	王利	中国	2003.8.10	巴厘
241	顾薇	中国	2005.11.10	多哈
242	陈艳青	中国	2006.12.3	多哈
248	陈艳青	中国	2006.12.3	多哈
251	陈艳青	中国	2006.12.3	多哈
252	科·博·明科娃	阿塞拜疆	2015.11.23	休斯顿

（二十二）63公斤级（1998年1月1日~2018年7月）

1. 抓举

100	World Standard（国际举联制定的世界标准）			
100.5	刁威威	中国	1998.4.24	特拉维夫
102.5	刁威威	中国	1998.4.24	特拉维夫
103	熊美英	中国	1998.9.18	璧山
105	雷丽	中国	1998.12.10	曼谷
107.5	雷丽	中国	1998.12.10	曼谷

续表

100	World Standard（国际举联制定的世界标准）			
108	雷丽	中国	1999.5.2	千叶
110	陈小敏	中国	2000.9.19	悉尼
112.5	陈小敏	中国	2000.9.19	悉尼
113	欧阳晓芳	中国	2003.8.10	巴厘
113.5	巴特希斯卡	白俄罗斯	2003.11.18	温哥华
115	巴特希斯卡	白俄罗斯	2004.8.16	雅典
116	帕温娜·通戍	泰国	2005.11.12	多哈
117	茨·斯韦特拉纳	俄罗斯	2011.11.8	巴黎

2. 挺举

127.5	World Standard（国际举联制定的世界标准）			
128	刁威威	中国	1998.4.24	特拉维夫
128.5	候康风	中国	1998.5.21	索非亚
129	雷丽	中国	1999.5.2	千叶
130	陈瑞莲	中华台北	1999.11.23	雅典
132.5	熊美英	中国	1999.11.23	雅典
133	娜塔莉亚	乌克兰	2001.7.3	萨洛尼卡
135	娜塔莉亚	乌克兰	2002.4.25	安塔利亚
135.5	刘霞	中国	2002.10.5	釜山
136	特萨姬丽	希腊	2002.11.21	华沙
137.5	刘霞	中国	2003.9.12	秦皇岛
138	娜塔丽亚	乌克兰	2003.11.18	温哥华
139	希·斯维特拉娜	俄罗斯	2005.11.12	多哈
140	帕温娜·通戍	泰国	2005.11.12	多哈
141	希·斯韦特拉纳	俄罗斯	2006.5.3	瓦拉迪斯瓦沃沃
142	帕温娜·通戍	泰国	2006.12.4	多哈
143	马内扎.迈雅	哈萨克斯坦	2010.10.20	安塔利亚
144	邓薇	中国	2014.9.23	仁川
145	林子池	中华台北	2014.9.23	仁川
146	邓薇	中国	2015.11.25	休斯顿

127.5	World Standard（国际举联制定的世界标准）			
147	邓 薇	中国	2016.8.9	里约热内卢

3. 总成绩

227.5	World Standard（国际举联制定的世界标准）			
230	刁威威	中国	1998.4.24	特拉维夫
232.5	雷丽	中国	1998.12.10	曼谷
235	雷丽	中国	1999.5.2	千叶
237.5	雷丽	中国	1999.5.2	千叶
240	陈瑞莲	中华台北	1999.11.23	雅典
242.5	陈小敏	中国	2000.9.19	悉尼
245	刘霞	中国	2003.9.12	秦皇岛
247.5	刘霞	中国	2003.9.12	秦皇岛
251	帕温娜·通戎	泰国	2005.11.12	多哈
256	帕温娜·通戎	泰国	2005.11.12	多哈
257	刘海霞	中国	2007.9.23	清迈
259	林子池	中华台北	2014.9.23	仁川
261	林子池	中华台北	2014.9.23	仁川
262	邓薇	中国	2016.8.9	里约热内卢

（二十三）69 公斤级（1998 年 1 月 1 日~2018 年 7 月）

1. 抓举

105	World Standard（国际举联制定的世界标准）			
105.5	唐卫芳	中国	1998.4.24	特拉维夫
110	唐卫芳	中国	1998.4.24	特拉维夫
110.5	唐卫芳	中国	1998.11.13	拉赫蒂
111	孙天妮	中国	1998.12.11	曼谷
111.5	刘冬萍	中国	2000.7.6	布拉格
112.5	马库斯	匈牙利	2000.9.19	悉尼
113.5	波波娃	俄罗斯	2001.9.1	布里斯班

105	World Standard（国际举联制定的世界标准）			
115	波波娃	俄罗斯	2001.11.8	安塔利亚
115.5	刘春红 `	中国	2002.10.6	釜山
116	帕温娜	泰国	2003.7.12	帕维亚
117.5	刘春红	中国	2003.9.12	秦皇岛
118	刘春红	中国	2003.11.19	温哥华
120	刘春红	中国	2003.11.19	温哥华
122.5	刘春红	中国	2004.8.19	雅典
123	斯丽文科	俄罗斯	2006.10.4	圣多明各

2. 挺举

132.5	World Standard（国际举联制定的世界标准）			
133	唐卫芳	中国	1998.4.24	特拉维夫
133.5	尚士春	中国	1998.5.22	索非亚
135	孙天妮	中国	1998.12.11	曼谷
135.5	特伦达菲洛娃	保加利亚	1999.4.16	拉科鲁尼亚
136	孙天妮	中国	1999.5.2	千叶
137.5	林伟宁	中国	1999.7.6	萨凡纳
138	赵南	中国	1999.9.3	武汉
138.5	林伟宁	中国	1999.9.3	武汉
142.5	林伟宁	中国	1999.9.3	武汉
143	孙天妮	中国	1999.11.25	雅典
143.5	波波娃	俄罗斯	2001.9.1	布里斯班
144	刘春红	中国	2002.6.3	捷克哈夫罗夫
147.5	刘春红	中国	2002.6.3	捷克哈夫罗夫
148	刘春红	中国	2002.10.6	釜山
148.5	刘春红	中国	2003.9.12	秦皇岛
150	刘春红	中国	2003.11.19	温哥华
150.5	刘春红	中国	2004.4.9	阿尔马塔
152.5	刘春红	中国	2004.4.9	阿尔马塔
153	刘春红	中国	2004.8.19	雅典

132.5	World Standard（国际举联制定的世界标准）			
154	刘海霞	中国	2005.11.13	多哈
157	扎·卡萨耶娃	俄罗斯	2005.11.13	多哈

3. 总成绩

237.5	World Standard（国际举联制定的世界标准）			
240	唐卫芳	中国	1998.4.24	特拉维夫
242.5	唐卫芳	中国	1998.4.24	特拉维夫
245	孙天妮	中国	1998.12.11	曼谷
247.5	林伟宁	中国	1999.9.3	武汉
252.5	林伟宁	中国	1999.9.3	武汉
255	波波娃	俄罗斯	2001.9.1	布里斯班
257.5	波波娃	俄罗斯	2001.11.8	安塔利亚
260	刘春红	中国	2002.10.6	釜山
262.5	刘春红	中国	2002.10.6	釜山
265	刘春红	中国	2003.9.12	秦皇岛
267.5	刘春红	中国	2003.11.19	秦皇岛
270	刘春红	中国	2003.11.19	温哥华
272.5	刘春红	中国	2004.8.19	雅典
275	刘春红	中国	2004.8.19	雅典
276	斯丽文科	俄罗斯	2007.9.24	清迈

（二十四）75公斤级（1998年1月1日~2018年7月）

1. 抓举

110	World Standard（国际举联制定的世界标准）			
111	刘杰	中国	1998.9.20	璧山
111.5	肇娜	中国	1998.9.20	璧山
112.5	魏香颖	中国	1998.12.12	曼谷
115	魏香颖	中国	1998.12.12	曼谷
115.5	徐鲛	中国	1999.7.7	沙万娜

续表

110	World Standard（国际举联制定的世界标准）			
116	唐卫芳	中国	1999.9.4	武汉
118	坦雅娜	哈萨克斯坦	2002.10.7	釜山
118.5	孙瑞萍	中国	2002.10.7	釜山
120.5	波波娃	俄罗斯	2004.8.20	雅典
122.5	帕温娜	泰国	2004.8.20	雅典
125	扎·娜塔丽娅	俄罗斯	2004.8.20	雅典
126	刘春红	中国	2005.11.13	多哈
127	扎·娜塔丽娅	俄罗斯	2005.11.13	多哈
130	扎·娜塔丽娅	俄罗斯	2005.11.13	多哈
131	扎·娜塔丽娅	俄罗斯	2007.9.25	清迈
132	斯.波多贝多娃	哈萨克斯坦	2009.11.28	高阳
133	扎·娜塔丽娅	俄罗斯	2010.9.23	安塔利亚
134	斯·波多贝多娃	哈萨克斯坦	2010.9.23	安塔利亚
135	扎·娜塔丽娅	俄罗斯	2011.12.17	别尔哥罗德

2. 挺举

140	World Standard（国际举联制定的世界标准）			
140.5	唐卫芳	中国	1999.5.3	千叶
141	唐卫芳	中国	1999.5.3	武汉
142.5	孙天妮	中国	1999.5.6	大阪
143	里克雷兹	匈牙利	2002.6.4	哈夫罗夫
145	孙瑞萍	中国	2002.10.7	釜山
152.5	孙瑞萍	中国	2002.10.7	釜山
155	波·斯维特拉娜	俄罗斯	2005.11.13	多哈
159	刘春红	中国	2005.11.13	多哈
160	斯·波多贝多娃	哈萨克斯坦	2009.11.28	高阳
161	斯·波多贝多娃娜	哈萨克斯坦	2010.9.23	安塔利亚
162	埃·娜达日达	俄罗斯	2011.4.16	喀山
163	埃·娜达日达	俄罗斯	2011.11.10	巴黎
164	金宇菊	朝鲜	2014.9.25	仁川

3. 总成绩

250	World Standard（国际举联制定的世界标准）			
255	唐卫芳	中国	1999.9.4	武汉
257.5	孙天妮	中国	2000.5.6	大阪
262.5	孙瑞萍	中国	2002.10.7	釜山
270	孙瑞萍	中国	2002.10.7	釜山
272.5	扎·娜塔丽娅	俄罗斯	2004.8.20	雅典
273	刘春红	中国	2005.5.23	釜山
278	扎·娜塔丽亚	俄罗斯	2005.11.13	多哈
279	波·斯维特拉娜	俄罗斯	2005.11.13	多哈
281	刘春红	中国	2005.11.13	多哈
285	扎·斯维特拉娜	俄罗斯	2005.11.13	多哈
286	斯·波多贝多娃	哈萨克斯坦	2006.6.2	杭州
287	斯·波多贝多娃	哈萨克斯坦	2009.11.28	高阳
292	斯·波多贝多娃	哈萨克斯坦	2009.11.28	高阳
293	扎·纳塔利亚	俄罗斯	2010.9.23	安塔利亚
295	斯·波多贝多娃	哈萨克斯坦	2010.9.23	安塔利亚
296	扎·纳塔利亚	俄罗斯	2011.12.17	别尔哥罗德

（二十五）75 公斤以上级（1998 年 1 月 1 日 ~2018 年 7 月）

1. 抓举

117.5	World Standard（国际举联制定的世界标准）			
118	丁美媛	中国	1998.5.9	匈牙利塞克萨德
118.5	张楠	中国	1998.5.24	索非亚
120	丁美媛	中国	1998.12.13	曼谷
120.5	维罗贝尔	波兰	1999.4.18	拉科鲁尼亚
121	丁美媛	中国	1999.5.3	千叶
121.5	威·阿加塔	波兰	1999.7.7	萨凡纳
122.5	威·阿加塔	波兰	1999.7.7	萨凡纳
123	张楠	中国	1999.9.5	武汉
123.5	王艳梅	中国	1999.9.5	武汉
125	维罗贝尔	波兰	1999.9.26	斯帕拉

117.5	World Standard（国际举联制定的世界标准）			
127.5	维罗贝尔	波兰	1999.11.27	雅典
130	维罗贝尔	波兰	2000.7.8	布拉格
132.5	维罗贝尔	波兰	2000.9.22	悉尼
135	丁美媛	中国	2000.9.22	悉尼
135.5	丁美媛	中国	2003.11.21	温哥华
137.5	丁美媛	中国	2003.11.21	温哥华
139	穆爽爽	中国	2006.12.6	多哈
140	张美兰	韩国	2008.8.17	北京
141	卡什丽娜	俄罗斯	2010.9.25	安塔利亚
145	卡什丽那	俄罗斯	2010.9.25	安塔利亚
146	卡什丽那	俄罗斯	2010.4.17	喀山
147	卡什丽那	俄罗斯	2011.11.13	巴黎

2. 挺举

155	World Standard（国际举联制定的世界标准）			
155.5	唐功红	中国	1998.4.24	特拉维夫
156	丁美媛	中国	1999.5.3	千叶
157.5	丁美媛	中国	1999.11.27	雅典
158	维罗贝尔	波兰	2000.5.1	索非亚
160	维罗贝尔	波兰	2000.5.1	索非亚
160.5	丁美媛	中国	2000.5.6	大阪
161	王艳梅	中国	2000.6.11	蒙特利尔
162.5	维罗贝尔	波兰	2000.9.22	悉尼
165	丁美媛	中国	2000.9.22	悉尼
165.5	唐功红	中国	2002.10.8	釜山
167.5	唐功红	中国	2002.10.8	釜山
168	唐功红	中国	2003.9.14	秦皇岛
168.5	孙丹	中国	2003.10.31	海得拉巴
175	唐功红	中国	2004.4.11	阿尔马塔
182.5	唐功红	中国	2004.8.21	雅典

155	World Standard（国际举联制定的世界标准）			
183	穆爽爽	中国	2001.9.26	清迈
186	张美兰	韩国	2008.8.17	北京
187	张美兰	韩国	2008.8.17	北京

3. 总成绩

260	World Standard（国际举联制定的世界标准）			
267.5	丁美缓	中国	1998.4.24	特拉维夫
270	丁美缓	中国	1998.12.13	曼谷
272.5	丁美缓	中国	1999.5.3	千叶
275	丁美缓	中国	1999.5.3	千叶
277.5	丁美缓	中国	1999.11.27	雅典
280	维罗贝尔	波兰	1999.11.27	雅典
282.5	丁美缓	中国	1999.11.27	雅典
285	丁美缓	中国	1999.11.27	雅典
290	维罗贝尔	波兰	2000.7.8	布拉格
292.5	丁美缓	中国	200.9.22	悉尼
295	维罗贝尔	波兰	2000.9.22	悉尼
297.5	丁美媛	中国	2000.9.22	悉尼
300	丁美媛	中国	2000.9.22	悉尼
302.5	唐功红	中国	2004.4.11	阿尔马塔
305	唐功红	中国	2004.8.21	雅典
318	张美兰	韩国	2006.8.21	原州
319	穆爽爽	中国	2007.9.26	清迈
326	张美兰	韩国	2008.8.17	北京
327	卡什丽娜	俄罗斯	2011.4.17	喀山
328	周璐璐	中国	2011.11.13	巴黎

（二十六）90 公斤级（2017 年 ~2018 年 7 月）

1. 抓举

成绩	姓名	国籍	比赛时间	比赛地点
130	莎·维多利亚	乌克兰	2004.8.21	雅典

2. 挺举

成绩	姓名	国籍	比赛时间	比赛地点
160	赫·赫丽普西姆	亚美尼亚	2010.10.25	安塔利亚

3. 总成绩

成绩	姓名	国籍	比赛时间	比赛地点
283	赫·赫丽普西姆	亚美尼亚	2010.10.25	安塔利亚

（二十七）90 公斤以上级（2017 年 ~2018 年 7 月 ）

1. 抓举

0.4	姓名	国籍	比赛时间	比赛地点
155	卡什丽娜·塔蒂亚娜	俄罗斯	2014.11.16	阿尔马塔

2. 挺举

成绩	姓名	国籍	比赛时间	比赛地点
193	卡什丽娜·塔蒂亚娜	俄罗斯	2014.11.16	阿尔马塔

3. 总成绩

成绩	姓名	国籍	比赛时间	比赛地点
348	卡什丽娜·塔蒂亚娜	俄罗斯	2014.11.16	阿尔马塔

（二十八）45 公斤级（2018 年 8 月 ~2018 年 12 月 31 日 ）

1. 抓举

85	世界标准	2018.11.01	国际举联	世界标准	2018.11.01

2. 挺举

108	世界标准	2018.11.01	国际举联	世界标准	2018.11.01

3 总成绩

191kg	世界标准	2018.11.01	国际举联	世界标准	2018.11.01

（二十九）49 公斤级（2018 年 8 月 ~2018 年 12 月 31 日）

1. 抓举

90	世界标准	2018.11.01	国际举联	世界标准	2018.11.01
92	蒋惠花	1998.10.22	中国	阿什巴哈德	2018.11.03
93	塔纳桑索皮塔	1994.12.23	泰国	阿什巴哈德	2018.11.03

2. 挺举

115	世界标准	2018.11.01	国际举联	世界标准	2018.11.01
120	普林斯霍尔尤特拉	1994.11.29	泰国	阿什巴哈德	2018.11.03

3. 总成绩

203	世界标准	2018.11.01	国际举联	世界标准	2018.11.01
205	侯栀惠	1997.03.18	中国	阿什巴哈德	2018.11.03
206	蒋惠花	1998.10.22	中国	阿什巴哈德	2018.11.03
208	侯栀惠	1997.03.18	中国	阿什巴哈德	2018.11.03
209	普林斯霍尔尤特拉	1994.11.29	泰国	阿什巴哈德	2018.11.03

（三十）55 公斤级（2018 年 8 月 ~2018 年 12 月 31 日）

1. 抓举

99	世界标准	2018.11.01	国际举联	世界标准	2018.11.01
100	李亚君	1993.04.27	中国	阿什巴哈德	2018.11.03
101	斯瑞拉特	1995.05.03	泰国	阿什巴哈德	2018.11.03
102	李亚君	1993.04.27	中国	阿什巴哈德	2018.11.03
103	斯瑞拉特	1995.05.03	泰国	阿什巴哈德	2018.11.03
105	斯瑞拉特	1995.05.03	泰国	阿什巴哈德	2018.11.03

2. 挺举

124	世界标准	2018.11.01	国际举联	世界标准	2018.11.01
125	斯瑞拉特	1995.05.03	泰国	阿什巴哈德	2018.11.03
127	斯瑞拉特	1995.05.03	泰国	阿什巴哈德	2018.11.03

3. 总成绩

221	世界标准	2018.11.01	国际举联	世界标准	2018.11.01
223	李亚君	1993.04.27	中国	阿什巴哈德	2018.11.03
227	斯瑞拉特	1995.05.03	泰国	阿什巴哈德	2018.11.03
230	斯瑞拉特	1995.05.03	泰国	阿什巴哈德	2018.11.03
232	斯瑞拉特	1995.05.03	泰国	阿什巴哈德	2018.11.03

（三十一）59 公斤级（2018 年 8 月 ~2018 年 12 月 31 日）

1. 抓举

104	世界标准	2018.11.01	国际举联	世界标准	2018.11.01
105	郭婞淳	1993.11.26	中华台北	阿什巴哈德	2018.11.04

2. 挺举

131	世界标准	2018.11.01	国际举联	世界标准	2018.11.01
132	郭婞淳	1993.11.26	中华台北	阿什巴哈德	2018.11.04
133	陈桂明	1994.10.03	中国	阿什巴哈德	2018.11.04

3. 总成绩

232	世界标准	2018.11.01	国际举联	世界标准	2018.11.01
233	郭婞淳	1993.11.26	中华台北	阿什巴哈德	2018.11.04
237	郭婞淳	1993.11.26	中华台北	阿什巴哈德	2018.11.04

（三十二）64 公斤级（2018 年 8 月 ~2018 年 12 月 31 日）

1. 抓举

110	世界标准	2018.11.01	国际举联	世界标准	2018.11.01
112	邓薇	1993.02.14	中国	阿什巴哈德	2018.11.05

2. 挺举

138	世界标准	2018.11.01	国际举联	世界标准	2018.11.01
140	邓薇	1993.02.14	中国	阿什巴哈德	2018.11.05

3. 总成绩

245	世界标准	2018.11.01	国际举联	世界标准	2018.11.01
247	邓薇	1993.02.14	中国	阿什巴哈德	2018.11.05
250	邓薇	1993.02.14	中国	阿什巴哈德	2018.11.05
252	邓薇	1993.02.14	中国	阿什巴哈德	2018.11.05

（三十三）71 公斤级（2018 年 8 月 ~2018 年 12 月 31 日）

1. 抓举

117	世界标准	2018.11.01	国际举联	世界标准	2018.11.01

2. 挺举

147	世界标准	2018.11.01	国际举联	世界标准	2018.11.01
148	张旺丽	1996.05.27	中国	阿什巴哈德	2018.11.06
152	张旺丽	1996.05.27	中国	阿什巴哈德	2018.11.06

3. 总成绩

261	世界标准	2018.11.01	国际举联	世界标准	2018.11.01
263	张旺丽	1996.05.27	中国	阿什巴哈德	2018.11.06
267	张旺丽	1996.05.27	中国	阿什巴哈德	2018.11.06

（三十四）76 公斤级（2018 年 8 月 ~2018 年 12 月 31 日）

1. 抓举

122	世界标准	2018.11.01	国际举联	世界标准	2018.11.01

2. 挺举

153	世界标准	2018.11.01	国际举联	世界标准	2018.11.01

3. 总成绩

272	世界标准	2018.11.01	国际举联	世界标准	2018.11.01

（三十五）81 公斤级（2018 年 8 月 ~2018 年 12 月 31 日）

1. 抓举

127	世界标准	2018.11.01	国际举联	世界标准	2018.11.01

2. 挺举

158	世界标准	2018.11.01	国际举联	世界标准	2018.11.01

3. 总成绩

283	世界标准	2018.11.01	国际举联	世界标准	2018.11.01

（三十六）87 公斤级（2018 年 8 月 ~2018 年 12 月 31 日）

1. 抓举

132	世界标准	2018.11.01	国际举联	世界标准	2018.11.01

2. 挺举

164	世界标准	2018.11.01	国际举联	世界标准	2018.11.01

3. 总成绩

294	世界标准	2018.11.01	国际举联	世界标准	2018.11.01

（三十七）+87 公斤级（2018 年 8 月 ~2018 年 12 月 31 日）

1. 抓举

143	世界标准	2018.11.01	国际举联	世界标准	2018.11.01
145	卡什丽娜	1991.01.24	俄罗斯	阿什巴哈德	2018.11.10

2. 挺举

177	世界标准	2018.11.01	国际举联	世界标准	2018.11.01
178	卡什丽娜	1991.01.24	俄罗斯	阿什巴哈德	2018.11.10
182	卡什丽娜	1991.01.24	俄罗斯	阿什巴哈德	2018.11.10
184	孟苏平	1989.07.17	中国	阿什巴哈德	2018.11.10
185	卡什丽娜	1991.01.24	俄罗斯	阿什巴哈德	2018.11.10

3. 总成绩

320	世界标准	2018.11.01	国际举联	世界标准	2018.11.01
323	卡什丽娜	1991.01.24	俄罗斯	阿什巴哈德	2018.11.10
327	卡什丽娜	1991.01.24	俄罗斯	阿什巴哈德	2018.11.10
330	卡什丽娜	1991.01.24	俄罗斯	阿什巴哈德	2018.11.10

附录

1987~2018 年 12 月 31 日创破女子世界纪录统计

名次	国家或地区	抓举	挺举	总成绩	总计
1	中国	178	201	185	568
2	俄罗斯	17	11	15	43
3	保加利亚	10	8	8	26
4	中华台北	5	13	8	26
5	泰国	10	7	7	24
6	波兰	7	3	3	13
7	土耳其	4	3	4	11
8	美国	5	1	1	7
9	韩国	1	3	3	7
10	匈牙利	3	2	1	6
11	朝鲜	1	5	0	6
12	哥伦比亚	1	2	0	3
13	墨西哥	0	3	0	3
14	希腊	1	2	0	3
15	乌克兰	1	3	0	4

续表

名次	国家或地区	抓举	挺举	总成绩	总计
16	缅甸	0	2	0	2
17	白俄罗斯	2	0	0	2
18	哈萨克斯坦	3	7	3	13
19	阿塞拜疆	1	0	1	2
20	亚美尼亚	0	1	1	2
	合计	259	277	240	767

第五节　青年女子世界纪录（1995~2018 年 12 月 31 日）

　　青年女子世界纪录的创立始于1995年在波兰华沙举行的第1届世界女子青年举重锦标赛，当时的体重级别46、50、54、59、64、70、76、83、+83公斤级共9个级别。1998年1月1日，国际举联将女子体重级别更改为48、53、58、63、69、75、+75公斤级7个级别。2017年国际举重联合会将女子体重级别修改为48、53、58、63、69、75、90、+90公斤级8个级别。2018年7月，国际举重联合会再次实行了新的体重级别，即45、49、55、59、64、71、76、81、87、+87公斤级10个级别，同年11月，国际举重联合会设立了上述10个级别的世界标准纪录。

（一）46公斤级（1995 年 1 月 1 日~1997 年 12 月 31 日）

　　1. 抓举

成绩	姓名	国籍	比赛时间	比赛地点
60	吴永娇	中国	1995.7.11	华沙
65	邵永霞	中国	1995.8.22	南沙
70	邵永霞	中国	1995.8.22	南沙
72.5	邵永霞	中国	1995.8.22	南沙
73	斯·英迪雅尼	印度尼西亚	1996.5.3	华沙
75	斯·英迪雅尼	印度尼西亚	1996.11.21	汉城
77.5	斯·英迪雅尼	印度尼西亚	1997.10.12	雅加达

2. 挺举

成绩	姓名	国籍	比赛时间	比赛地点
75	吴永娇	中国	1995.7.11	华沙
80	邵永霞	中国	1995.8.22	南沙
85	邵永霞	中国	1995.8.22	南沙
87.5	田柳嘉织	日本	1995.11.17	广州
88	查柳特赫	印度	1996.5.3	华沙
90	斯·英迪雅尼	印度尼西亚	1996.5.3	华沙
92.5	斯·英迪雅尼	印度尼西亚	1996.5.3	华沙
95	斯·英迪雅尼	印度尼西亚	1996.11.21	汉城
97.5	斯·英迪雅尼	印度尼西亚	1997.5.29	开普敦
98	斯·英迪雅尼	印度尼西亚	1997.10.12	雅加达

3. 总成绩

成绩	姓名	国籍	比赛时间	比赛地点
135	吴永娇	中国	1995.7.11	华沙
152.5	邵永霞	中国	1995.8.22	南沙
157.5	邵永霞	中国	1995.8.22	南沙
160	斯·英迪雅尼	印度尼西亚	1996.5.3	华沙
162.5	斯·英迪雅尼	印度尼西亚	1996.5.3	华沙
165	斯·英迪雅尼	印度尼西亚	1996.5.3	华沙
170	斯·英迪雅尼	印度尼西亚	1996.11.21	汉城
172.5	斯·英迪雅尼	印度尼西亚	1997.5.29	开普敦
175	斯·英迪雅尼	印度尼西亚	1997.10.12	雅加达

（二）50公斤级（1995年1月1日~1997年12月31日）

1. 抓举

成绩	姓名	国籍	比赛时间	比赛地点
67.5	云艳红	中国	1995.7.11	华沙
80	李顺姬	朝鲜	1996.4.5	千叶
80.5	邵永霞	中国	1996.11.21	汉城
85	钟妍	中国	1997.12.7	清迈

2. 挺举

成绩	姓名	国籍	比赛时间	比赛地点
80	云艳红	中国	1995.7.11	华沙
82.5	冯春霞	中国	1995.8.22	南沙
87.5	冯春霞	中国	1995.8.22	南沙
102.5	李松花	朝鲜	1996.4.5	千叶
103	邵永霞	中国	1996.11.21	汉城

3. 总成绩

成绩	姓名	国籍	比赛时间	比赛地点
147.5	云艳红	中国	1995.7.11	华沙
182.5	李顺姬	朝鲜	1996.4.5	千叶

（三）54 公斤级（1995 年 1 月 1 日~1997 年 12 月 31 日）

1. 抓举

成绩	姓名	国籍	比赛时间	比赛地点
65	克拉克	美国	1995.7.12	华沙
85	张惜香	中国	1995.11.19	广州
87.5	张惜香	中国	1996.5.5	华沙
88	钟妍	中国	1996.11.22	汉城
92.5	郭惠冰	中国	1997.5.30	开普敦
93.5	杨霞	中国	1997.7.9	杨州

2. 挺举

成绩	姓名	国籍	比赛时间	比赛地点
85	桑切斯	西班牙	1995.7.12	华沙
90	马妮	中国	1995.8.23	南沙
92.5	马妮	中国	1995.8.23	南沙
105	张惜香	中国	1995.11.19	广州
110	张惜香	中国	1995.11.19	广州
113	玛勒斯瓦里	印度	1995.11.19	广州
113.5	张惜香	中国	1996.4.5	千叶

成绩	姓名	国籍	比赛时间	比赛地点
115	杨霞	中国	1997.7.9	杨州

3. 总成绩

成绩	姓名	国籍	比赛时间	比赛地点
145	桑切斯	西班牙	1995.7.12	华沙
155	马妮	中国	1995.8.23	南沙
157.5	马妮	中国	1995.8.23	南沙
190	张惜香	中国	1995.11.19	广州
195	张惜香	中国	1995.11.19	广州
197.5	张惜香	中国	1996.4.5	千叶
202.5	郭惠冰	中国	1997.5.30	开普敦
207.5	杨霞	中国	1997.7.9	杨州

（四）59公斤级（1995年1月1日~1997年12月31日）

1. 抓举

成绩	姓名	国籍	比赛时间	比赛地点
80	许雄英	中国	1995.7.12	华沙
92.5	陈晓敏	中国	1995.11.20	广州

2. 挺举

成绩	姓名	国籍	比赛时间	比赛地点
100	许雄英	中国	1995.7.12	华沙
112.5	陈晓敏	中国	1995.11.20	广州
117.5	陈晓敏	中国	1995.11.20	广州
123.5	陈晓敏	中国	1995.11.20	广州
124	许雄英	中国	1996.5.6	华沙

3. 总成绩

成绩	姓名	国籍	比赛时间	比赛地点
180	许雄英	中国	1995.7.12	华沙
205	陈晓敏	中国	1995.11.20	广州

成绩	姓名	国籍	比赛时间	比赛地点
210	陈晓敏	中国	1995.11.20	广州
215	陈晓敏	中国	1995.11.20	广州

（五）64 公斤级（1995 年 1 月 1 日~1997 年 12 月 31 日）

1. 抓举

成绩	姓名	国籍	比赛时间	比赛地点
80	斯·哈比洛娃	俄罗斯	1995.7.14	华沙
80.5	斯·哈比洛娃	俄罗斯	1996.5.7	华沙
85	斯·哈比洛娃	俄罗斯	1996.5.7	华沙
90	斯·哈比洛娃	俄罗斯	1997.5.31	开普敦
97.5	阿伊	土耳其	1997.5.31	开普敦
107.5	陈晓敏	中国	1997.7.10	杨州

2. 挺举

成绩	姓名	国籍	比赛时间	比赛地点
100	斯·哈比洛娃	俄罗斯	1995.7.14	华沙
102.5	史丽华	中国	1995.8.25	南沙
100.5	斯·哈比洛娃	俄罗斯	1996.5.7	华沙
105	斯·哈比洛娃	俄罗斯	1996.5.7	华沙
107.5	斯·哈比洛娃	俄罗斯	1996.5.7	华沙
110	斯·哈比洛娃	俄罗斯	1997.5.31	开普敦
131	陈艳霞	中国	1997.12.10	清迈

3. 总成绩

成绩	姓名	国籍	比赛时间	比赛地点
180	斯·哈比洛娃	俄罗斯	1995.7.14	华沙
185	斯·哈比洛娃	俄罗斯	1996.5.7	华沙
190	斯·哈比洛娃	俄罗斯	1996.5.7	华沙
192.5	斯·哈比洛娃	俄罗斯	1996.5.7	华沙
200	斯·哈比洛娃	俄罗斯	1997.5.31	开普敦

成绩	姓名	国籍	比赛时间	比赛地点
212.5	阿伊	土耳其	1997.5.31	开普敦
235	陈晓敏	中国	1997.7.10	杨州

（六）70公斤级（1995年1月1日~1997年12月31日）

1. 抓举

成绩	姓名	国籍	比赛时间	比赛地点
82.5	宋兆梅	中国	1995.7.14	华沙
97.5	唐卫芳	中国	1995.11.22	广州
102.5	唐卫芳	中国	1996.4.7	千叶
103	林伟宁	中国	1996.11.23	汉城
103.5	高仕红	中国	1997.7.13	杨州

2. 挺举

成绩	姓名	国籍	比赛时间	比赛地点
107.5	宋兆梅	中国	1995.7.14	华沙
122.5	唐卫芳	中国	1995.11.22	广州
129	唐卫芳	中国	1995.11.22	广州
129.5	赵楠	中国	1997.6.1	开普敦

3. 总成绩

成绩	姓名	国籍	比赛时间	比赛地点
190	宋兆梅	中国	1995.7.14	华沙
220	唐卫芳	中国	1995.11.22	广州
225	唐卫芳	中国	1995.11.22	广州
227.5	唐卫芳	中国	1996.4.7	千叶

（七）76公斤级（1995年1月1日~1997年12月31日）

1. 抓举

成绩	姓名	国籍	比赛时间	比赛地点
87.5	卡里奥	西班牙	1995.7.15	华沙

续表

成绩	姓名	国籍	比赛时间	比赛地点
106	代亚男	中国	1996.5.10	华沙
106.5	高笑艳	中国	1996.11.24	汉城

2. 挺举

成绩	姓名	国籍	比赛时间	比赛地点
105	卡里奥	西班牙	1995.7.15	华沙
110	肖春华	中国	1995.8.25	南沙
112.5	池云庆	韩国	1995.11.23	广州
115	高笑艳	中国	1996.11.24	汉城
117.5	高笑艳	中国	1996.11.24	汉城
122.5	奥兹吉尔	土耳其	1997.6.28	安塔利亚

3. 总成绩

成绩	姓名	国籍	比赛时间	比赛地点
192.5	卡里奥	西班牙	1995.7.15	华沙
197.5	池云庆	韩国	1995.11.23	广州
200	代亚男	中国	1996.5.9	华沙
205	代亚男	中国	1996.5.9	华沙
215	高笑艳	中国	1996.11.24	汉城
220	高笑艳	中国	1996.11.24	汉城
222.5	高笑艳	中国	1996.11.24	汉城
227.5	奥兹吉尔	土耳其	1997.6.28	安塔利亚

（八）83 公斤级（1995 年 1 月 1 日~1997 年 12 月 31 日）

1. 抓举

成绩	姓名	国籍	比赛时间	比赛地点
90	代亚男	中国	1995.7.15	华沙
107.5	乌兹古普	土耳其	1997.6.1	开普敦
115	德·阿齐克古兹	土耳其	1997.6.28	安塔利亚
117.5	唐卫芳	中国	1997.12.13	清迈

2. 挺举

成绩	姓名	国籍	比赛时间	比赛地点
107.5	代亚男	中国	1995.7.15	华沙
115	张志艳	中国	1995.8.27	南沙
142.5	德·阿齐克古兹	土耳其	1997.6.28	安塔利亚
143	唐卫芳	中国	1997.12.13	清迈

3. 总成绩

成绩	姓名	国籍	比赛时间	比赛地点
197.5	代亚男	中国	1995.7.15	华沙
222.5	乌兹古普	土耳其	1997.6.1	开普敦
257.5	德·阿齐克古兹	土耳其	1997.6.28	安塔利亚
260	唐卫芳	中国	1999.12.13	清迈

（九）83公斤以上级（1995年1月1日~1997年12月31日）

1. 抓举

成绩	姓名	国籍	比赛时间	比赛地点
95	王艳梅	中国	1995.7.16	华沙
100	王艳梅	中国	1996.5.12	华沙
108.5	王艳梅	中国	1996.5.12	华沙
112.5	王艳梅	中国	1997.7.14	杨州

2. 挺举

成绩	姓名	国籍	比赛时间	比赛地点
110	王艳梅	中国	1995.7.16	华沙
112.5	丁美媛	中国	1995.8.27	南沙
115	丁美媛	中国	1995.8.27	南沙
132.5	丁美媛	中国	1997.6.2	开普敦
140	王艳梅	中国	1997.7.14	杨州

3. 总成绩

成绩	姓名	国籍	比赛时间	比赛地点
205	王艳梅	中国	1995.7.16	华沙
210	王艳梅	中国	1996.5.12	华沙
212.5	王艳梅	中国	1996.5.12	华沙
240	丁美媛	中国	1997.6.2	开普敦
252.5	王艳梅	中国	1997.7.14	扬州

（十）48 公斤级（1998 年 1 月 1 日～2018 年 7 月 31 日）

1. 抓举

80	World Standard（国际举联制定的世界标准）			
83	李卓	中国	1998.9.16	璧山
84	李卓	中国	1999.8.29	武汉
85	李卓	中国	2001.5.21	大阪
88	王明娟	中国	2002.5.30	捷克
90	王明娟	中国	2002.5.30	哈夫罗夫
90.5	王明娟	中国	2002.11.19	华沙
92.5	王明娟	中国	2002.11.19	华沙
93	王明娟	中国	2005.11.9	多哈
95	王明娟	中国	2005.11.9	多哈

2. 挺举

102.5	World Standard（国际举联制定的世界标准）			
108	李雪昭	中国	1998.4.24	特拉维夫
112.5	李雪昭	中国	1998.4.24	特拉维夫
113	李卓	中国	1999.8.29	武汉
115.5	王明娟	中国	2002.11.19	华沙
116	王明娟	中国	2005.11.9	多哈
118	王明娟	中国	2005.11.9	多哈

3. 总成绩

182.5	World Standard（国际举联制定的世界标准）			
187.5	李雪昭	中国	1998.4.24	特拉维夫
192.5	李雪昭	中国	1998.4.24	特拉维夫
195	李卓	中国	1999.8.29	武汉
200	王明娟	中国	2002.5.30	哈夫罗夫
202.5	王明娟	中国	2002.11.20	华沙
205	王明娟	中国	2002.11.20	华沙
207.5	王明娟	中国	2002.11.20	华沙
211	王明娟	中国	2005.11.9	多哈
213	王明娟	中国	2005.11.9	多哈

（十一）53 公斤级（1998 年 1 月 1 日~2018 年 7 月 31 日 ）

1. 抓举

87.5	World Standard（国际举联制定的世界标准）			
90.5	郭惠冰	中国	1998.5.19	索非亚
92.5	郭惠冰	中国	1998.5.19	索非亚
95	张惜香	中国	1998.9.17	重庆璧山
95.5	昆·均皮姆	泰国	2003.6.7	埃莫西约
97.5	昆·均皮姆	泰国	2003.11.14	温哥华
100	邓建英	中国	2005.10.31	澳门
102	张婉琼	中国	2014.9.21	仁川

2. 挺举

110	World Standard（国际举联制定的世界标准）			
113	郭惠冰	中国	1998.5.19	索非亚
115	邱红霞	中国	2001.11.5	安塔利亚
115.5	昆·均皮姆	泰国	2003.6.2	埃莫西约
117.5	昆·均皮姆	泰国	2003.11.14	温哥华
120	昆·均皮姆	泰国	2003.11.14	温哥华
125	邓建英	中国	2004.5.7	阿尔马塔

110	World Standard（国际举联制定的世界标准）			
126	李萍	中国	2005.11.9	多哈
129	李萍	中国	2007.4.22	泰安
130	祖尔菲亚	哈萨克斯坦	2011.11.6	巴黎

3. 总成绩

197.5	World Standard（国际举联制定的世界标准）			
205	郭惠冰	中国	1998.5.19	索非亚
207.5	张惜香	中国	1998.9.17	璧山
210	泰兰·努尔坎	土耳其	2003.4.15	鲁特可
215	昆·均皮姆	泰国	2003.11.14	温哥华
217.5	昆·均皮姆	泰国	2003.11.14	温哥华
220	邓建英	中国	2004.4.7	阿尔马塔
221	李萍	中国	2005.11.9	多哈
224	李萍	中国	2005.11.9	多哈
225	李萍	中国	2007.4.22	泰安
227	祖尔菲亚	哈萨克斯坦	2011.11.6	巴黎
228	张婉琼	中国	2014.9.21	仁川

（十二）58 公斤级（1998 年 1 月 1 日~2018 年 7 月 31 日）

1. 抓举

92.5	World Standard（国际举联制定的世界标准）			
95.5	陈艳青	中国	1998.4.24	特拉维夫
97.5	陈艳青	中国	1998.4.24	特拉维夫
98	陈艳青	中国	1998.12.9	曼谷
98.5	宋治娟	中国	1999.5.1	千叶
100	陈艳青	中国	1999.7.4	萨凡纳
102.5	陈艳青	中国	1999.7.4	萨凡纳
105	陈艳青	中国	1999.11.22	雅典
110	王莉	中国	2003.8.10	巴厘

2. 挺举

117.5	World Standard（国际举联制定的世界标准）			
120.5	陈艳青	中国	1998.4.24	特拉维夫
122.5	陈艳青	中国	1998.4.24	特拉维夫
123	许雄英	中国	1998.5.20	索非亚
123.5	陈艳青	中国	1998.12.9	曼谷
125	李顺姬	朝鲜	1998.12.9	曼谷
125.5	宋治娟	中国	1999.5.1	千叶
130	陈艳青	中国	1999.7.4	萨凡纳
132.5	邹燕	中国	2002.4.25	孔敬市
136	顾薇	中国	2005.11.10	多哈
139	顾薇	中国	2005.11.10	多哈

3. 总成绩

210	World Standard（国际举联制定的世界标准）			
217.5	陈艳青	中国	1998.4.24	特拉维夫
220	陈艳青	中国	1998.4.24	特拉维夫
222.5	宋治娟	中国	1999.5.1	千叶
227.5	陈艳青	中国	1999.7.4	萨凡纳
232.5	陈艳青	中国	1999.7.4	萨凡纳
235	陈艳青	中国	1999.11.22	雅典
240	王莉	中国	2003.8.10	巴厘
241	顾薇	中国	2005.11.10	多哈
242	邓薇	中国	2010.8.17	新加坡
243	邓薇	中国	2011.7.2	槟城
244	邓薇	中国	2012.11.7	埃拉特

（十三）63 公斤级（1998 年 1 月 1 日～2018 年 7 月 31 日）

1. 抓举

97.5	World Standard（国际举联制定的世界标准）			
100.5	刁威威	中国	1998.4.24	特拉维夫

续表

97.5	World Standard（国际举联制定的世界标准）			
102.5	刁威威	中国	1998.4.24	特拉维夫
103	熊美英	中国	1998.9.18	重庆
105	熊美英	中国	1998.9.18	重庆
107.5	曹磊	中国	2001.7.15	全州
113.5	欧阳晓芳	中国	2003.8.10	巴厘
115	萨·斯威特拉娜	俄罗斯	2007.9.23	清迈

2. 挺举

122.5	World Standard（国际举联制定的世界标准）			
128	刁威威	中国	1998.4.24	特拉维夫
128.5	侯康凤	中国	1998.5.21	索非亚
132.5	熊美英	中国	1999.11.23	雅典
133	娜塔莉亚	乌克兰	2001.7.3	萨洛尼卡
135	梅·达卢兹扬	亚美尼亚	2007.4.18	斯特拉斯堡
136	朴柏燕	朝鲜	2012.11.11	仰光

3. 总成绩

220	World Standard（国际举联制定的世界标准）			
225	刁威威	中国	1998.4.24	特拉维夫
230	刁威威	中国	1998.4.24	特拉维夫
232.5	熊美英	中国	1999.11.23	雅典
237.5	熊美英	中国	1999.11.23	雅典
242	欧阳晓芳	中国	2003.8.10	巴厘
243	梅·达卢兹扬	亚美尼亚	2007.4.18	斯特拉斯堡
245	萨·斯威特拉娜	俄罗斯	2007.9.23	清迈
250	萨·斯威特拉娜	俄罗斯	2007.9.23	清迈

（十四）69 公斤级（1998 年 1 月 1 日~2018 年 7 月 31 日）

1. 抓举

102.5	World Standard（国际举联制定的世界标准）			
105.5	唐卫芳	中国	1998.4.24	特拉维夫
110	唐卫芳	中国	1998.4.24	特拉维夫
110.5	唐卫芳	中国	1998.11.13	拉赫蒂
111.5	刘冬萍	中国	2000.7.6	布拉格
115	刘春红	中国	2002.3.26	多哈
115.5	刘春红	中国	2002.10.6	釜山
117.5	刘春红	中国	2003.9.12	秦皇岛
118	刘春红	中国	2003.11.19	温哥华
120	刘春红	中国	2003.11.19	温哥华
122.5	刘春红	中国	2004.8.19	雅典
123	斯里文科	俄罗斯	2006.10.4	圣多明各

2. 挺举

127.5	World Standard（国际举联制定的世界标准）			
130	唐卫芳	中国	1998.4.24	特拉维夫
133	唐卫芳	中国	1998.4.24	特拉维夫
133.5	尚士春	中国	1998.5.22	索非亚
137.5	林伟宁	中国	1999.7.6	萨凡纳
138.5	林伟宁	中国	1999.9.3	武汉
142.5	林伟宁	中国	1999.9.3	武汉
144	刘春红	中国	2002.6.3	捷克哈夫罗夫
147.5	刘春红	中国	2002.6.2	捷克哈夫罗夫
148	刘春红	中国	2002.10.6	釜山
148.5	刘春红	中国	2003.9.12	秦皇岛
150	刘春红	中国	2003.11.19	温哥华
150.5	刘春红	中国	2004.4.9	阿尔马塔
152.5	刘春红	中国	2004.4.9	阿尔马塔
153	刘春红	中国	2004.8.19	雅典
157	扎·卡萨耶娃	俄罗斯	2005.11.13	多哈

3. 总成绩

230	World Standard（国际举联制定的世界标准）			
235	唐卫芳	中国	1998.4.24	特拉维夫
240	唐卫芳	中国	1998.4.24	特拉维夫
242.5	唐卫芳	中国	1998.4.24	特拉维夫
247.5	林伟宁	中国	1999.9.3	武汉
252.5	林伟宁	中国	1999.9.3	武汉
255	刘春红	中国	2002.3.26	多哈
260	刘春红	中国	2002.10.6	釜山
262.5	刘春红	中国	2002.10.6	釜山
265	刘春红	中国	2003.9.12	秦皇岛
267.5	刘春红	中国	2003.11.19	温哥华
270	刘春红	中国	2003.11.19	温哥华
272.5	刘春红	中国	2004.8.19	雅典
275	刘春红	中国	2004.8.19	雅典

（十五）75 公斤级（1998 年 1 月 1 日~2018 年 7 月 31 日）

1. 抓举

107.5	World Standard（国际举联制定的世界标准）			
111	刘杰	中国	1998.9.20	重庆
111.5	肇娜	中国	1998.9.20	重庆
115.5	徐鲛	中国	1999.7.6	萨凡纳
116	里克雷兹	匈牙利	2001.11.9	安塔利亚
116.5	拉玛丹	埃及	2003.6.5	墨西哥埃莫西约
117.5	拉玛丹	埃及	2003.11.18	温可华
125	扎·娜塔丽亚	俄罗斯	2004.8.20	雅典
126	刘春红	中国	2005.11.13	多哈
127	扎·娜塔丽亚	俄罗斯	2005.11.13	多哈
130	扎·娜塔丽亚	俄罗斯	2005.11.13	多哈

2. 挺举

132.5	World Standard（国际举联制定的世界标准）			
135	岳平田	中国	1998.5.23	索非亚
135.5	里克雷兹	匈牙利	2001.11.9	安塔利亚
140	里克雷兹	匈牙利	2001.11.9	安塔利亚
143	里克雷兹	匈牙利	2002.6.4	哈夫罗夫
145	拉玛丹	埃及	2003.5.10	考津茨包尔齐考
147.5	刘春红	中国	2003.6.5	埃莫西约
151	刘春红	中国	2005.5.23	釜山
155	波罗贝多娃	俄罗斯	2005.11.13	多哈
159	刘春红	中国	2005.11.13	多哈

3. 总成绩

240	World Standard（国际举联制定的世界标准）			
245	徐鲛	中国	1999.7.6	萨凡纳
247.5	徐鲛	中国	1999.11.26	雅典
250	里克雷兹	匈牙利	2001.11.9	安塔利亚
255	里克雷兹	匈牙利	2001.11.9	安塔利亚
260	刘春红	中国	2003.6.5	埃莫西约
262.5	拉玛丹	埃及	2003.6.5	埃莫西约
272.5	扎·娜塔丽娅	俄罗斯	2004.8.20	雅典
273	刘春红	中国	2005.5.23	釜山
278	扎·娜塔丽娅	俄罗斯	2005.11.13	多哈
279	波多贝多娃	俄罗斯	2005.11.13	多哈
281	刘春红	中国	2005.11.13	多哈
285	扎·娜塔丽娅	俄罗斯	2005.11.13	多哈
286	波多贝多娃	俄罗斯	2006.06.02	杭州

（十六）75 公斤以上级（1998 年 1 月 1 日～2018 年 7 月 31 日）

1. 抓举

115	World Standard（国际举联制定的世界标准）			
118	丁美媛	中国	1998.5.8	塞克萨德

续表

115	World Standard（国际举联制定的世界标准）			
118.5	张楠	中国	1998.5.24	索非亚
120	丁美媛	中国	1998.12.13	曼谷
120.5	维罗贝尔	波兰	1999.4.18	拉科鲁尼亚
121	丁美媛	中国	1999.5.3	千叶
121.5	维罗贝尔	波兰	1999.7.8	萨凡纳
122.5	维罗贝尔	波兰	1999.7.8	萨凡纳
123	张楠	中国	1999.9.5	武汉
125	维罗贝尔	波兰	1999.9.26	斯帕拉
127.5	维罗贝尔	波兰	1999.11.27	雅典
130	维罗贝尔	波兰	2000.7.8	布拉格
132.5	维罗贝尔	波兰	2000.9.22	悉尼
146	卡什丽娜	俄罗斯	2011.4.17	喀山
147	卡什丽娜	俄罗斯	2011.11.13	巴黎

2. 挺举

145	World Standard（国际举联制定的世界标准）			
155.5	唐功红	中国	1998.4.24	特拉维夫
156	丁美媛	中国	1999.5.3	千叶
157.5	丁美媛	中国	1999.11.27	雅典
158	维罗贝尔	波兰	2000.5.1	索非亚
160	维罗贝尔	波兰	2000.5.1	索非亚
162.5	维罗贝尔	波兰	2000.9.22	悉尼
168	孙丹	中国	2003.10.31	海德巴德
170	卡什丽娜	俄罗斯	2010.9.25	安塔利亚

3. 总成绩

252.5	World Standard（国际举联制定的世界标准）			
267.5	唐功红	中国	1998.4.24	特拉维夫
270	丁美媛	中国	1998.12.13	曼谷
272.5	丁美媛	中国	1999.5.3	千叶

252.5	World Standard（国际举联制定的世界标准）			
275	丁美媛	中国	1999.5.3	千叶
277.5	丁美媛	中国	1999.11.27	雅典
280	维罗贝尔	波兰	1999.11.27	雅典
282.5	丁美媛	中国	1999.11.27	雅典
285	丁美媛	中国	1999.11.27	雅典
290	维罗贝尔	波兰	2000.7.8	布拉格
295	维罗贝尔	波兰	2000.9.22	悉尼
327	卡什丽娜	俄罗斯	2011.4.17	喀山
328	周璐璐	中国	2011.11.13	巴黎

（十七）90 公斤级（1998 年 1 月 1 日～2018 年 7 月 31 日）

1. 抓举

成绩	姓名	国籍	比赛时间	比赛地点
125	卡·塔蒂雅娜（1991.1.24）	俄罗斯	2009.4.11	布加勒斯特

2. 挺举

成绩	姓名	国籍	比赛时间	比赛地点
155	卡·塔蒂雅娜（1991.1.24）	俄罗斯	2009.4.11	布加勒斯特

3. 总成绩

成绩	姓名	国籍	比赛时间	比赛地点
280	卡·塔蒂雅娜（1991.1.24）	俄罗斯	2009.4.11	布加勒斯特

（十八）90 公斤以上级（1998 年 1 月 1 日～2018 年 7 月 31 日）

1. 抓举

成绩	姓名	国籍	比赛时间	比赛地点
148	卡·塔蒂雅娜（1991.1.24）	俄罗斯	2011.12.18	别尔哥罗德

2. 挺举

成绩	姓名	国籍	比赛时间	比赛地点
181	卡·塔蒂雅娜（1991.1.24）	俄罗斯	2011.4.17	喀山

3. 总成绩

成绩	姓名	国籍	比赛时间	比赛地点
327	卡·塔蒂雅娜（1991.1.24）	俄罗斯	2011.4.17	喀山

（十九）45 公斤级（2018 年 8 月 1 日 ~2018 年 12 月 31 日）

1. 抓举

78	世界标准	2018.11.01	国际举联	世界标准	2018.11.01

2. 挺举

99	世界标准	2018.11.01	国际举联	世界标准	2018.11.01
104	尤尔杜兹	1998.04.22	土库曼斯坦	阿什巴哈德	2018.11.02

3. 总成绩

176	世界标准	2018.11.01	国际举联	世界标准	2018.11.01
179	尤尔杜兹	1998.04.22	土库曼斯坦	阿什巴哈德	2018.11.02

（二十）49 公斤级（2018 年 8 月 1 日 ~2018 年 12 月 31 日）

1. 抓举

84	世界标准	2018.11.01	国际举联	世界标准	2018.11.01
87	蒋惠花	1998.01.22	中国	阿什巴哈德	2018.11.03
90	蒋惠花	1998.01.22	中国	阿什巴哈德	2018.11.03
92	蒋惠花	1998.01.22	中国	阿什巴哈德	2018.11.03

2. 挺举

105	世界标准	2018.11.01	国际举联	世界标准	2018.11.01
108	蒋惠花	1998.01.22	中国	阿什巴哈德	2018.11.03
114	蒋惠花	1998.01.22	中国	阿什巴哈德	2018.11.03

3. 总成绩

188	世界标准	2018.11.01	国际举联	世界标准	2018.11.01
200	蒋惠花	1998.01.22	中国	阿什巴哈德	2018.11.03
206	蒋惠花	1998.01.22	中国	阿什巴哈德	2018.11.03

（二十一）55 公斤级（2018 年 8 月 1 日~2018 年 12 月 31 日）

1. 抓举

92	世界标准	2018.11.01	国际举联	世界标准	2018.11.01
93	朗多西努瓦	1998.05.05	突尼斯	阿什巴哈德	2018.11.03
97	朗多西努瓦	1998.05.05	突尼斯	阿什巴哈德	2018.11.03

2. 挺举

114	世界标准	2018.11.01	国际举联	世界标准	2018.11.01

3. 总成绩

203	世界标准	2018.11.01	国际举联	世界标准	2018.11.01
211	朗多西努瓦	1998.05.05	突尼斯	阿什巴哈德	2018.11.03

（二十二）59 公斤级（2018 年 8 月 1 日~2018 年 12 月 31 日）

1. 抓举

96	世界标准	2018.11.01	国际举联	世界标准	2018.11.01
98	科哈里贝卡	1998.05.19	拉脱维亚	阿什巴哈德	2018.11.04
103	科哈里贝卡	1998.05.19	拉脱维亚	阿什巴哈德	2018.11.04

2. 挺举

120	世界标准	2018.11.01	国际举联	世界标准	2018.11.01
121	科哈里贝卡	1998.05.19	拉脱维亚	阿什巴哈德	2018.11.04
124	科哈里贝卡	1998.05.19	拉脱维亚	阿什巴哈德	2018.11.04

3. 总成绩

213	世界标准	2018.11.01	国际举联	世界标准	2018.11.01
220	科哈里贝卡	1998.05.19	拉脱维亚	阿什巴哈德	2018.11.04
224	科哈里贝卡	1998.05.19	拉脱维亚	阿什巴哈德	2018.11.04
227	科哈里贝卡	1998.05.19	拉脱维亚	阿什巴哈德	2018.11.04

（二十三）64 公斤级（2018 年 8 月 1 日~2018 年 12 月 31 日）

1. 抓举

102	世界标准	2018.11.01	国际举联	世界标准	2018.11.01
103	黄婷	1999.01.16	中国	卡塔尔	2018.12.17
105	黄婷	1999.01.16	中国	卡塔尔	2018.12.17

2. 挺举

126	世界标准	2018.11.01	国际举联	世界标准	2018.11.01
127	黄婷	1999.01.16	中国	卡塔尔	2018.12.17

3. 总成绩

225	世界标准	2018.11.01	国际举联	世界标准	2018.11.01
232	黄婷	1999.01.16	中国	卡塔尔	2018.12.17

（二十四）71 公斤级（2018 年 8 月 1 日~2018 年 12 月 31 日）

1. 抓举

109	世界标准	2018.11.01	国际举联	世界标准	2018.11.01
111	艾哈迈德·苏拉	1998.01.01	埃及	阿什巴哈德	2018.11.06

2. 挺举

135	世界标准	2018.11.01	国际举联	世界标准	2018.11.01
136	艾哈迈德·苏拉	1998.01.01	埃及	阿什巴哈德	2018.11.06
141	艾哈迈德·苏拉	1998.01.01	埃及	阿什巴哈德	2018.11.06

3. 总成绩

240	世界标准	2018.11.01	国际举联	世界标准	2018.11.01
247	艾哈迈德·苏拉	1998.01.01	埃及	阿什巴哈德	2018.11.06
252	艾哈迈德·苏拉	1998.01.01	埃及	阿什巴哈德	2018.11.06

（二十五）76 公斤级（2018 年 8 月 1 日~2018 年 12 月 31 日）

1. 抓举

114	世界标准	2018.11.01	国际举联	世界标准	2018.11.01
115	帕特丽娅	1998.05.12	厄瓜多尔	阿什巴哈德	2018.11.07
117	帕特丽娅	1998.05.12	厄瓜多尔	阿什巴哈德	2018.11.07

2. 挺举

140	世界标准	2018.11.01	国际举联	世界标准	2018.11.01
142	帕特丽娅	1998.05.12	厄瓜多尔	阿什巴哈德	2018.11.07

3. 总成绩

250	世界标准	2018.11.01	国际举联	世界标准	2018.11.01
254	帕特丽娅	1998.05.12	厄瓜多尔	阿什巴哈德	2018.11.07
259	帕特丽娅	1998.05.12	厄瓜多尔	阿什巴哈德	2018.11.07

（二十六）81 公斤级（2018 年 8 月 1 日~2018 年 12 月 31 日）

1. 抓举

118	世界标准	2018.11.01	国际举联	世界标准	2018.11.01

2. 挺举

145	世界标准	2018.11.01	国际举联	世界标准	2018.11.01

3. 总成绩

259	世界标准	2018.11.01	国际举联	世界标准	2018.11.01

（二十七）87 公斤级（2018 年 8 月 1 日 ~2018 年 12 月 31 日）

1. 抓举

122	世界标准	2018.11.01	国际举联	世界标准	2018.11.01

2. 挺举

150	世界标准	2018.11.01	国际举联	世界标准	2018.11.01

3. 总成绩

269	世界标准	2018.11.01	国际举联	世界标准	2018.11.01

（二十八）+87 公斤级（2018 年 8 月 1 日 ~2018 年 12 月 31 日）

1. 抓举

129	世界标准	2018.11.01	国际举联	世界标准	2018.11.01

2. 挺举

158	世界标准	2018.11.01	国际举联	世界标准	2018.11.01

3. 总成绩

285	世界标准	2018.11.01	国际举联	世界标准	2018.11.01

附录

1995~2018 年 12 月 31 日创破青年女子世界纪录统计

名次	国家或地区	抓举	挺举	总成绩	总计
1	中国	86	93	98	277
2	俄罗斯	11	10	13	34
3	土耳其	7	6	8	21
4	印度尼西亚	4	7	7	18
5	波兰	7	3	3	13
6	泰国	4	3	4	11
7	埃及	3	3	4	10
8	朝鲜	3	4	2	9

名次	国家或地区	抓举	挺举	总成绩	总计
9	拉脱维亚	2	2	3	7
10	匈牙利	1	3	2	6
11	日本	2	2	1	5
12	厄瓜多尔	2	1	2	5
13	中华台北	1	3	0	4
14	西班牙	1	1	2	4
15	乌兹别克斯坦	0	2	2	4
16	突尼斯	2	0	1	3
17	韩国	0	1	1	2
18	哈萨克斯坦	0	1	1	2
19	亚美尼亚	0	1	1	2
20	突库斯坦	0	1	1	2
21	美国	1	0	0	1
22	印度	0	1	0	1
23	乌克兰	0	1	0	1
24	新西兰	0	1	0	1
	合计	137	151	156	444

第六节　少年女子世界纪录（1998~2018 年 12 月 31 日）

第 1 届世界少年举重锦标赛始于 2009 年，但是国际举重联合会关于少年女子举重世界纪录的注册却始于 1998 年 1 月 1 日，其体重级别为 44、48、53、58、63、69、75、+75 公斤级 8 个级别。2017 年国际举重联合会将少年女子体重级别修改为 8 个级别。2018 年 8 月，国际举重联合会实行了新的少年女子体重级别，即 40、45、49、55、59、64、71、76、81、+81 公斤级 10 个级别，同年 11 月，国际举重联合会设立了上述 10 个级别的世界标准纪录。

（一）44公斤级（1998年1月1日～2018年7月31日）

1. 抓举

成绩	姓名	出生日期	国籍	比赛地点	比赛时间
75	黄月珍	1990.05.10	中国	韩国群山	2006.07.26
76	萨·奥古尔	1992.02.23	土耳其	清迈	2009.05.20
77	萨·奥古尔	1992.02.23	土耳其	埃拉特	2009.09.08

2. 挺举

成绩	姓名	出生日期	国籍	比赛地点	比赛时间
91	黄月珍	1990.05.10	中国	韩国群山	2006.07.26
92	萨·奥古尔	1992.02.23	土耳其	埃拉特	2009.09.08
93	日松胶	1997.10.17	朝鲜	邦盛	2014.03.04

3. 总成绩

成绩	姓名	出生日期	国籍	比赛地点	比赛时间
166	黄月珍	1990.05.10	中国	韩国群山	2006.07.26
167	萨·奥古尔	1992.02.23	土耳其	埃拉特	2009.09.08
169	萨·奥古尔	1992.02.23	土耳其	埃拉特	2009.09.08

（二）48公斤级（1998年1月1日～2018年7月31日）

1. 抓举

成绩	姓名	出生日期	国籍	比赛地点	比赛时间
92	王明娟	1985.10.11	中国	华沙	2002.11.19

2. 挺举

成绩	姓名	出生日期	国籍	比赛地点	比赛时间
115	王明娟	1985.10.11	中国	华沙	2002.11.19
116	田源	1993.01.29	中国	安塔利亚	2010.09.17

3. 总成绩

成绩	姓名	出生日期	国籍	比赛地点	比赛时间
207	王明娟	1985.10.11	中国	华沙	2002.11.19

（三）53公斤级（1998年1月1日～2018年7月31日）

1. 抓举

成绩	姓名	出生日期	国籍	比赛地点	比赛时间
98	李萍	1988.09.15	中国	多哈	2005.11.10

2. 挺举

成绩	姓名	出生日期	国籍	比赛地点	比赛时间
126	李萍	1988.09.15	中国	多哈	2005.11.10
129	祖尔菲亚	1993.07.25	哈萨克斯坦	高阳	2009.11.22

3. 总成绩

成绩	姓名	出生日期	国籍	比赛地点	比赛时间
224	李萍	1988.09.15	中国	多哈	2005.11.10

（四）58公斤级（1998年1月1日～2018年7月31日）

1. 抓举

成绩	姓名	出生日期	国籍	比赛地点	比赛时间
102	李学英	1990.05.15	中国	布拉格	2007.06.12
105	邓薇	1993.02.14	中国	新加坡	2010.08.17
110	邓薇	1993.02.14	中国	新加坡	2010.08.17

2. 挺举

成绩	姓名	出生日期	国籍	比赛地点	比赛时间
123	李学英	1990.05.15	中国	布拉格	2007.06.12
124	邓薇	1993.02.14	中国	清迈	2009.04.22
125	邓薇	1993.02.14	中国	新加坡	2010.08.17
130	祖尔菲亚	1993.07.25	哈萨克斯坦	新加坡	2010.08.17
132	邓薇	1993.02.14	中国	新加坡	2010.08.17
135	邓薇	1993.02.14	中国	安塔利亚	2010.09.19

3. 总成绩

成绩	姓名	出生日期	国籍	比赛地点	比赛时间
225	李学英	1990.05.15	中国	布拉格	2007.06.12
235	邓薇	1993.02.14	中国	新加坡	2010.08.17
242	邓薇	1993.02.14	中国	新加坡	2010.08.17

（五）63 公斤级（1998 年 1 月 1 日 ~ 2018 年 7 月 31 日）

1. 抓举

成绩	姓名	出生日期	国籍	比赛地点	比赛时间
107	维克托丽雅	1988.05.28	俄罗斯	釜山	2005.05.21

2. 挺举

成绩	姓名	出生日期	国籍	比赛地点	比赛时间
128	维克托丽雅	1988.05.28	俄罗斯	釜山	2005.05.21

3. 总成绩

成绩	姓名	出生日期	国籍	比赛地点	比赛时间
235	维克托丽雅	1988.05.28	俄罗斯	釜山	2005.05.21

（六）69 公斤级（1998 年 1 月 1 日 ~ 2018 年 7 月 31 日）

1. 抓举

成绩	姓名	出生日期	国籍	比赛地点	比赛时间
117	卡萨耶娃	1987.02.25	俄罗斯	雅典	2004.08.19

2. 挺举

成绩	姓名	出生日期	国籍	比赛地点	比赛时间
148	刘春红	1985.01.29	中国	釜山	2002.10.06

3. 总成绩

成绩	姓名	出生日期	国籍	比赛地点	比赛时间
262	刘春红	1985.01.29	中国	釜山	2002.10.06

（七）75公斤级（1998年1月1日～2018年7月31日）

1. 抓举

成绩	姓名	出生日期	国籍	比赛地点	比赛时间
112	奥尔加·朱波娃	1993.12.09	俄罗斯	新加坡	2010.08.14

2. 挺举

成绩	姓名	出生日期	国籍	比赛地点	比赛时间
142	阿·哈利勒	1992.06.13	埃及	高阳	2009.11.19

3. 总成绩

成绩	姓名	出生日期	国籍	比赛地点	比赛时间
252	阿·哈利勒	1992.06.13	埃及	高阳	2009.11.19

（八）+75公斤级（1998年1月1日～2018年7月31日）

1. 抓举

成绩	姓名	出生日期	国籍	比赛地点	比赛时间
125	切丽·霍沃斯	1983.04.19	美国	悉尼	2000.09.22

2. 挺举

成绩	姓名	出生日期	国籍	比赛地点	比赛时间
151	诺·纳德日达	1996.05.20	哈萨克斯坦	利马	2011.05.14

3. 总成绩

成绩	姓名	出生日期	国籍	比赛地点	比赛时间
272	诺·纳德日达	1996.05.20	哈萨克斯坦	利马	2011.05.14

（九）40公斤级（2018年8月1日～2018年12月31日）

1. 抓举

61	世界标准	2018.11.01	国际举联	阿什巴哈德	2018.11.01

2. 挺举

75	世界标准	2018.11.01	国际举联	阿什巴哈德	2018.11.01

3. 总成绩

135	世界标准	2018.11.01	国际举联	阿什巴哈德	2018.11.01

（十）45 公斤级（2018 年 8 月 1 日～ 2018 年 12 月 31 日）

1. 抓举

70	世界标准	2018.11.01	国际举联	阿什巴哈德	2018.11.01

2. 挺举

87	世界标准	2018.11.01	国际举联	世界标准	2018.11.01
90	卡瑟琳·奥里安娜	2001.08.14	委内瑞拉	阿什巴哈德	2018.11.02

3. 总成绩

156	世界标准	2018.11.01	国际举联	世界标准	2018.11.01
157	卡瑟琳·奥里安娜	2001.08.14	委内瑞拉	阿什巴哈德	2018.11.02

（十一）49 公斤级（2018 年 8 月 1 日 ~2018 年 12 月 31 日）

1. 抓举

77	世界标准	2018.11.01	国际举联	世界标准	2018.11.01

2. 挺举

96	世界标准	2018.11.01	国际举联	世界标准	2018.11.01

3. 总成绩

172	世界标准	2018.11.01	国际举联	世界标准	2018.11.01

（十二）55 公斤级（2018 年 8 月 ~2018 年 12 月 31 日）

1. 抓举

86	世界标准	2018.11.01	国际举联	世界标准	2018.11.01

2. 挺举

107	世界标准	2018.11.01	国际举联	世界标准	2018.11.01

3. 总成绩

192	世界标准	2018.11.01	国际举联	世界标准	2018.11.01

（十三）59公斤级（2018年8月1日~2018年12月31日）

1. 抓举

91	世界标准	2018.11.01	国际举联	世界标准	2018.11.01

2. 挺举

113	世界标准	2018.11.01	国际举联	世界标准	2018.11.01

3. 总成绩

203	世界标准	2018.11.01	国际举联	世界标准	2018.11.01

（十四）64公斤级（2018年8月1日~2018年12月31日）

1. 抓举

96	世界标准	2018.11.01	国际举联	世界标准	2018.11.01

2. 挺举

120	世界标准	2018.11.01	国际举联	世界标准	2018.11.01

3. 总成绩

214	世界标准	2018.11.01	国际举联	世界标准	2018.11.01

（十五）71公斤级（2018年8月1日~2018年12月31日）

1. 抓举

102	世界标准	2018.11.01	国际举联	世界标准	2018.11.01

2. 挺举

| 126 | 世界标准 | 2018.11.01 | 国际举联 | 世界标准 | 2018.11.01 |

3. 总成绩

| 225 | 世界标准 | 2018.11.01 | 国际举联 | 世界标准 | 2018.11.01 |

（十六）76 公斤级（2018 年 8 月 1 日 ~2018 年 12 月 31 日）

1. 抓举

| 104 | 世界标准 | 2018.11.01 | 国际举联 | 世界标准 | 2018.11.01 |

2. 挺举

| 128 | 世界标准 | 2018.11.01 | 国际举联 | 世界标准 | 2018.11.01 |

3. 总成绩

| 229 | 世界标准 | 2018.11.01 | 国际举联 | 世界标准 | 2018.11.01 |

（十七）81 公斤级（2018 年 8 月 1 日 ~2018 年 12 月 31 日）

1. 抓举

| 106 | 世界标准 | 2018.11.01 | 国际举联 | 世界标准 | 2018.11.01 |

2. 挺举

| 129 | 世界标准 | 2018.11.01 | 国际举联 | 世界标准 | 2018.11.01 |

3. 总成绩

| 231 | 世界标准 | 2018.11.01 | 国际举联 | 世界标准 | 2018.11.01 |

（十八）+81 公斤级（2018 年 8 月 1 日 ~2018 年 12 月 31 日）

1. 抓举

| 106 | 世界标准 | 2018.11.01 | 国际举联 | 世界标准 | 2018.11.01 |

2. 挺举

128	世界标准	2018.11.01	国际举联	世界标准	2018.11.01

3. 总成绩

230	世界标准	2018.11.01	国际举联	世界标准	2018.11.01

附录

1998~2018 年 12 月 31 日创破少年女子世界纪录统计

名次	国家或地区	抓举	挺举	总成绩	总计
1	中国	6	10	7	23
2	俄罗斯	3	1	1	5
3	土耳其	2	1	2	5
4	哈萨克斯坦	0	3	1	4
5	埃及	0	1	1	2
6	委内瑞拉	0	1	1	2
7	朝鲜	0	1	0	1
8	美国	1	0	0	1
	合计	12	18	13	43

附　录

杨世勇科研成果统计索引

一、获奖统计

1.1996 年获国家科技进步三等奖。奖项：中国优势竞技项目制胜规律（原国家体委科教司课题）。课题组成员、骨干。

2.1995 年获国家体委体育科技进步一等奖。奖项：中国优势竞技项目发展规律的总结和发展趋势的预测。课题组成员、骨干。

3.1993 年获四川省高校优秀教学成果二等奖。奖项：完善管理机制，搞好教材建设。

4.1984 年 5 月获成都体育学院科研成果四等奖。奖项：谈举重运动员的选材，浅谈中国古代的举重运动等。

5.1987 年获成都体育学院科研成果三等奖。奖项：我国体育的奋斗目标与 2000 年的中国体育。

6.1989 年获成都体育学院优秀论文奖。奖项：亟需建立体育科研方法论。

7.1992 年获第一届全国举重科学论文报告会三等奖。奖项：论举重运动创新。

8.1993 年 12 月获四川省举重协会"科研工作突出贡献奖"。

9.1993 年获成都体育学院优秀教学成果一等奖。奖项：完善管理机制，搞好教材建设。

10.1993 年获成都体育学院优秀教学成果二等奖。奖项：研究教学规律，教材建设成果显著。

11.1994 年获第二届全国举重科学论文报告会二等奖。奖项：世界举重大赛获奖牌国家历史背景探索。

12.1995年5月被推选为"成都市优秀青年教师"。

13.1995年8月被推选为"全国高校优秀青年体育教师"。

14.1996年获中国举重协会"四十年来为中国举重事业做出贡献——科委会荣誉奖"。

15.1996年获第三届全国举重科学论文报告会二等奖。奖项：创破举重世界纪录的历史探索。

16.1998年获第四届全国举重科学论文报告会二等奖。奖项：奥运会举重冠军成绩增长规律的年龄特征研究。

17.2000年获第五届全国举重科学论文报告会一等奖。奖项：提高举重运动员比赛成功率的探索。

18.2000年获第五届全国举重科学论文报告会三等奖。奖项：体育院校培养高水平举重运动员的探索。

19.2003年获四川省中青年专家学术大会优秀论文二等奖。奖项：奥运会（1896~2000年）举重冠军成绩增长规律的年龄特征研究。

21.2005年被推选为"全国优秀裁判员"。

22.2006年被推选为"四川省高等教育自考命题先进教师"。

23.2008年获成都体育学院教学成果二等奖。奖项：强化质量监控，保障和不断提高教学质量——教学督导的理论与实践探索。

24.2012年获成都体育学院教学成果二等奖。奖项：全国体育院校成人教育教材《体育科研方法概论》编写及应用（教材）

25.2012年获成都体育学院教学成果二等奖。奖项：四川省精品课程《举重》理论与实践。

二. 2018年获国家专利情况

2018年12月11日，"一种安全性高的举重架"获国家知识产权局实用新型专利证书。专利号：ZL.2018 2 0708150.1。专利证书号：第8197618号。发明人杨世勇，专利权人成都体育学院。

三、主持（或参加）研究课题统计

1.《回顾过去——国际举重联合会传纪》。国际举重联合会主席哥特弗雷德·肖德尔1988—1991年主持研究课题。杨世勇为参加者,该课题已于1992年由国际举重联合会英文出版并向191个会员国家发行。

2.《中国优势竞技项目发展规律的总结和发展趋势的预测与对策》。国家体委1987~1991年研究课题。课题组成员,骨干。1992年结题并获奖。

3.《亚洲举重史》。亚洲举重联合会和中国举重协会1993~1996年研究课题。负责人之一,已结题出版。

4.《中国举重运动史》。国家体委文史办和中国举协1990~1995年研究课题。负责人之一,已结题出版。

5.《举重手册》。中国举重协会1994~1996年课题,负责人之一,已于1996年结题并出版。

6.《国际举重联合会2005~2008年技术规则的实施对我国举重训练竞赛的影响及其对策研究》。国家体育总局举重摔跤柔道运动管理中心2005年研究课题(项目编号:05078)。课题责任人。2006年完成。

7.《国际举重联合会2005~2008年技术规则的实施对我国举重训练竞赛的影响及其对策研究》。国家体育总局2006年奥运科研攻关课题(体科字127号。项目编号:06099)。课题责任人。2007年完成,2013年结题(结题证书编号:2013120)。

8.《四川省男子举重后备人才培养现状及对策研究》。2008年四川省体育局资助项目(项目编号:08STK013)。课题责任人。2009年7月完成。

9.《四川省少数民族传统体育——马上运动发展现状与对策研究》。2009年四川省教育厅科研项目(项目编号:09SA007)。课题责任人。2009年7月完成。

10.《男子举重运动员专项体能评价指标体系的综合研究》。国家体育总局2010年奥运科研攻关研究课题(项目编号10A050)。课题责任人。2011年完成2013年结题(结题证书编号:2013179)。

11.《举重运动员体能训练理论与实践》。2010年成都体育学院博士建设期专项资助课题(项目编号:BSZK1019)。课题责任人。2011年完成。

12.《体能训练理论与方法》教材建设。2011年四川省"高等教育质量工程"建设项目责任人。2012年完成并出版。

13.《举重运动教程》教材建设。2011年四川省"高等教育质量工程"

建设项目。课题责任人。2014年完成并出版。

14.《中国奥运会冠军群体成长特征研究》。国家体育总局2016年社会科学基金研究课题（项目编号：2340SS16076）。课题责任人。2017年完成，2018年2月结题。

15. 2016年国家社会科学基金研究课题《中国夏季冬季奥运会冠军群体成长特征研究》。批准号：16BTY090。责任人。拟于2019年结题。

四、参加学术会议

1.《男子奥运会举重冠军年龄特征研究》2004年奥运会科学大会论文集第2卷第56～57页。2004年8月希腊圣萨洛尼基第28届奥运会科学大会录取墙报交流。

2.《国家体委直属体育院校附属竞技体育学校"新型训练体制"的初步研究》。合著论文，被"第5届全国体育科学大会"录取墙报交流，并被收入"第5届全国体育科学大会论文摘要汇编"。

3.《举重奥运会冠军成绩增长规律的年龄特征》，2000年第6届全国体育科学大会录取书面交流，被收入"第6届全国体育科学大会论文摘要汇编"。

4.《世界优秀举重运动员减体重战术的研究》。2004年第7届全国体育科学大会录取书面交流，被收入"第7届全国体育科学大会论文摘要汇编"第801页。中国体育科学学会，2004年10月，北京。

5.《发展运动员最大力量的理论与实践》。2004年第7届全国体育科学大会录取书面交流，被收入"第7届全国体育科学大会论文摘要汇编"第720页。中国体育科学学会，2004年10月，北京。

6.《国际举联新规则实施对试举成功率和比赛战术产生影响的研究》。2007年第8届全国体育科学大会录取专题报告。被收入"第8届全国体育科学大会论文摘要汇编"第1册128页。中国体育科学学会，2007年10月23~26日，北京。

7.《国际举联2005~2008年技术规则的实施对我国举重训练竞赛的影响及对策研究》。2007年第8届全国体育科学大会录取书面交流。被收入"第8届全国体育科学大会论文摘要汇编"第2册217页。中国体育科学学会，2007年10月23~26日，北京。

8.《第29届奥运会举重比赛调查研究》入选并参加了于2008年11月22日在台北举行的"2008年北京奥运会后两岸体育发展研讨会"，并进行论文报告。

9.*Research on the Age Characteristics of the Olympic Champions in Womem Weightlifting*. 2012年奥运会科学大会文集第132页。 2012年7月英国格拉斯哥第30届奥运会科学大会录取墙报交流。

10.*Research on Chinese Weightlifting Make More Glorious Achievements* . 2012年奥运会科学大会文集第142页。2012年7月英国格拉斯哥第30届奥运会科学大会录取墙报交流。

11.*Kinematic Parameters Comparative Analysis on Snatch in Different Levels*. AMMS2014国际会议，2014 年4月26~27日，郑州。

12. *Regression Modeling and Optimization Assessment System for Weightlifting*. ISVC2014国际会议 . 2014年7月25~28日，重庆。

13.*Research on the Age Characteristics of the Olympic Champions in Men Weightlifting*（1896 ~2012.）. 2016年8月巴西圣保罗第31届奥运会科学大会录取墙报交流。

14.*Research on the age characteristics of the Olympic champions in women weightlifting*（2000~2012）. 2016年8月巴西圣保罗第31届奥运会科学大会录取墙报交流。

五、撰写出版专著、合著、教材统计

1.杨世勇.身体训练［M］.成都：成都体育学院，1985.（教材合著，杨世勇主笔）

2.杨世勇.中国举重史［M］.成都：成都体育学院，1987.

3.周西宽.体育学［M］.成都：四川教育出版社，1988.（合著，杨世勇参编）

4.杨世勇.体育科研方法论［M］.成都：科技大学出版社，1989.

5.张富洪，杨世勇.健美与健美操［M］.成都：成都体育学院，1991.

6.谢亚龙，王汝英.中国优势竞技项目制胜规律［M］（合著，杨世勇参编）.北京：人民体育出版社，1992.

7.唐思宗，杨世勇.身体训练学［M］.成都：成都科技大学出版社，1992.

8.哥特弗雷德·肖德尔.回顾国际举重联合会传记［M］.匈牙利布达佩斯：国际举重联合会出版，1992.（杨世勇参编）

9.周西宽，吴亚初，杨世勇，等.教练员学［M］.成都：四川教育出版社，1994.

10.于学岭，杨世勇.一百位体育世界冠军［M］.北京：中国青年出版社，1994.

11.钱光鉴，杨世勇.中国举重运动史［M］.武汉：武汉出版社，1996.

12.国家体委体育信息研究所.第26届奥运会调研专辑［M］.北京：国家体委体育信息所，1996.（合著，杨世勇执笔第26届奥运会举重比赛综述）

13.钱光鉴，杨世勇.亚洲举重史［M］.北京：人民体育出版社，1996.

14.钱光鉴，杨世勇.举重手册［M］.北京：人民体育出版社，1996.

15.杨世勇.功房器械健美入门［M］.成都：四川科学技术出版社，1998.

16.杨世勇，唐照华，李遵，等.体能训练学［M］.成都：四川科学技术出版社，2002.

17.杨世勇.跆拳道［M］.成都：四川科学技术出版社，2002.

18.杨世勇.体育院校成人教育教材·体育科研方法概论［M］.北京：人民体育出版社，2006.

19.杨世勇.举重世界纪录和奥运会举重概览［M］.成都：四川科学技术出版社，2007.

20.钱光鉴，杨世勇.举重经典［M］.北京：人民体育出版社，2008.

21.刘青.新时期学校体育教程［M］.北京：人民体育出版社，2009.（合著，杨世勇参编）

22.　杨世勇.拳击运动员的体能训练［M］//刘鹏.全国青少年奥运项目教学训练大纲3.北京：人民体育出版社，2009：669—678.

23.杨世勇.力拔千斤：重竞技运动［M］.上海：世界图书出版公司，2010.

24.刘青，温建.四川体育科学研究文集（2007～2008）［M］.北京：

人民体育出版社，2010:67—86.

25. 陈伟，颜绍泸，杨世勇，等.民族传统体育教程［M］.北京：人民体育出版社，2014.

26. 杨世勇.举重运动员体能训练理论与实践［M］.北京：中央编译出版社，2012.

27. 刘奇.现代跆拳道运动［M］.北京：人民体育出版社，2012.（合著，杨世勇参编）

28. 杨世勇.体育院校通用教材.体能训练［M］.北京：人民体育出版社，2012.

29. 杨世勇.高等学校教材.体能训练［M］.北京：高等教育出版社，2013.

30. 杨世勇.体育院校通用教材.举重运动教程［M］.北京：人民体育出版社，2014.

31. 杨世勇，熊维志.健美运动［M］.成都：四川科学技术出版社，2018.

32. 钱光鉴，杨世勇.全国举重教练员岗位培训教材·举重［M］.北京：人民体育出版社，2019.

33. 杨世勇.博士生导师学术文库·世界举重大赛概览和创破世界纪录进程［M］.北京：光明日报出版社，2019.

六、 国外发表论文.文章统计

1.YANA S Y. *A Brief History of Weightlifting in Ancient China*.Asian Weightlifting[J].The Asian Weightlifting Federation ,1996（4）.

2. 杨世勇.与亚洲水平有距离，大马需获各界支持 [N].CHINA PRESS,2002-09-20.

3. 杨世勇.中国体育为何强大（上）[N].Chinapress, 2002-11-29.

4. 杨世勇.中国体育为何强大（下）[N].Chinapress,2002-11-30.

5. YANA S Y. *Impacts of Arginine Supplements on the Fat Free Mass（FFM）and Anaerobic Power of Weightlifters*[J]. Advance Journal of Food Sciences Technology,2016,12（7）.

七、国内发表论文 . 文章统计

（备注：先后有4篇论文被中国人民大学书报资料中心复印报刊资料《体育》全文转载。）

1. 杨世勇 . 谈举重运动员的选材 [J]. 成都体育学院学报，1983（4）.（中国人民大学书报资料中心复印报刊资料《体育》1984年第2期全文转载）

2. 杨世勇 . 浅谈中国古代的举重运动 [J]. 四川体育科学学报，1983（4）.

3. 杨世勇 . 世界举重锦标赛的历史 [J]. 体育译文，1984（8）.

4. 杨世勇 . 保加利亚举重训练法在我国的试用 [J]. 成都体育学院学报，1985（1）.

5. 杨世勇 . 少年举重健将刘寿斌 [N]. 重庆晚报，1984-09-24（4）.

6. 杨世勇 . 箭能射多远 [J]. 体育之春，1985（7）.

7. 杨世勇 . 举坛之星 [J]. 贵州体育，1985（1）.

8. 杨世勇 . 我院首次举行体育学研讨会 . 成都体育学院学报，1985（1）.

9. 杨世勇 . 难忘的曼卡邦岛之旅 [EB/OL].（2005-09-15）.

10. 杨世勇 . 云顶——一个马来西亚华人的传奇 [EB/OL].（2005-10-05）.

11. 杨世勇 . 马六甲风情 [EB/OL].（2005-06-05）.

12. 杨世勇 . 奥运会冠军年龄规律探讨 [EB/OL].（2004-03-03）.

13. 杨世勇 . 奥运会男子举重冠军成绩增长规律中的年龄特征研究 [J]. 中国体育科技，2004（6）.

14. 杨世勇 . 全国第5届城运会举重决赛的多因素研究 [J]. 成都体育学院学报，2004（2）.

15. 杨世勇 . 飞越南中国海 [J]. 中国举重，2003（6）.

16. 杨世勇 . 全国第5届城运会举重决赛的多因素研究 [J]. 贵州体育科技，2004（1）.

17. 杨世勇 . 奥运会举重冠军成绩增长规律的年龄特征研究 [J]. 中国举重，2003（6）.

18. 杨世勇 . 马来西亚的竞技体育 [N]. 成都体院报，2003-04-20（2）.

19. 杨世勇 . 优秀举重运动员减体重战术的研究 [J]. 成都体育学院学报，2003（4）.

20. 杨世勇 . 马来西亚执教印象 [J]. 中国举重，2003（4）.

21. 杨世勇. 优秀举重运动员减体重战术的研究 [J]. 中国举重, 2003（3）.

22. 杨世勇. 马六甲风情 [N]. 成都体院报, 2002-09-25（2）.

23. 杨世勇. 现代体能训练研究现状及发展趋势 [J]. 贵州体育科技, 2002（1）.

24. 杨世勇. 浅谈世界举重运动的发展特点 [J]. 中国举重, 2002（1）.

25. 杨世勇. 举重奥运会冠军成绩增长规律的年龄特征 [J]. 体育教育研究, 2000（2）.

26. 杨世勇. 世界举重运动发展特点及其趋势 [J]. 中国体育科技, 2000, 26（4）.

27. 杨世勇. 第27届奥运会中国女子举重述评 [J]. 成都体育学院学报, 2000（6）.

28. 杨世勇. 世界举重运动发展特点及其趋势 [J]. 贵州体育科技, 2000（1）.

29. 杨世勇. 体育院校培养高水平举重运动员的探索 [J]. 四川体育科学学报, 2000（3）.

30. 杨世勇. 论发展运动员最大力量的训练方法 [J]. 贵州体育科技, 2000（3）.

31. 杨世勇. 提高举重运动员比赛成功率的探索 [J]. 成都体育学院学报, 1999（4）.

32. 杨世勇. 论发展运动员速度力量的训练方法 [J]. 四川体育科学学报, 1999（4）.

33. 杨世勇. 举重奥运会冠军成绩增长规律的年龄特征 [J]. 成都体育学院学报, 1999（1）.（中国人民大学书报资料中心复印报刊资料《体育》1999年第5期全文转载）

34. 杨世勇. 奥运会举重冠军成绩增长规律的年龄特征研究 [J]. 体育科学, 1999（1）.

35. 杨世勇. 做运动员就要成为最杰出的选手 [J]. 奥运项目信息, 1998（4）.

36. 杨世勇. 福尔迪创造的奥运会纪录 [J]. 奥运项目信息, 1998（4）.

37. 杨世勇. 师资队伍建设和课程建设实施方案 [J]. 体育教育研究, 1998（2）.

38. 杨世勇. 亚洲举重竞技水平的评价 [J]. 成都体育学院学报, 1997（2）.

39. 杨世勇. 国家体委直属体育院校附属竞技体育学校"新型训练体制"的初步研究 [J]. 成都体育学院学报，1997（3）.

40. 杨世勇. 国家体委直属体育院校附属竞技体校"新型训练体制"的初步研究 [A]. 中国体育科学学会. 第5届全国体育科学大会论文摘要汇编 [C]. 北京：中国体育科学学会，1997.

41. 杨世勇. 创破举重世界纪录的历史探索 [J]. 贵州体育科技，1997（2）.

42. 杨世勇. 汉城记行：上 [N]. 成都体院报，1996-12-25（2）.

43. 杨世勇. 汉城记行：下 [N]. 成都体院报，1997-03-14（2）.

44. 杨世勇. 科研与训练相结合的探索与实践 [J]. 体育教育研究，1996（1）.

45. 杨世勇. 中国举重队在第26届奥运会取得重大突破的多因素探索 [J]. 贵州体育科技，1996（4）.

46. 杨世勇. 共创辉煌：1995年世界举重运动回顾 [J]. 奥运项目信息，1996（3）.

47. 杨世勇. 历届世界男子举重锦标赛团体总分前3名 [J]. 奥运项目信息，1996（9）.

48. 杨世勇. 历届世界女子举重锦标赛团体总分前3名 [J]. 奥运项目信息，1996（9）.

49. 杨世勇. 历届奥运会. 世界成年和青年男女锦标赛奖牌统计 [J]. 奥运项目信息，1996（9）.

50. 杨世勇. 获奥运会金牌最多的运动员 [J]. 奥运项目信息，1996（16）.

51. 杨世勇. 年龄最大的奥运会冠军：普留克菲尔德尔 [J]. 奥运项目信息，1996（26）.

52. 杨世勇. 举重创破世界纪录的历史探索 [J]. 成都体育学院学报，1995（4）.（中国人民大学书报资料中心复印报刊资料《体育》1996年第3期全文转载）

53. 杨世勇. 世界举重大赛获奖牌国家的情况分析 [J]. 成都体育学院学报，1995（1）.

54. 杨世勇. 大发展　新格局：浅谈1994年世界举重运动 [N]. 中国体育报，1995-02-07（4）。

55. 杨世勇. 1994年举重运动回顾 [J]. 奥运项目信息，1995（7）.

56. 杨世勇. 历届举重世界锦标赛金牌排名榜 [J]. 奥运项目信息, 1995(7).

57. 杨世勇. 历届奥运会举重比赛获奖牌国家（地区）统计 [J]. 奥运项目信息, 1995（7）.

58. 杨世勇. 第1～66届世界男子举重锦标赛奖牌统计 [J]. 奥运项目信息, 1995（7）.

59. 杨世勇. 1907～1994年创举重世界纪录统计 [J]. 奥运项目信息, 1995（16）.

60. 杨世勇. 最杰出的男女举重世界锦标赛冠军 [J]. 中国举重, 1995（1）.

61. 杨世勇. 最杰出的世界冠军 [J]. 中国举重, 1996（1）.

62. 杨世勇. 力量的概念与分类 [J]. 四川重竞技, 1995（5）.

63. 杨世勇. 力量素质发展的敏感期 [J]. 四川重竞技, 1995（5）.

64. 杨世勇. 奈姆誓夺第50枚金牌 [J]. 奥运项目信息, 1994（31）.

65. 杨世勇. 苏莱曼诺尔古向第50枚金牌冲击 [N]. 中国体育报, 1994-08-15（4）.

66. 杨世勇. 四川省第三届青运会举重比赛落幕 [N]. 体育报, 1994-02-21（1）.

67. 杨世勇. 成绩提高大，发展不平衡 [N]. 四川体育报, 1994-02-18（1）.

68. 杨世勇. 历年创举重世界纪录的国家（地区）述评 [J]. 中国体育科技, 1994（12）.

69. 杨世勇. 广岛亚运会举重赛展望 [J]. 体育与科学, 1994（3）.

70. 杨世勇. 各国或地区历年创举重世界纪录述评 [J]. 体育科学研究, 1994（4）.

71. 杨世勇. 崇高的荣誉，无尚的光荣：举重运动历年"体育运动荣誉奖章"获得者 [J]. 举重信息, 1994（2）.

72. 郭廷栋, 杨世勇. 我国男子举重发展规律的探讨和发展趋势的预测（一）[J]. 举重信息, 1992（2）.

73. 郭廷栋, 杨世勇. 我国男子举重发展规律的探讨和发展趋势的预测（二）[J]. 举重信息, 1992（3）.

74. 郭廷栋, 杨世勇. 我国男子举重发展规律的探讨和发展趋势的预测（三）[J]. 举重信息, 1992（4）.

75. 郭廷栋、杨世勇.我国男子举重发展规律的探讨和发展趋势的预测（四）[J].举重信息，1993（2）.

76. 郭廷栋、杨世勇.我国男子举重发展规律的探讨和发展趋势的预测（五）[J].举重信息，1993（3）.

77. 郭廷栋，杨世勇.我国男子举重发展规律的探讨和发展趋势的预测（六）[J].举重信息，1993（4）.

78. 郭廷栋、杨世勇.我国男子举重发展规律的探讨和发展趋势的预测（连载完）[J].举重信息，1994（3）.

79. 杨世勇.论举重运动创新[J].成都体育学院学报，1993（增刊）.

80. 杨世勇.发展举重运动员最大力量的训练方法[J].体育教育研究，1992（1）.

81. 杨世勇.论发展举重运动员最大力量的训练方法[J].成都体育学院学报，1992（3）.

82. 杨世勇.关于建立身体训练学理论体系的构想[J].成都体育学院学报，1992（1）.

83. 杨世勇.举重信息[J].体育信息，1992（2）.

84. 杨世勇.举坛名将刘寿斌、王勇简况[J].四川举重，1992（2）.

85. 杨世勇.1991年世界举重锦标赛总成绩冠军简介[J].四川举重，1992（2）.

86. 杨世勇.1991年世界男子举重纪录[J].四川举重，1992（2）.

87. 杨世勇.论举重创新[J].四川举重，1992（2）.

88. 杨世勇.理论与实践的统一[N].中国体育报，1991-03-08（3）.

89. 杨世勇.我国优势竞技运动项目发展规律总趋势的预测[J].体育信息，1991（1）.

90. 杨世勇.矮个子的伟大人物[J].体育博览，1991（1）.

91. 杨世勇.关于建立体育科研方法论学科体系的构想[J].体育与科学，1989（1）.

92. 杨世勇.亟需建立体育科研方法论[J].体育科学.1989（1）.

93. 杨世勇.苏莱马诺尔古：我希望有更多的机会展示自己[J].运动员天地，1989（4）.

94. 杨世勇 . 中国健美史略 [J]. 成都体育学院学报，1988（3）.

95. 杨世勇 . 拳击运动员的力量训练 [J]. 搏击，1988（1）.

96. 杨世勇 . 举重运动史略 [J]. 体育与科学，1987（6）.

97. 杨世勇 . 现代体育发展水平的评估 [J]. 西安体院学报，1987（4）.

98. 杨世勇 . 我国体育的奋斗目标与2000年的中国体育（一）[J]. 体育与科学，1986（5）.

99. 杨世勇 . 我国体育的奋斗目标与2000年的中国体育（二）[J]. 体育与科学1986（6）.

100. 杨世勇 . 我国体育的奋斗目标与2000年的中国体育（三）[J]. 体育与科学1987（2）.

101. 杨世勇 . 女子举重史话 [N]. 体育报，1987年3月21日（2）.

102. 杨世勇 . 我国现代举重史略 [J]. 广东高校体育，1986（3）.

103. 杨世勇，唐照华 . 评价体育科研成果的一般方法 [J]. 贵州体育科技，1986（2）.

104. 杨世勇 . 科学造就胜利者 [J]. 生命在于运动，1986（2）.

105. 杨世勇 . 科学造就胜利者 [J]. 广东体育科技，1986（1）.

106. 杨世勇，唐照明 . 消除训练后疲劳的一般方法 [J]. 陕西体育科技，1985（2）.

107. 王云杰，杨世勇 . 我国核心期刊乒乓球文献的计量学分析 [J]. 山西师范大学学报，2006（3）.

108. 杨世勇 . 科学的光辉光耀体育 [J]. 贵州体育科技，2004（3）.

109. 杨世勇 . 对最大力量训练的基本方法与相关因素的探讨 [J]. 成都体育学院学报，2004（特刊）.

110. 杨世勇 . 发展运动员最大力量的理论与实践 [A]. 中国体育科学学会 . 第7届全国体育科学大会论文摘要汇编 [C]. 北京：中国体育科学学会2004.

111. 杨世勇 . 世界优秀举重运动员减体重战术的研究 [A]. 全国体育科学大会 . 第7届全国体育科学大会论文摘要汇编 [C]. 北京：中国体育科学学会，2004:801.

112. 杨世勇 . 第10届全国运动会男子举重决赛的调研 [J]. 贵州体育科技，2006（1）.

113. 杨世勇，李强 .2005年世界举重锦标赛的调研 [J]. 贵州体育科技，2006（2）.

114. 杨世勇 . 第10届全国运动会女子举重决赛的调研分析 [J]. 贵州体育科技，2006（3）.

115. 杨世勇 . 国际举联新规则实施对试举成功率和比赛战术的影响 [J]. 首都体育学院学报，2009（1）.

116. 王黎明，杨世勇 . 国际举联2005 ~ 2008年技术规则的实施对我国举重训练竞赛的影响及其对策研究 [J]. 四川体育科学，2008（1）.

117. 杨世勇 . 四川省男子举重后备人才培养现状及对策研究 [J]. 四川体育科学学报，2009（3）.

118. 杨世勇 . 中国举重再续辉煌的研究 [J]. 成都体育学院学报，2009（11）.

119. 杨世勇，张婕，吴肖，等 . 第29届奥运会举重比赛的调研 [J]. 中国体育科技，2009（2）.

120. 杨世勇 . 国际举重联合会2007年1月1日开始执行的5条新技术规则 . [EB/OL].（2007-02-07）.

121. 杨世勇 .IWF 技术规则（2005~2008）主要修改内容 [EB/OL].（2005-08-06）.

122. 杨世勇 .IWF 手册附则（2005~2008）主要修改内容 [EB/OL].（2005-08-06）.

123. 杨世勇 . 国际举重比赛英语广播程序 .[EB/OL].（2005-08-06）.

124. 杨世勇 . 马来西亚的动物世界 .[EB/OL].（2007-05-07）.

125. 张婕，杨世勇 . 我国举重运动发展对举国体制的依赖性研究 [J]. 四川体育科学学报，2010（3）.

126. 杨世勇 . 第16届亚运会举重比赛的调研 [J]. 军事体育进修学院学报，2011（3）.

127. 杨世勇 . 民族传统体育马上运动制胜因素的探索 [J]. 四川体育科学，2011（2）.

128. 王雷，杨世勇 . 奥运会冠军石智勇抓举技术运动学分析 [J]. 山东体育学院学报，2011（12）.

129. 杨世勇 . 四川省少数民族传统体育的发展困境与对策研究 [J]. 成都

体育学院学报，2012（1）．

130. 杨世勇．论发展举重运动员最大力量的训练方法 [J]．成都体育学院报，1992（3）．

131. 杨世勇，张婕．优秀男子举重运动员专项体能评价指标体系的综合研究 [J]，成都体育学院学报，2012（10）．

132. 杨世勇．2001～2011年国内抓举技术研究成果述评 [J]．当代体育科技，2012（11）．

133. 杨世勇．举重训练后消除疲劳的一般方法 [J]．湖北体育科技，1986（3）．

134. 杨世勇．各国或地区历年创举重创破世界纪录述评 [J]．体育科学研究，1994（4）．

135. 陈锐，杨世勇．龙清泉举重上挺技术运动学分析 [J]．西安体育学院学报，2014（5）．

136. 杨世勇．第12届全国运动会男子举重决赛的调研 [J]．山东体育学院学报，2014（2）．

137. 杨世勇．奥运会女子举重冠军成绩增长规律研究及制胜因素 [J]．成都体育学院学报，2016（6）．

138. 杨世勇．奥运会女子举重冠军成绩增长规律的年龄特征研究 [J]．山东体育学院学报，2017，33（1）．

139. 杨棠勋，杨世勇．第31届奥运会举重比赛的调研 [J]．四川体育科学学报，2017（3）．

140. 杨世勇．2017年国际举联新技术规则的实施与对策 [J]．成都体育学院学报，2018（2）．

141. 杨棠勋，杨世勇．建国70年来中国举重运动的发展历程与时代价值 [J]．四川体育科学学报，2019（2）．

参考文献

[1]SCHODL G.The Lost Past—A Story of the International Weightlifting Federation［M］.Hungary：IWF，1992.

[2]MIHAJLOVIC V. 80 years of the Weightlifting in the World and Europe［M］. Hungary：IWF，1987.

[3] WIDLUND T. Weightlifting at the Olympic Games 1896—1988［M］. Hungary：IWF. 1989.

[4] SCHODL G.102（1891~1993）Years Gold Medals in Weightlifting［M］. Hungary：IWF，1994.

[5] 曹文元，艾康伟.奥运会举重比赛［M］.北京：国家体育总局科研所，2012.

[6] 钱光鉴，杨世勇.中国举重运动史［M］.武汉：武汉出版社，1996.

[7] 钱光鉴，杨世勇.亚洲举重史［M］.北京：人民体育出版社，1996.

[8] 杨世勇.奥运会举重冠军成绩增长规律的年龄特征研究［J］.体育科学，1999（1）.

[9] 郭廷栋.竞技举重运动［M］.北京：人民体育出版社，1990.

[10] 杨世勇.举重世界纪录和奥运会举重概览［M］.成都：四川省科学技术出版社，2007.

[11] 杨世勇.体育院校成人教育教材·体育科研方法概论［M］.北京：人民体育出版社，2006.

[12] 杨世勇.体育院校通用教材·体能训练［M］.北京：人民体育出版社，2012.

[13] 杨世勇.高等学校教材·体能训练［M］.北京：高等教育出版社，2013.

[14] 杨世勇.体育院校通用教材·举重运动教程［M］.北京：人民体育出版社2014.

后 记

　　《举重世界大赛概览和创破世界纪录进程》是迄今为止比较系统、全面介绍奥运会、世界举重锦标赛和创破世界纪录进程的著作。具有需要性、实用性和可参考性的特点。

　　本书既是个人努力的结晶，也是集体合作的成果。

　　副主编李靖文本科毕业于成都体育学院运动训练专业（1993年），硕士毕业于西南大学，是西南大学教授，硕士研究生导师，重庆市劳动模范，国际级举重裁判员。多次担任中国大学生举重队主教练，培养学生获第26、27、29届世界大学生运动会和世界大学生举重锦标赛金牌10余枚。

　　编委奥列什科·瓦伦丁（Oleshko Valentin），乌克兰国立体育大学体育与运动科学博士，教授，博士研究生导师，国际级举重裁判员。先后荣获乌克兰最高拉达荣誉证书、乌克兰家庭、青年和体育部荣誉证书。先后任乌克兰国立体育大学外国留学生院院长，格斗运动和力量运动系力量运动周期负责人，乌克兰举重协会执委。在"运动训练系统的建模、选择、定向；力量训练"等方面有重要著述。

　　编委薛元挺本科毕业于北京体育大学运动训练专业（1990年），是福建省厦门市体育运动学校国家级教练员，福建省劳动模范，国际级举重裁判员。他选拔并在基础训练阶段培养并向福建省队等输送了30多名队员，向中国举重队输送了6名队员，其中包括2012年男子举重69公斤级奥运会冠军林清峰（注：薛元挺的父亲薛行弼也选拔并训练了张国政两年，并将其输送至北京体育大学竞技体校，2004年张国政获奥运会男子69公斤级冠军）。

　　周志琴毕业于上海体育学院体育教育专业，是福建省青少年体育学校高级教练，国际级举重裁判员，三明市政协委员，三明市十大杰出青年，福建省优秀教练员。她选材并输送了30余名优秀运动员到福建队或中国举重队，选材和在基础训练阶段培养了2016年奥运会女子63公斤级冠军，世界纪录创造者，世界冠军邓薇。获"2013年全国群众体育先进个人"，2016年获"福建省五一巾帼标兵"。

熊维志本科和硕士均毕业于成都体育学院，现为成都体育学院重竞技教研室主任，副教授，国际级举重裁判员，多次担任全国或省市举重比赛的裁判员、裁判长、副裁判长工作，培养学生获全国大学生举重锦标赛金牌30余枚。

李冬瑜本科毕业于成都体育学院运动训练专业（1999年），是浙江省宁波市第二少年儿童业余体育学校国家级教练员，宁波市"五一劳动奖章"获得者。他选拔并在基础训练阶段培养输送了近20名优秀运动员到浙江队或中国举重队，其中包括2011年世界举重锦标赛冠军唐德尚，2016年奥运会男子举重69公斤级冠军、世界纪录创造者石智勇。

副主编杨棠勋是乌克兰国立体育运动大学在读博士研究生，国际级举重裁判员。穆玉红、陈颖是成都体育学院研究生院在读硕士研究生。

本书在搜集和处理研究资料的过程中，我指导的博士研究生李娜娜，硕士研究生李昊亭、张翔、何雨泽、史晓彬、廖露等都作了相关工作，特此说明。

感谢全国有关人士多方面的帮助。

祝中国举重运动不断取得新的更大成就！祝举重事业不断走向新的辉煌！

杨世勇

2019年3月18日于成都体育学院